"十四五"职业教育国家规划教材

（第五版）

汽车保险基础与实务

微课版

主　编　常兴华
副主编　庄显鹏　王　军　温　军

大连理工大学出版社

图书在版编目(CIP)数据

汽车保险基础与实务 / 常兴华主编. －5 版. －大连：大连理工大学出版社，2022.1(2025.8 重印)
ISBN 978-7-5685-3677-6

Ⅰ.①汽… Ⅱ.①常… Ⅲ.①汽车保险－中国－高等职业教育－教材 Ⅳ.①F842.63

中国版本图书馆 CIP 数据核字(2022)第 021575 号

大连理工大学出版社出版

地址：大连市软件园路 80 号　邮政编码：116023
营销中心：0411-84707410　84708842　邮购及零售：0411-84706041
E-mail:dutp@dutp.cn　URL:https://www.dutp.cn
大连日升彩色印刷有限公司印刷　　大连理工大学出版社发行

幅面尺寸：185mm×260mm　　印张：13.5　　字数：329 千字
2010 年 8 月第 1 版　　　　　　　　　　　2022 年 1 月第 5 版
2025 年 8 月第 7 次印刷

责任编辑：康云霞　　　　　　　　　　责任校对：吴媛媛
　　　　　　　　　　封面设计：张　莹

ISBN 978-7-5685-3677-6　　　　　　　　定价：45.00 元

本书如有印装质量问题，请与我社营销中心联系更换。

前言

《汽车保险基础与实务》(第五版)是"十四五"职业教育国家规划教材、"十三五"职业教育国家规划教材和"十二五"职业教育国家规划教材。

为了更加规范汽车保险行业的发展,2020年,我国对汽车保险进行了综合性改革,提高了交强险责任限额,调整了交强险道路交通事故费率浮动系数,并于2020年9月19日实施了《中国保险行业协会机动车商业保险示范条款(2020版)》等五个商业车险示范条款,在保险责任、保障范围、服务内容等方面优化商业车险条款。

为了保证教材的内容及时体现汽车保险行业新的标准和要求,融入汽车保险领域中的新知识、新技术、新方法,教材编写组对本教材进行了修订。

本次修订主要在以下几方面做了更新:修改了有关交强险和商业险条款内容;有关商业汽车保险保费计算内容和汽车保险赔款理算内容;同时也对汽车保险投保方式和汽车保险投保单格式进行了更新。

本教材以保险企业的汽车保险业务流程为主线,模拟真实的汽车保险与理赔工作任务和真实的汽车保险业务单证,构建了直观、逼真的汽车保险职场环境。学生可以根据真实的工作任务学习相关的汽车保险知识。本教材体现了"三融合"特色,即融知识、职业能力、素质教育为一体,融理论与实践为一体,融做与学为一体,全面提升学生的综合职业能力和职业素质。

本教材由3个模块组成:

模块1 汽车保险销售。从保险企业的销售业务入手,帮助学生了解汽车保险的含义、种类和职能;理解汽车保险合同相关知识;掌握最新的汽车保险险种及保险费率的确定和计算方法。通过学习本模块,能够完成汽车保险销售工作任务。

模块2 汽车保险承保。通过给学生布置汽车保险承保任务,帮助学生掌握汽车保单的相关内容;掌握保险合同的一般法律效力;掌握汽车保险承保的流程、核保的内容及具体的注意事项。通

过学习本模块知识，能够完成汽车保险承保工作任务。

模块3汽车保险理赔。通过给学生布置汽车保险理赔任务，帮助学生掌握汽车保险理赔的流程、细则。通过学习本模块知识，能够完成汽车保险理赔工作任务。

本书由长春大学常兴华担任主编；都邦财产保险股份有限公司吉林分公司庄显鹏，长春职业技术学院王军、温军担任副主编。具体编写分工如下：模块1由王军编写；模块2由常兴华编写；模块3的3.1～3.3节由温军编写；模块3的3.4～3.6节由庄显鹏编写。全书由常兴华负责统稿和定稿。

在编写本书的过程中，我们参考、引用和改编了国内外出版物中相关资料以及网络资源，在此对这些资源的作者表示诚挚的谢意！请相关著作权人看到本教材后与出版社联系，出版社将按照相关法律的规定支付稿酬。

由于编者水平有限，教材中仍可能存在不足和疏漏，敬请读者批评指正，并将意见和建议反馈给我们，以便修订时改进。

编　者
2022年1月

所有意见和建议请发往：dutpgz@163.com

欢迎访问职教数字化服务平台：https://www.dutp.cn/sve/

联系电话：0411-84708979　84707424

目录

模块 1　汽车保险销售 ……………………………………………………………… 1

1.1　认识汽车保险 …………………………………………………………………… 2
　　一、汽车保险的含义、功能 …………………………………………………… 2
　　二、汽车保险的要素 …………………………………………………………… 7
1.2　中国汽车保险产品分析 ………………………………………………………… 14
　　一、汽车保险业务种类介绍 …………………………………………………… 14
　　二、机动车交通事故责任强制保险 …………………………………………… 16
　　三、机动车商业险的主险 ……………………………………………………… 22
　　四、机动车商业险的附加险 …………………………………………………… 29
　　五、保险期限 …………………………………………………………………… 36
1.3　汽车保险销售业务 ……………………………………………………………… 36
　　一、汽车保险销售环节 ………………………………………………………… 37
　　二、汽车保险销售的主要环节 ………………………………………………… 37
　　三、汽车保险销售渠道 ………………………………………………………… 39
　　四、汽车保险销售方案设计 …………………………………………………… 41
实务操作 ………………………………………………………………………………… 51
实务操作考核 …………………………………………………………………………… 53
保险销售小百科 ………………………………………………………………………… 54

模块 2　汽车保险承保 ……………………………………………………………… 57

2.1　订立汽车保险合同 ……………………………………………………………… 58
　　一、汽车保险合同概述 ………………………………………………………… 59
　　二、汽车保险合同的主体、客体和内容 ……………………………………… 67
　　三、汽车保险合同的基本原则 ………………………………………………… 73
　　四、汽车保险合同的一般性法律规定 ………………………………………… 84
2.2　汽车保险承保业务 ……………………………………………………………… 89
　　一、承保工作的内容及流程 …………………………………………………… 89
　　二、填写汽车保险投保单 ……………………………………………………… 90

三、保险费计算 …………………………………………………………… 98
　　四、汽车保险核保 ………………………………………………………… 111
　　五、收取保险费、出具保单证 …………………………………………… 118
　　六、续保、批改与退保 …………………………………………………… 120
实务操作 ……………………………………………………………………………… 123
实务操作考核 ………………………………………………………………………… 127
汽车保险承保小百科 ………………………………………………………………… 129

模块 3　汽车保险理赔 ……………………………………………………… 132

3.1　认识汽车保险理赔 …………………………………………………………… 133
　　一、汽车保险理赔概述 …………………………………………………… 134
　　二、汽车保险理赔的工作模式 …………………………………………… 136
　　三、对理赔工作人员的特殊要求 ………………………………………… 138
　　四、汽车保险理赔业务流程 ……………………………………………… 138

3.2　接报案、查勘调度、立案与报案注销 ……………………………………… 142
　　一、接报案 ………………………………………………………………… 142
　　二、查勘调度 ……………………………………………………………… 144
　　三、立案与报案注销 ……………………………………………………… 145

3.3　现场查勘与立案 ……………………………………………………………… 146
　　一、现场查勘 ……………………………………………………………… 146
　　二、立　案 ………………………………………………………………… 155

3.4　车辆定损与核损 ……………………………………………………………… 156
　　一、定　损 ………………………………………………………………… 157
　　二、核　损 ………………………………………………………………… 177

3.5　赔款理算、核赔与结案 ……………………………………………………… 180
　　一、赔款理算 ……………………………………………………………… 180
　　二、核赔 …………………………………………………………………… 190
　　三、结案 …………………………………………………………………… 191

3.6　车险理赔特殊案件的处理 …………………………………………………… 193
　　一、简易案件 ……………………………………………………………… 193
　　二、救助案件 ……………………………………………………………… 193
　　三、疑难案件 ……………………………………………………………… 193
　　四、注销案件 ……………………………………………………………… 194
　　五、拒赔案件 ……………………………………………………………… 194
　　六、代位追偿案件 ………………………………………………………… 194

七、损余物资处理 ·· 195

八、交强险抢救费用通赔案件 ·· 195

实务操作 ·· 198

实务操作考核 ·· 200

汽车保险理赔小百科 ·· 205

参考文献 ·· 208

模块 1

汽车保险销售

学习目标

◎ 能够热情接待客户，全面了解客户所面临的风险、保险标的、投保人及被保险人等情况；
◎ 能够帮助客户分析其所面临的风险，从而为客户设计汽车保险方案；
◎ 能够帮助客户填写投保单并根据投保人所填写的信息对保险业务进行初步核保；
◎ 能初步具备汽车保险的销售能力，能够从事汽车保险销售业务。

学习内容

◎ 风险的含义、特征；
◎ 风险管理知识和汽车保险知识；
◎ 汽车保险的含义；
◎ 交强险、商业汽车保险的基本险种和附加险种的具体条款；
◎ 汽车保险合同和汽车保险原则的相关知识。

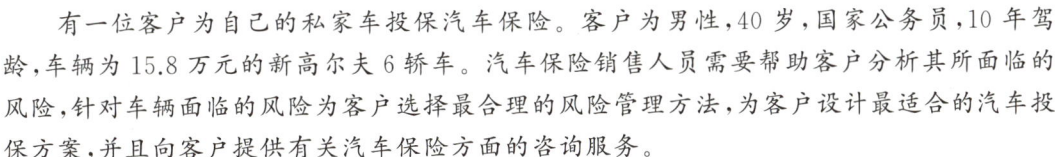

有一位客户为自己的私家车投保汽车保险。客户为男性，40岁，国家公务员，10年驾龄，车辆为15.8万元的新高尔夫6轿车。汽车保险销售人员需要帮助客户分析其所面临的风险，针对车辆面临的风险为客户选择最合理的风险管理方法，为客户设计最适合的汽车投保方案，并且向客户提供有关汽车保险方面的咨询服务。

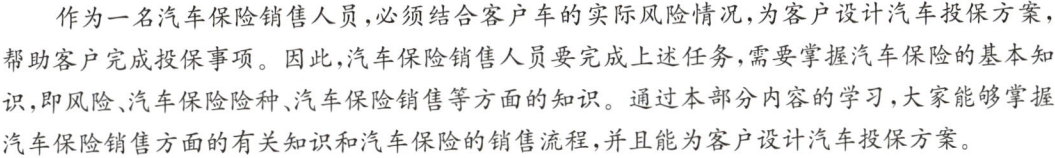

作为一名汽车保险销售人员，必须结合客户车的实际风险情况，为客户设计汽车投保方案，帮助客户完成投保事项。因此，汽车保险销售人员要完成上述任务，需要掌握汽车保险的基本知识，即风险、汽车保险险种、汽车保险销售等方面的知识。通过本部分内容的学习，大家能够掌握汽车保险销售方面的有关知识和汽车保险的销售流程，并且能为客户设计汽车投保方案。

汽车保险销售业务流程及所需知识

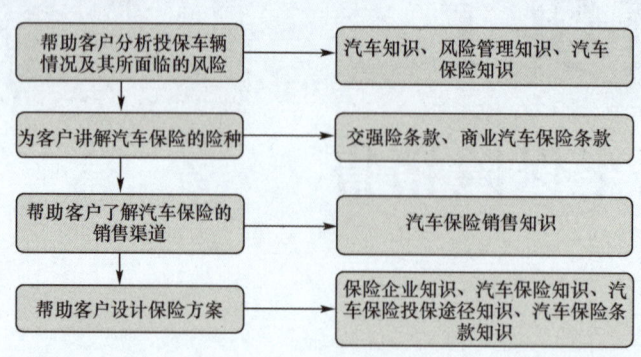

1.1 认识汽车保险

> **通过本单元学习,可以完成下列事项:**
> 1.能够描述汽车保险的含义、功能和汽车保险的要素;
> 2.能够描述风险的含义、构成要素和风险管理的程序;
> 3.理解可保风险的条件。

一、汽车保险的含义、功能

(一) 保险的定义和分类

1. 保险的定义

"保险"是由英文"Insurance"翻译而来的,在刚传入中国时,"保险"用"燕梳"(Insurance 的音译)来代替。到了20世纪40年代,"燕梳"逐渐改称为现在的"保险"。

一般说来,保险有广义和狭义之分。广义的保险是指建立专门用途的后备基金或保障基金,用于补偿因自然灾害或意外造成的损失,是一种为社会安定发展而建立物质储备的经济补偿制度。广义的保险包括国家政府部门经办的社会保险、按商业原则经营的商业保险以及由保险人集资合办的合作保险等,范围比较广泛。狭义的保险仅指商业保险,即按照商业化的原则,通过合同的形式,采用科学的计算方法,集合多数单位和个人收取保险费,建立

微课

认识汽车保险

保险基金,用于对合同范围内的灾害事故所造成的损失进行补偿的经济保障制度。本教材所研究的保险即狭义的商业保险,还可以从不同角度对其进行分析,如图1-1所示。

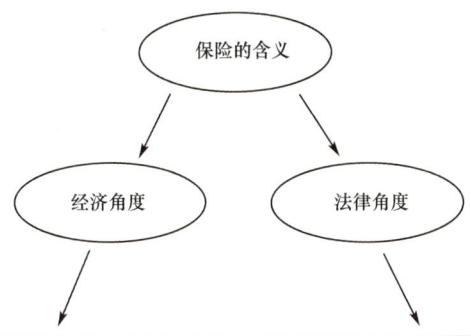

从经济角度来看,保险是一种分摊损失的方法,即通过多数单位和个人缴纳保费建立保险基金的方式,使少数成员的损失由全体被保险人分担。保险首先是一种经济制度,它是为了确保经济生活的安定,对特定危险事故或特定事件的发生所导致的损失,运用多数单位的集体力量,根据合理的计算,共同建立基金

从法律角度看,保险是一种合同行为,即通过签订保险合同,明确双方当事人的权利与义务,被保险人通过支付保费的方式获取保险合同规定范围内的赔偿,保险人则有收受保费的权利和提供赔偿的责任。保险是根据法律规定或当事人双方约定,一方承担支付保险费的义务,换取另一方对其因意外事故或特定事件的出现所导致的损失负责经济赔偿或给付的权利的法律关系

图1-1 保险的含义

综上所述,保险的含义应该包括四方面内容:①商业保险行为;②合同行为;③权利与义务行为;④经济补偿或保险金给付行为。

重要知识:《中华人民共和国保险法》所称的保险是指投保人根据合同约定,向保险人支付保险费,保险人对于合同约定的可能发生的事故因其发生而造成的财产损失承担赔偿保险金的责任,或者当被保险人死亡、伤残或达到合同约定的年龄、期限等条件时承担给付保险金责任的商业保险行为。

2.保险的分类

(1)按保险标的不同,保险可分为人身保险和财产保险两大类,见表1-1。

表1-1 人身保险和财产保险

种类	险种含义	具体险种解析
人身保险	以人的寿命和身体为保险标的的保险。当人遭受不幸事故或因疾病、年老以致丧失工作能力、伤残、死亡或年老退休后,根据保险合同的规定,保险人对被保险人或受益人给付保险金或年金,以解决病、残、老、死所造成的经济困难。人身保险包括人寿保险、健康保险、意外伤害保险等保险业务	人寿保险是以被保险人的寿命作为保险标的,以被保险人的生存或死亡为给付保险金条件的一种人身保险
		健康保险是以被保险人的身体为保险标的,使被保险人在疾病或意外事故所致伤害时发生的费用或损失获得补偿的一种人身保险
		意外伤害保险是以被保险人的身体为保险标的,以意外伤害而致被保险人身故或残疾为给付保险金条件的一种人身保险

(续表)

种类	险种含义	具体险种解析
财产保险	除人身保险外的其他一切险种,它是以有形或无形财产及其相关利益为保险标的的一类补偿性保险。财产保险包括财产损失保险、责任保险、信用保险等险种业务	财产损失保险是以各类有形财产为保险标的的财产保险
		责任保险是以被保险人对第三者的财产损失或人身伤害依照法律和契约应负的赔偿责任为保险标的的财产保险
		信用保险是以各种信用行为为保险标的的财产保险

(2)按承保方式分类,可将保险分为原保险、再保险、共同保险和重复保险四类,见表1-2。

表 1-2　　　　　　　　　　原保险、再保险、共同保险和重复保险

种类	险种含义
原保险	原保险是保险人与投保人之间直接签订保险合同而建立保险关系的一种保险。在原保险关系中,保险需求者将其风险转嫁给保险人,当保险标的遭受保险责任范围内的损失时,保险人直接对被保险人承担赔偿责任
再保险	再保险(也称"分保")是保险人将其所承保的风险和责任的一部分或全部转移给其他保险人的一种保险。转让业务的是原保险人,接受分保业务的是再保险人。这种风险转嫁方式是保险人对原始风险的纵向转嫁,是保险人之间的业务往来,即第二次风险转嫁
共同保险	共同保险(也称"共保")是由几个保险人联合直接承保同一保险标的、同一风险、同一保险利益的保险。共同保险的各保险人承保金额的总和等于保险标的的保险价值。在保险实务中,可能是多个保险人分别与投保人签订保险合同,也可能是多个保险人以某一保险人的名义签订一份保险合同。与再保险不同,这种风险转嫁方式是保险人对原始风险的横向转嫁,它仍属于风险的第一次转嫁
重复保险	重复保险是投保人以同一保险标的、同一保险利益、同一保险事故分别与两个或两个以上保险人订立保险合同的一种保险。重复保险的各保险人承保金额总和大于保险标的的保险价值。与共同保险相同,重复保险也是投保人对原始风险的横向转嫁,也属于风险的第一次转嫁

(3)按"是否以盈利为目标"作为划分标准,保险可分为商业保险和社会保险两类,见表1-3。

表 1-3　　　　　　　　　　商业保险和社会保险

种类	险种含义
商业保险	保险公司所经营的各类保险业务。商业保险以盈利为目标,进行独立经济核算
社会保险	国家通过立法建立社会保险制度,用人单位和个人依法缴纳保险,形成社会保险基金,用以对因年老、疾病、生育、工伤或失业而导致丧失劳动能力或失去工作机会的公民提供基本生活保障的一种社会保障制度。社会保险不以盈利为目标

(4)按实施方式分类,保险可分为强制保险和自愿保险,见表1-4。

表1-4　　　　　　　　　　　　　强制保险和自愿保险

种类	险种含义
强制保险（又称"政策性保险"）	由国家(政府)通过法律或行政手段强制实施的一种保险。这类保险所投保的风险一般损失程度较高,但出于种种考虑而收取较低保费,若经营者发生亏损,国家财政将给予补偿。这类保险被称为"政策性保险"。强制保险的保险关系虽然也是产生于投保人与保险人之间的合同行为,但是,合同的订立受制于国家或政府的法律法规规定。强制保险的实施方式有两种:一是保险标的与保险人均由法律法规限定;二是保险标的由法律法规限定,但投保人可以自由选择保险人。强制保险具有全面性与统一性的特征,如机动车交通事故责任强制保险
自愿保险	在自愿原则下,投保人与保险人双方在平等的基础上,通过订立保险合同而建立的保险关系。自愿保险的保险关系,是当事人之间自由决定、彼此合意后所建立的合同关系。投保人可以自由决定是否投保、向谁投保、中途退保等,也可以自由选择保险金额、保障范围、保障程度和保险期限等。保险人也可以根据情况自愿决定是否承保、怎样承保等,如商业汽车保险中车损险、第三者责任险即属于自愿保险

(5)按保额确定方式分类,保险可分为定值保险和不定值保险,见表1-5。

表1-5　　　　　　　　　　　　　定值保险和不定值保险

种类	险种含义
定值保险	指双方当事人事先确定保险标的(财产)的保险价值,并在合同中载明,以确定保险金最高限额的保险。保险标的的价值是指保险财产投保时的实际价值,也称约定保险价值。在定值保险的场合,保险事故发生后,保险人应该按照约定的保险价值作为给付保险赔偿金的基础。在实践中,定值保险多适用于以艺术品、矿石标本、贵重皮毛、古玩、字画、邮票等不易确定价值的特殊商品为标的的财产保险。海洋货物运输保险也多采用这种方式,因为保险标的物的价值在时间及空间上差异较大,如果在事后估计损失的话,在技术上受到很大限制。在定值保险中,除非保险人能够证明被保险人有欺诈行为,否则在保险事故发生以后,保险人不得以保险标的的实际价值与约定价值不符为由拒绝履行赔偿义务,即发生保险事故时,不论财产的价值如何,保险人均应按照约定的保险金额来计算赔款。如果发生部分损失则按照保险金额乘以损失程度进行赔偿(在美国的保险学教材中,大都将人寿保险与健康保险也称作定值保险。但我国通常将定值保险与不定值保险的分类限定在财产保险中)
不定值保险	保险双方当事人对保险标的不预先确定价值,而在保险事故发生后再估算价值、确定损失的保险形式。也就是说,在保险合同中只列明保险的金额作为赔偿的最高限额而不列明保险标的的价值。在实践中,大多数财产保险,如企业财产保险、机动车辆保险等均采用不定值保险的形式。不定值保险的保险金额是在订立合同时确定的,而核定保险价值是在保险事故发生的时候,由于随着时间的伸延产生价差,即在客观上就会产生保险金额与保险价值不相一致的情况

此外,按不同的标准,保险还可以分成不同的类型,这里只介绍上述分类方法。

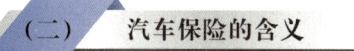

(二) 汽车保险的含义

1.汽车保险定义

重要知识:汽车保险是以汽车本身及其第三者责任为保险标的的一种财产保险。这里的汽车是指经交通管理部门检验合格、核发有效行驶证和号牌的机动车,包括汽车、电车、电瓶车、拖拉机、各种专业机械车、特种车。

● **特别提示**

从汽车保险的定义可以看出,汽车保险的保险对象为汽车及其相关的经济责任,所以汽车保险既属于财产保险又属于责任保险。随着汽车保险业的发展,其保险标的除了最初的汽车以外,已经扩大到所有的机动车辆,所以,汽车保险又称为机动车辆保险。世界上许多国家至今仍沿用"汽车保险"的名称,本书也沿用该名称。

2. 与汽车保险相关的基本概念

(1)汽车保险的保险标的

保险标的是保险保障的目标和实体,是保险合同双方当事人权利和义务所指向的对象。汽车保险的保险标的是汽车及其相关的经济责任。

(2)汽车保险人

保险人是指与投保人订立保险合同,收取保险费,为被保险人提供保障的人。汽车保险人是指经营汽车保险业务的保险公司。

(3)汽车投保人

投保人是指与保险人订立保险合同,并按照保险合同负有支付保险费义务的人。汽车保险投保人是指与保险人订立汽车保险合同,并按照汽车保险合同负有支付保险费义务的人。

(4)汽车被保险人

被保险人是因保险事故发生而遭受损失的人。在汽车保险合同中,被保险人是保险车辆的所有人或具有相关利益的人,是享有赔偿金请求权的人。

(5)汽车保险费

保险费是投保人参加保险时所交付给保险人的费用。汽车保险费是根据汽车保险的保险金额和保险费率计算出来的。

(三) 汽车保险的功能

1. 保障功能

保险保障功能是保险业的立业之基,最能体现保险业的特色和核心竞争力。

汽车保险的保障功能是汽车保险得以产生和迅速发展的内在根源,具体表现为补偿损失功能。

在特定灾害事故发生时,在汽车保险的有效期和汽车保险合同约定的责任范围以及保险金额内,按其实际损失给予补偿。通过补偿使已经损失的社会财富(车辆因灾害事故所导致的实际损失)在价值上得到补偿,在使用价值上得以恢复,从而使社会再生产得以持续进行,人民的生活得以安定,进而保障社会稳定。

2. 金融融资功能

金融融资功能是指将保险资金中闲置的部分重新投入社会再生产所发挥的金融中介作用。汽车保险人为了使保险经营稳定,必须保证保险资金的保值与增值,这就要求汽车保险人对保险资金加以利用。汽车保险的保费收入与赔付支出之间存在时间差和数量差,这为汽车保险人进行保险资金的融资提供了可能。所以,保险又具有金融融资功能。

汽车保险融资的来源主要包括:资本金、总准备金或公积金、各项保险准备金以及未分配的盈余。

汽车保险融资的方向主要包括:银行存款、购买有价证券、购买不动产、各种贷款、委托信托公司投资、经管理机构批准的项目投资及公共投资、各种票据贴现等。

3.防灾防损功能

汽车保险人从开发汽车保险产品、制定费率到汽车保险和理赔的各个环节,都直接与灾害事故打交道,不仅具有识别、衡量和分析风险的专业知识,而且积累了大量的风险损失资料。所以,汽车保险人可以为社会、企业、家庭、个人提供防灾、防损、咨询和技术服务,从而减少社会财富的损失(车辆的损失和社会成员的人身伤害)。

二、汽车保险的要素

汽车保险包括五个要素,具体如图1-2所示。

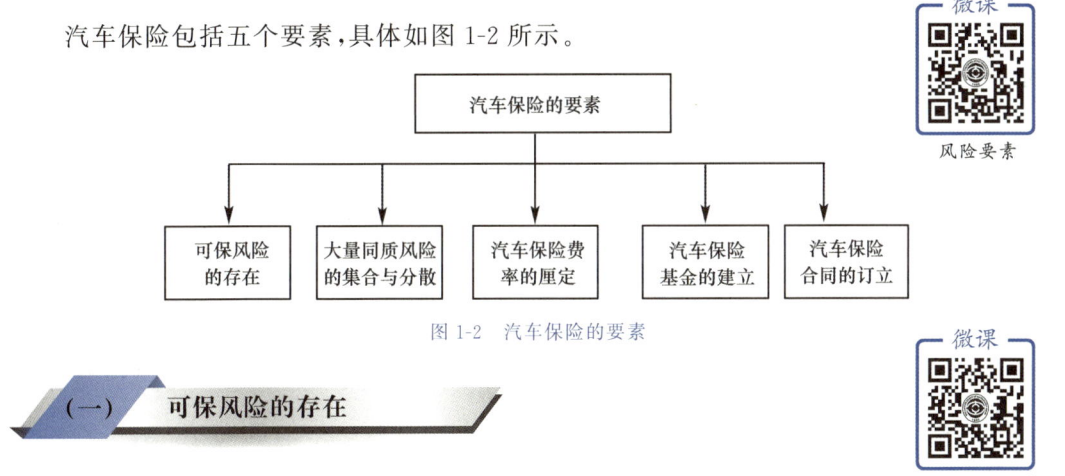

图1-2 汽车保险的要素

(一)可保风险的存在

1.风险的含义

德国有句谚语,"无风险则无保险",已成为保险界的至理名言。认识风险对于理解保险是至关重要的,那么什么是风险呢?

风险一般是指某种事件发生的不确定性。只要某一事件的发生存在着两种或两种以上的可能性,那么该事件即存在风险。从风险的一般含义可知,风险既可以指积极结果即盈利的不确定性,也可以指损失发生的不确定性。然而,保险理论上的风险是指保险标的发生损失的不确定性,单纯指的是损失发生的不确定性。

2.风险的构成要素

风险是由风险因素、风险事故和损失三个要素构成。

(1)风险因素

风险因素是指引起或增加某一特定风险事故发生机会或扩大其损失程度的原因或条件。它是风险事故发生的潜在原因,是造成损失的间接原因。对于汽车来说,风险因素是指制造汽车的材料质量、汽车的结构等。风险因素越多,造成损失的机会越大。根据风险因素性质的不同,通常可将其分为实质风险因素、道德风险因素、心理风险因素。

①实质风险因素。实质风险因素(也称"有形风险因素"),是指某一标的本身所具有的足以引起风险事故发生、增加损失机会或加重损失程度的因素。如某一类汽车的刹车系统的可靠性、房屋所处的位置等都属于实质风险因素。在保险实务中,由实质风险因素所引起的损失,大多属于保险责任,是保险公司承保的范围。

②道德风险因素。道德风险因素是指由于人们不诚实、不正直或有不轨企图,故意促使风险事故发生,以致引起财产损失和人身伤亡的因素。如投保人或被保险人欺诈、纵火或者夸大损失,骗取保险赔款。一般情况下,由于道德风险因素引起的损失不属于保险责任,属于保险合同中的责任免除。

③心理风险因素。心理风险因素是指由于人们疏忽或过失以及主观上不注意、不关心、心存侥幸,以致增加风险事故发生的机会或加大损失的严重性的因素。它是与人的心理状态有关的无形的风险因素。例如,由于停车忘了锁门,致使增加了偷窃风险的发生;酒后驾车;超速驾车等。

● 特别提示

道德风险因素和心理风险因素都与人密切相关,可以合并称为人为风险因素。同时这两种风险因素与人的心理活动和道德品质有关,没有具体形状,所以又可称为无形风险因素。

(2)风险事故

风险事故也称"风险事件",是指造成人身伤害或财产损失的偶发事件,是造成损失的直接的或外在的原因,是损失的媒介物。风险只有通过风险事故的发生,才能导致损失。如果说风险因素还只是损失发生的可能性,那么风险事故则意味着风险的可能性转化为现实性。例如,刹车系统失灵酿成车祸而导致人员伤亡,其中刹车失灵是风险因素,车祸是风险事故,人员伤亡是损失。

(3)损失

在风险管理中,损失是指非故意的、非预期的、非计划的经济价值的减少,即经济损失。而像精神打击、政治迫害等行为的结果一般不能视为损失。

在保险实务中,损失通常分为直接损失和间接损失。直接损失是指风险事故导致的财产本身损失和人身伤害,又称为实质损失;间接损失则是指由直接损失引起的其他损失,包括额外费用损失、收入损失和责任损失等。在有些情况下,间接损失的金额很大,有时甚至超过直接损失。

● 特别提示

从风险因素、风险事故与损失三者之间的关系来看,风险因素引发风险事故,而风险事故导致损失。也就是说,风险因素只是风险事故产生并造成损失的可能性或使这种可能性增加的条件,它并不直接导致损失,只有通过风险事故这个媒介才会产生损失。

但是,对于某一特定事件,在一定条件下,风险因素可能是造成损失的直接原因,那么它就是引起损失的风险事故;而在其他条件下,可能是造成损失的间接原因,此时它就是风险因素。如因下冰雹使得路滑而发生车祸,造成人员伤亡,这时冰雹是风险因素,车祸是风险事故;若冰雹直接击伤行人,则它是风险事故。

3. 风险的种类

(1) 根据风险性质分类

根据风险性质的不同,风险可分为纯粹风险与投机风险。

①纯粹风险是指只有损失机会而无获利可能的风险。比如房屋所有者面临的火灾风险,当火灾事故发生时,他们便会遭受经济利益上的损失,而不会得到收益。静态风险一般为纯粹风险,保险公司目前仍以承保纯粹风险为主要业务。

②投机风险是相对于纯粹风险而言的,是指既有损失机会又有获利可能的风险。投机风险的后果一般有三种:一是没有损失;二是有损失;三是盈利。比如在股票市场上买卖股票,就存在赚钱、赔钱和不赔不赚三种结果,因而属于投机风险。

(2) 根据风险产生的原因分类

根据风险产生的原因的不同,风险可分为自然风险、社会风险、政治风险、经济风险与技术风险。

①自然风险是指因自然力的不规则变化而使社会生产和社会生活等遭受威胁的风险。如地震、水灾、火灾、风灾等。在各类风险中,自然风险是保险人承保最多的风险。

②社会风险是指由于个人的异常行为或不可预料的团体行为使社会生产及人们生活遭受损失的风险。如盗窃、抢劫、玩忽职守及故意破坏等行为可能对他人财产造成损失或人身造成伤害,所以,它们都属于社会风险。

③政治风险(又称为"国家风险")是指在对外投资和贸易过程中,因政治原因或订约双方所不能控制的原因,使债权人可能遭受损失的风险。如因输入国家实施进口或外汇管制,对输入货物加以限制或禁止输入造成合同无法履行等。

④经济风险是指在生产和销售等经营活动中由于受市场供求关系、经济贸易条件等因素变化的影响或经营者决策失误,对前景预期出现偏差等导致经营失败的风险。如企业生产规模的增减、市场预测失误、消费需求变化、汇率变化等所导致经济损失的风险。

⑤技术风险是指伴随着科学技术的发展、生产方式的改变而产生的风险。如核辐射、空气污染、噪声等风险。

(3) 根据风险标的分类

根据风险标的的不同,风险可分为财产风险、人身风险、责任风险与信用风险。

①财产风险是指导致财产的损毁、灭失或贬值的风险。风险事故所作用的对象是有形的财产及预期收益,而非人身。如车祸属于财产风险,能造成汽车等有形财产的损毁或灭失。

②人身风险是指导致人的伤残、死亡、丧失劳动能力以及增加费用支出的风险。如人会因生、老、病、死等生理规律和自然、政治、军事、社会等原因而早逝、伤残、年老无依靠等。

③责任风险是指因侵权或违约依法对他人遭受的人身伤亡或财产损失应负赔偿责任的风险。如驾车不慎撞人,造成对方伤残或死亡;医疗事故造成病人病情加重、伤残或死亡;生产或销售的产品造成他人伤残或死亡等。驾驶人、医院、生产者或经销者面临的风险均属于责任风险。

④信用风险是指在经济交往中,权利人与义务人之间,由于一方违约或违法致使对方遭受经济损失的风险。如银行放贷款收不回来的风险。

除此之外,还存在其他的风险分类方法。比如根据是否能被商业保险承保可以分为可保风险和不可保风险。可保风险是指可用商业保险方式加以管理的风险。静态风险、财产风险、人身风险、责任风险、信用风险等都是可保风险。不可保风险就是商业保险不予以承保的风险。动态风险、投机风险等都是不可保风险。

温馨提示：销售人员在与客户进行销售工作时,一定要为客户分析所面临的风险。

一般而言,可保风险都是可管理风险,但是不可保风险却不一定是不可管理风险。不可保风险仅仅是指商业保险无法处理的风险,某些不可保风险可以通过其他方式加以处理。

4. 风险管理

(1)风险管理的含义

> **重要知识**：风险管理是指个人、家庭或各种组织对可能遇到的风险进行风险识别、风险衡量、风险评价,并在此基础上选择与优化组合各种风险管理技术,对风险实施有效控制并妥善处理风险所致损失的后果,从而以最小的成本获得最大的安全保障的决策及行动过程。

风险管理含义的具体内容包括：

①风险管理的对象是风险。

②风险管理的主体可以是任何组织(包括营利性组织和非营利性组织)、家庭和个人。

③风险管理的过程包括风险识别、风险衡量、风险评价、选择风险管理技术和评估风险管理效果等。

④风险管理的基本目标是以最小的成本获得最大的安全保障。

20世纪70年代后,风险管理得到广泛的重视,成为一个独立的管理系统并发展为一门新兴的学科。

(2)风险管理的程序

风险管理的基本程序分为风险识别、风险衡量、风险评价、选择风险管理技术和评估风险管理效果五个环节。

①风险识别。风险识别是风险管理的第一步,是指对企业、家庭或个人面临的或潜在的风险加以判断、归类并对风险性质进行鉴定的过程。即对尚未发生的、潜在的和客观存在的各种风险系统地、连续地进行识别和归类,并分析产生风险事故的原因。对风险的识别,既可以通过经验和直接感知进行判断、识别,又可以借助各种客观的经营资料、会计和统计资料以及风险记录进行分析、归纳和整理,从而发现各种风险的损害情况。风险识别的目的有两个：一是用于衡量风险的大小；二是提供最适当的风险管理对策。风险识别是否全面、深刻,直接影响风险管理决策质量,进而影响整个风险管理的最终效果。

②风险衡量。风险衡量是在风险识别的基础上,通过对所收集的大量资料进行分析,利用概率统计理论,估计和预测风险发生的概率和损失程度。风险衡量所要解决的两个问题是损失概率和损失严重程度,其最终目的是为正确选择风险的处理方法提供依据和信息。

③风险评价。风险评价是在风险识别和风险估测的基础上,结合其他因素进行全面考虑,评估风险发生的可能性及其危害程度,并与公认的安全指标相比较,以衡量风险的程度,并决定是否采取相应的措施。通过对风险的定性、定量分析和比较处理风险所支出的费用,来确定风险是否需要处理和处理程度,以判定为处理风险所支出的费用是否有效益。风险评价是风险管理活动中的重要一环,其对决策方向影响甚大,因此,对风险做出科学的分析和判断,对整个风险管理具有决策性意义。

④选择风险管理技术。在做好风险识别的前提下,根据风险评价结果,为实现风险管理目标,选择最佳风险管理技术并加以实施。风险管理技术分为控制型方法和财务型方法两大类。

a.控制型方法是指避免、消除风险或减少风险发生频率及控制风险损失扩大的一种风险管理方法。其中心目的是降低风险发生频率和减轻损失程度,重点在于改变引起风险事故和扩大损失的各种条件。其方法主要包括避免、预防和抑制。

避免是指放弃某项活动以达到回避因从事该项活动可能导致风险损失的目的的行为。它是处理风险的一种消极方法。避免风险虽简单易行,但是有时彻底根除某种风险的同时又会产生另一种新的风险。如担心锅炉爆炸,就放弃利用锅炉烧水,改用电热炉,但又存在因电压过高致使电热炉被损坏的风险。此外,有时因回避风险而放弃了经济利益,增加了机会成本,并且在采取这种方法时通常会受到一定条件的限制。如新技术的采用、新产品的开发都可能带有某种风险,而如果放弃这些计划,企业就无法从中获得高额利润。

预防是指在风险发生前为了消除和减少可能引起损失的各种因素而采取的措施。其目的在于通过消除或减少风险因素而降低损失发生频率。例如,定期对车辆进行检查,虽不能完全消除车祸风险,但可以及时发现车的故障,从而降低损失发生的机会或减轻损失的程度。

抑制是指风险事故发生时或发生后采取的各种防止损失扩大的措施。抑制是处理风险的有效技术,通常在损失发生可能性高并且风险又无法避免和转嫁的情况下采用。例如,汽车中设置被动安全装置、安全气囊等,其目的是控制事故发生时损失扩大。

b.财务型方法是通过提留风险准备金,事先做好吸纳风险成本的财务安排来降低风险成本的一种风险管理方法。人们对风险的认识受许多因素的制约,因而对风险的预测和估计不可能达到绝对精确的地步,同时各种控制处理方法都有一定的缺陷。为此,有必要采取财务型方法,以便消除风险事故发生时所造成的经济困难和精神忧虑,为企业恢复生产,为个人维持正常生活等提供财务资金上的支持。财务型方法包括自留(或承担)和转移两种。

自留(或承担)是经济单位或个人自己承担全部风险成本的一种风险管理方法,即对风险的自我承担。采取自留方法,应考虑经济上的合算性和可行性。一般来说,在风险所致损失频率和幅度低、损失在短期内可预测以及最大损失不足以影响自己的财务稳定时,宜采用自留(或承担)方法。但有时会因风险单位数量的限制而无法实现其处理风险的功效,一旦发生损失,可能导致财务调度上的困难而失去其作用。

转移是一些单位或个人为避免承担风险损失而有意识地将风险损失或与风险损失有关的财务后果转嫁给另一些单位或个人承担的一种风险管理方式。风险转移分为非保险转移和保险转移。非保险转移是通过合同把风险损失的财务后果转移给非保险公司的其他人，称为财务型非保险转移。例如，出租汽车公司可以与承包的驾驶人签订合同，由驾驶人承担交通事故中的责任风险。这样的合同尽管转移了风险，一般来说也必然会把一部分利益转移给风险受让者，比如驾驶人在接受交通事故责任风险时，必然要求少缴纳承包费用，出租汽车公司的利润将有所减少。保险转移是通过保险合同把风险转移给保险公司。此种方法是风险管理方法中最常用、最有效的财务措施。例如，机动车辆所有者可以通过订立保险合同，将其车辆面临的风险转嫁给保险人。如图1-3所示为风险管理方法结构。

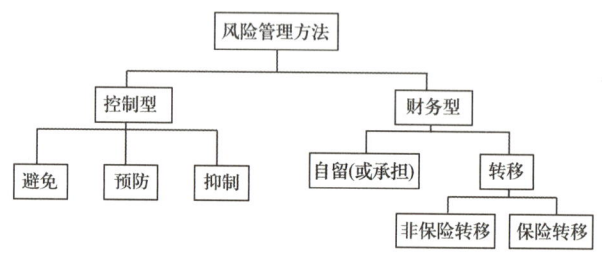

图1-3 风险管理方法结构

⑤评估风险管理效果。评估风险管理效果是指对风险管理技术适用性及收益性情况的分析、检查、修正和评估。风险管理效益的大小，取决于是否能以最小风险成本取得最大安全保障，同时，在实务中还要考虑风险管理与整体管理目标是否一致，是否具有具体实施的可行性、可操作性和有效性。风险处理对策是否最佳，可通过评估风险管理的效益来判断。

（3）风险管理与保险的关系

风险管理与保险关系密切，主要表现为：

①风险管理与保险所研究的对象一致。风险是二者的共同研究对象，而保险研究的是风险中的可保风险。

②风险管理与保险产生和存在的前提一致。风险是二者产生和存在的前提，风险的存在是保险关系确立的基础。

③保险是一种传统和有效的风险管理方法。通过保险，可以把不能自行承担的集中风险转嫁给保险人，以小额的固定支出换取对巨额风险的经济保障，使保险成为处理风险的有效措施。

④保险经营效益受风险管理技术的制约。保险经营效益受多种因素的制约，风险管理技术作为重要的因素对保险经营效益产生很大的影响。如对风险的识别是否全面，对风险损失的频率和造成损失的幅度估计是否准确，哪些风险可以接受承保，哪些风险不可以承保，保险的范围应有多大、程度如何、保险成本与效益的比较等，都制约着保险的经营效益。

5. 可保风险

可保风险是指符合保险人承保条件的特定风险。一般来讲，可保风险应具备以下条件：

①风险应当是纯粹风险。保险人承保的风险，只能是仅有损失可能而无获利机会的风险。对于买卖股票而产生的风险，保险人是不承保的，因为这是一种投机风险而不是纯粹风险。

②必须是意外发生的。意外的风险损失不包括必然会发生和被保险人的故意行为造成的风险。货物的自然损耗和机器设备折旧等现象就是必然发生的，还有被保险人的故意行

为（如故意纵火行为）造成的火灾损失，均不属于保险人的可保风险的责任范围。但是，在实际业务中，对一些必然发生的风险损失（如自然损耗的必然损失），经保险人同意，在收取适当保险费用后，也可特约承保。而且，保险人也可承保第三人的故意行为或不法行为所引起的风险损失。例如，在保证保险、信用保险中，保险人对由于另一方不履行与被保险人约定的义务，而应对被保险人承担的经济赔偿责任给予赔偿。再如，财产保险中的偷盗险，保险人承担的赔偿责任也是由于盗贼的故意行为所造成的风险损失。

③风险应当是大量保险标的均有遭受重大损失的可能性。因为，如果一种风险只会导致轻微损失，那就无须通过保险求得保障。再者，保险需要以大数法则作为保险人建立保险基金的数理基础，假如一种风险只是个别或者少量标的所有，那就缺乏这种基础，保险人也就无法利用大数法则计算危险产生的概率和损失程度，难以确定保险费率，进行保险经营。

④风险不能是大多数的保险标的同时遭受损失。这一条件要求损失的发生具有分散性。因为保险的目的，是以多数人支付的小额保费，赔付少数人遭遇的大额损失。如果大多数保险标的同时遭受重大损失，则保险人通过向投保人收取保险费所建立起的保险资金根本无法抵消损失。

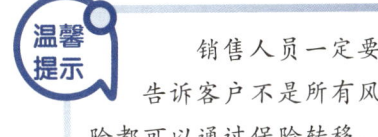

温馨提示：销售人员一定要告诉客户不是所有风险都可以通过保险转移。

⑤风险必须具有现实的可测性。如果风险发生及其所致的损失无法测定，保险人也无法制定可靠稳定的保险费率，且很难科学经营，这将使保险人面临很大的经营风险。

（二）大量同质风险的集合与分散

汽车保险的过程既是风险的集合过程，又是风险的分散过程。保险人通过保险将众多投保人所面临的分散性风险集合起来，当发生保险责任范围内的损失时，又将少数人发生的损失分摊给全部投保人；也就是通过保险的补偿或给付行为分摊损失，将集合的风险予以分散。保险风险的集合与分散应具备两个前提条件：风险的大量性和风险的同质性。

（三）汽车保险费率的厘定

保险在形式上是一种经济保障活动，而实质上是一种特殊商品的交换行为。因此，制定保险商品的价格，即厘定保险费率，便构成了保险的基本要素。

（四）汽车保险基金的建立

保险基金是指保险人为保证其如约履行保险赔偿或给付义务，根据政府有关法律法规规定和特定业务需要，从保费收入或盈余中提取的与其所承担的保险责任相对应的一定数量的基金。为了保证保险公司的正常经营，保护被保险人的利益，各国一般都以保险立法的形式规定保险公司应提存保险准备金，以确保保险公司具备与其保险业务规模相应的偿付能力。

（五）汽车保险合同的订立

保险是投保人与保险人之间的权利与义务关系，保险以合同的形式对该民事关系进行保护和约束。保险合同是保险双方当事人履行各自权利与义务的依据。投保人有缴纳保险费的义务，同时有获得保险赔偿或给付的权利；保险人有承担赔偿或给付被保险人的经济损失的义务，同时有收取保险费的权利。

拓展实训

专项训练

从身边的日常生活入手，同学们以小组为单位分析某位老师的家庭自用车面临哪些损失，并从不同的角度对面临的损失进行分类。

拓展学习

请同学们课下收集风险管理和汽车保险方面的知识。

1.2 中国汽车保险产品分析

通过本单元学习，可以完成下列事项：

1. 能够对各种汽车保险险种进行综合分析；
2. 能够对交通事故强制保险案例进行分析；
3. 能够对商业汽车保险案例进行分析。

一、汽车保险业务种类介绍

（一）汽车保险业务发展

1. 中华人民共和国成立之前

我国汽车保险业务的发展经历了一个曲折的历程。汽车保险进入我国是在鸦片战争以后，但由于当时我国保险市场处于外国保险公司的垄断与控制之下，加之当时的工业不发达,我国的汽车保险实质上处于萌芽状态,其作用与地位十分有限。

2. 中华人民共和国成立初期

中华人民共和国成立以后的1950年,创建不久的中国人民保险公司就开办了汽车保险。但是因宣传不够和认识的偏颇,不久就出现对此项保险的争议,有人认为汽车保险以及第三者责任险对于肇事者予以经济补偿的做法会导致交通事故的增加,更会对社会产生负面影响。于是,中国人民保险公司于1955年停止了汽车保险业务。直到20世纪70年代中期为了满足各国驻华使领馆等外国人拥有的汽车保险的需要,我国才开始办理以涉外业务为主的汽车保险业务。

3. 改革开放后

改革开放后,我国汽车保险的发展如图1-4所示。

1980年	我国保险业恢复之初的1980年,中国人民保险公司逐步全面恢复中断了近25年之久的汽车保险业务,以适应国内企业和单位对于汽车保险的需要,适应公路交通运输业迅速发展、事故日益频繁的客观需要;但当时汽车保险仅占财产保险市场份额的2%
1983年	1983年,将汽车保险改为机动车辆保险,使其具有更广泛的适应性,但是当时的保险条款不统一
2000年	2000年,原中国保险监督管理委员会统一制定了《机动车辆保险条款》,汽车保险在此条款的指导下,全国汽车保险实行统一条款和刚性费率。但是刚性费率由政府定价一刀切,没有考虑到不同地区市场、不同类型的保险消费者的特点,同时也影响了保险市场的竞争环境,造成保险公司缺乏效率
2003年	2003年,在全国范围内推行了车险制度的改革,核心是实现车险产品的费率市场化,各保险公司结合自身特点推出了具有自己特色的汽车保险产品
2006年	2006年3月21日,我国颁布了《机动车交通事故责任强制保险条例》(简称交强险),同年7月1日正式实施。伴随着交强险的实施,车损险和商业第三者责任险发生重大变革。由中国保险行业协会提出《机动车商业保险行业基本条款》(包括A款、B款和C款),各保险公司经营的商业车险使用新的条款和费率,并于2006年7月1日起正式实行。2006年商业车险有A、B、C三款"套餐",分别根据中保财险、平安财险和太平洋财险三大公司的车险条款设计。"套餐"中包括两种基本险:车损险和商业第三者责任险。对于其他险种,仍允许各家公司进行差异化经营
2007年	2007年末,我国金融行业首个全国性听证会——交强险费率听证会在京举行,随后原保监会对交强险的责任限额、费率水平进行"双调整"。据此,中国保险行业协会出台了2007版《机动车商业保险行业基本条款》,在2006版商业车险行业基本条款基础上扩大了覆盖范围,除原有的机动车损失保险、机动车第三者责任险外,又将机动车车上人员责任险、机动车全车盗抢险、玻璃单独破碎险、车身划痕损失险、车损免赔额险、不计免赔率险六个险种也纳入了车险行业基本条款的范围,共计八个险种
2009年	2009年10月1日,修订后的《中华人民共和国保险法》开始实施,商业车险A、B、C保险条款又有了一些新的修改,主要是对承保车辆转移、变更车主及车牌号码等方面发生变化
2012年	2012年,出台了《中国保险行业协会机动车商业保险示范条款(2012版)》,但一直到2015年才开始进行试点实施
2015年	2015年,黑龙江、山东、重庆、广西、陕西及青岛六个省市第一批使用示范性条款
2016年	2016年1月,内蒙古、吉林、安徽、河南、湖北、湖南、四川、新疆、广东、天津、宁夏、青海等省市第二批使用商业条款新条款。2016年7月1日,全国推行车险改革,使用商业条款新条款
2020年	2020年9月,中国银保监会发布《关于实施车险综合改革的指导意见》,并于9月19日实施,调整了交强险的责任限额和费率浮动系数,同时对机动车商业保险条款进行了修改和完善

图1-4 我国汽车保险的发展

（二）主要汽车保险产品介绍

我国汽车保险业务包括强制汽车保险业务和商业汽车保险业务，不同的汽车保险业务对应着不同的汽车保险产品，具体见表1-6。

表1-6　　　　　　　　我国汽车保险产品对应关系表

强制汽车保险产品	商业汽车保险产品（含挂车）			
	主险	机动车损失保险	机动车第三者责任保险	机动车车上人员责任保险
机动车交通事故责任强制保险	附加险	附加绝对免赔率特约条款 附加车轮单独损失险 附加新增加设备损失险 附加车身划痕损失险 附加修理期间费用补偿险 附加发动机进水损坏除外特约条款	附加车上货物责任险 附加法定节假日限额翻倍险（家庭自用车可投保）	—
		—	附加精神损害抚慰金责任险 附加医保外医疗费用责任险	
		附加绝对免赔率特约条款、附加机动车增值服务特约条款		

二、机动车交通事故责任强制保险

机动车交通事故责任强制保险简称交强险，是由保险公司对被保险机动车发生道路交通事故造成受害人（不包括本车人员和被保险人）的人身伤亡、财产损失，在责任限额内予以赔偿的强制性责任保险。

我国自颁布实施交强险以来一直在不断地完善，以便尽量使其更好地保障受害者的利益，交强险的发展历程如图1-5所示。

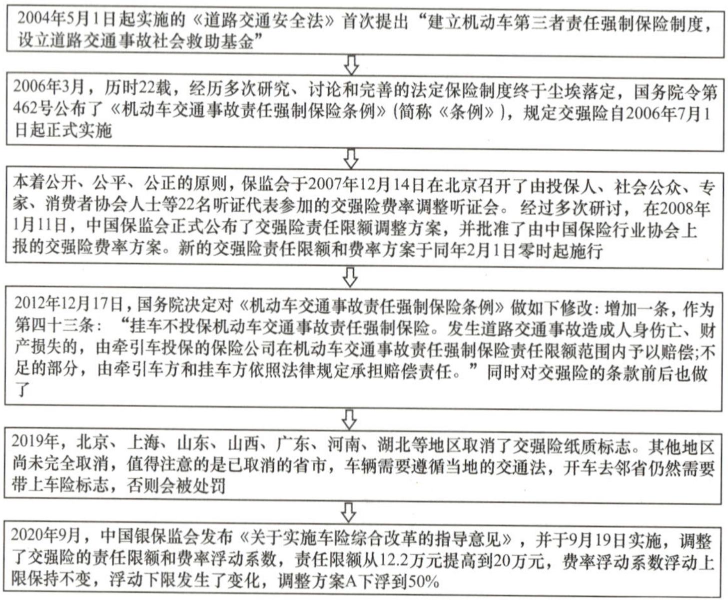

```
┌──────────────────────────────────────────────────────────────┐
│ 2004年5月1日起实施的《道路交通安全法》首次提出"建立机动车第三者责任强制保险制度，│
│ 设立道路交通事故社会救助基金"                                    │
└──────────────────────────────────────────────────────────────┘
                              ↓
┌──────────────────────────────────────────────────────────────┐
│ 2006年3月，历时22载，经过多次研究、讨论和完善的法定保险制度终于尘埃落定，国务院令第│
│ 462号公布了《机动车交通事故责任强制保险条例》（简称《条例》），规定交强险自2006年7月1│
│ 日起正式实施                                                   │
└──────────────────────────────────────────────────────────────┘
                              ↓
┌──────────────────────────────────────────────────────────────┐
│ 本着公开、公平、公正的原则，保监会于2007年12月14日在北京召开了由投保人、社会公众、专│
│ 家、消费者协会人士等22名听证代表参加的交强险费率调整听证会。经过多次研讨，在2008年│
│ 1月11日，中国保监会正式公布了交强险责任限额调整方案，并批准了由中国保险行业协会上│
│ 报的交强险费率方案。新的交强险责任限额和费率方案于同年2月1日零时起施行             │
└──────────────────────────────────────────────────────────────┘
                              ↓
┌──────────────────────────────────────────────────────────────┐
│ 2012年12月17日，国务院决定对《机动车交通事故责任强制保险条例》做如下修改：增加一条，作为│
│ 第四十三条："挂车不投保机动车交通事故责任强制保险。发生道路交通事故造成人身伤亡、财│
│ 产损失的，由牵引车投保的保险公司在机动车交通事故责任强制保险责任限额范围内予以赔偿；不│
│ 足的部分，由牵引车方和挂车方依照法律规定承担赔偿责任。"同时对交强险的条款前后也做│
│ 了                                                            │
└──────────────────────────────────────────────────────────────┘
                              ↓
┌──────────────────────────────────────────────────────────────┐
│ 2019年，北京、上海、山东、山西、广东、河南、湖北等地区取消了交强险纸质标志。其他地区│
│ 尚未完全取消，值得注意的是已取消的省市，车辆需要遵循当地的交通法，开车去邻省仍然需要│
│ 带上车险标志，否则会被处罚                                       │
└──────────────────────────────────────────────────────────────┘
                              ↓
┌──────────────────────────────────────────────────────────────┐
│ 2020年9月，中国银保监会发布《关于实施车险综合改革的指导意见》，并于9月19日实施，调整│
│ 了交强险的责任限额和费率浮动系数，责任限额从12.2万元提高到20万元，费率浮动系数浮动上│
│ 限保持不变，浮动下限发生了变化，调整方案A下浮到50%                  │
└──────────────────────────────────────────────────────────────┘
```

图1-5　机动车交通事故责任强制保险的发展历程

● 特别提示

交强险的出台是为了向受害人提供基本保障,进而促进道路交通安全、维护社会稳定,所以,被保险人有责或无责保险公司都应赔偿。目前,多数国家如法国、英国、美国、韩国、新加坡、日本等均通过专门立法或在民法典中对交强险制度加以规定。对机动车交通事故责任实行强制保险已成为国际立法上的一种惯例。

(一) 交强险条款中对机动车种类的规定

机动车交通事故责任强制保险按机动车种类、使用性质分为9种类型,如图1-6所示。

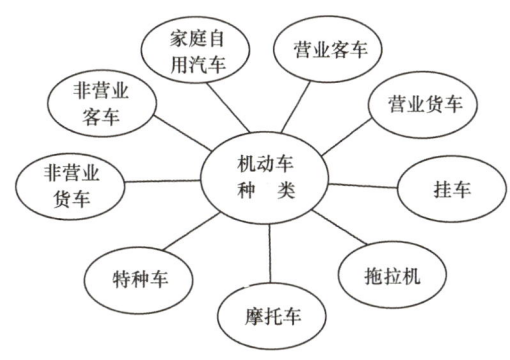

图1-6 机动车交通事故责任强制保险的类型

1.家庭自用汽车

家庭自用汽车是指家庭或个人所有,且用途为非营业性的客车。

2.非营业客车

非营业客车是指党政机关、企事业单位、社会团体、使领馆等机构从事公务或在生产经营活动中不以直接或间接方式收取运费或租金的客车,包括党政机关、企事业单位、社会团体、使领馆等机构为从事公务或在生产经营活动中承租且租赁期限为1年或1年以上的客车。非营业客车分为:党政机关、事业团体客车、企业汽车。

邮政公司用于邮递业务、快递公司用于快递业务的客车,警车,普通囚车,医院的普通救护车,殡葬车按照其行驶证上载明的核定载客数,适用对应的企业非营业客车的费率。

3.营业客车

营业客车是指用于旅客运输或租赁,并以直接或间接方式收取运费或租金的客车。营业客车分为:城市公交客车,公路客运客车,出租、租赁客车。旅游客运车按照其行驶证上载明的核定载客数,适用对应的公路客运车费率。

4.非营业货车

非营业货车是指党政机关、企事业单位、社会团体自用或仅用于个人及家庭生活,不以直接或间接方式收取运费或租金的货车(包括客货两用车)。货车是指载货机动车、厢式货车、半挂牵引车、自卸车、电瓶运输车、装有起重机械但以载重为主的起重运输车。用于驾驶教练、邮政公司用于邮递业务、快递公司用于快递业务的货车按照其行驶证上载明的核定载质量,适用对应的非营业货车的费率。

5.营业货车

营业货车是指用于货物运输或租赁,并以直接或间接方式收取运费或租金的货车(包括客货两用车)。(这里货车的解释同非营业货车。)

6.特种车

特种车是指用于各类装载油料、气体、液体等专用罐车;或用于清障、清扫、清洁、起重、装卸(不含自卸车)、升降、搅拌、挖掘、推土、压路等的各种专用机动车;或适用于装有冷冻或加温设备的厢式机动车;或车内装有固定专用仪器设备,从事专业工作的监测、消防、运钞、医疗、电视转播、雷达、X光检查等机动车;或专门用于牵引集装箱箱体(货柜)的集装箱拖头。

特种车按其用途共分成4类,见表1-7,不同类型机动车采用不同收费标准。

表1-7　　　　　　　　　　特种车种类

种　类	种类细化
特种车一	油罐车、汽罐车、液罐车
特种车二	专用净水车、特种车一以外的罐式货车,以及用于清障、清扫、清洁、起重、装卸(不含自卸车)、升降、搅拌、挖掘、推土、冷藏、保温等的各种专用机动车
特种车三	装有固定专用仪器设备从事专业工作的监测、消防、运钞、医疗、电视转播等的各种专用机动车
特种车四	集装箱拖头

7.摩托车

摩托车是指以燃料或电瓶为动力的两轮、三轮摩托车。

摩托车分成3类:50 mL及以下、50~250 mL(含)、250 mL以上及侧三轮。

正三轮摩托车按照排气量分类执行相应的费率。

8.拖拉机

拖拉机按其使用性质分为兼用型拖拉机和运输型拖拉机。

兼用型拖拉机是指以田间作业为主,通过铰接连接牵引挂车可进行运输作业的拖拉机。兼用型拖拉机分为14.7 kW及以下和14.7 kW以上两种。

运输型拖拉机是指货箱与底盘为一体,不通过牵引挂车可进行运输作业的拖拉机。运输型拖拉机分为14.7 kW及以下和14.7 kW以上两种。

低速载货汽车参照运输型拖拉机(14.7 kW以上)的费率执行。

● 特别提示

《机动车交通事故责任强制保险基础费率表》中各车型的座位和吨位的分类都按照"含起点不含终点"的原则来解释(表中另有说明的除外)。各车型的座位按行驶证上载明的核定载客数计算;吨位按行驶证上载明的核定载质量计算。

9.挂车

挂车是指就其设计和技术特征需机动车牵引才能正常使用的一种无动力的道路机动车。

挂车根据实际的使用性质并按照对应吨位货车的30%计算。

装置有油罐、汽罐、液罐的挂车按特种车一的30%计算。

(二) 保险责任和责任限额

在中华人民共和国境内(不含港、澳、台地区),被保险人在使用被保险机动车过程中发生交通事故,致使受害人遭受人身伤亡或者财产损失的,依法应当由被保险人承担的损害赔偿责任,保险人按照交强险合同的约定对每次事故在下列赔偿限额内负责赔偿,见表1-8。

表1-8　　　　　　　　　交强险责任限额

责任限额总和	200 000元
机动车在道路交通事故中 有责任的赔偿限额	死亡伤残赔偿限额:180 000元 医疗费用赔偿限额:18 000元 财产损失赔偿限额:2 000元
机动车在道路交通事故中 无责任的赔偿限额	死亡伤残赔偿限额:18 000元 医疗费用赔偿限额:1 800元 财产损失赔偿限额:100元

死亡伤残赔偿限额和无责任死亡伤残赔偿限额项下负责赔偿丧葬费、死亡补偿费、受害人亲属办理丧葬事宜支出的交通费用、残疾赔偿金、残疾辅助器具费、护理费、康复费、交通费、被扶养人生活费、住宿费、误工费,被保险人依照法院判决或者调解承担的精神损害抚慰金。

医疗费用赔偿限额和无责任医疗费用赔偿限额项下负责赔偿医药费、诊疗费、住院费、住院伙食补助费,必要的、合理的后续治疗费、整容费、营养费。

(三) 垫付与追偿

被保险机动车在特殊情况下发生交通事故,造成受害人受伤需要抢救,保险公司在机动车交通事故责任强制保险责任限额范围内垫付抢救费用,并有权向致害人追偿。发生道路交通事故的,造成受害人的财产损失,保险公司不承担赔偿责任。实行垫付的情况包括:

(1)驾驶人未取得驾驶资格或者驾驶人醉酒的。

(2)被保险机动车被盗抢期间肇事的。

(3)被保险人故意制造道路交通事故的。

● 特别提示

垫付方式:首先要明确的是不进行现金垫付,保险公司在收到交警部门出具的书面垫付通知、伤者病历/诊断证明、抢救费用单据和明细之日起,向医院出具《承诺垫付抢救费用担保函》,或将垫付款项划转至抢救医院在银行开立的专门账户。

追偿:对于所有垫付的案件,保险人垫付后有权向致害人追偿。追偿收入在扣减相关法律费用(包括诉讼费、律师费、执行费等)、追偿费用后,全额冲减垫付款。

(四) 责任免除

交强险对于受害人的损失和费用也不是一味地进行赔偿的,有一些是不赔偿的,下面的损失和费用保险公司就不承担赔偿。

(1)因受害人故意造成的交通事故的损失;

(2)被保险人所有的财产及被保险机动车上的财产遭受的损失;

(3)被保险机动车发生交通事故,致使受害人停业、停驶、停电、停水、停气、停产、通信或者网络中断、数据丢失、电压变化等造成的损失以及受害人财产因市场价格变动造成的贬值、修理后因价值降低造成的损失等其他各种间接损失;

(4)因交通事故产生的仲裁或者诉讼费用以及其他相关费用。

● 特别提示

受害人故意造成的交通事故的损失不在保险公司垫付和赔偿范围内,但是被保险人故意造成的交通事故的损失在保险公司垫付追偿范围内。

(五) 交强险"互碰自赔"规定

所谓"互碰自赔",即对事故各方均有责任,各方车辆损失均在交强险有责任财产损失赔偿限额2 000元以内,不涉及人员伤亡和车外财产损失的交通事故,可由各自保险公司直接对车辆进行查勘、定损。但需要交警认定或当事人根据出险地关于快速处理的规定自行协商确定双方均有责任,以及当事人需要同意"互碰自赔"处理办法。"互碰自赔"机制是保险行业进一步简化交强险理赔手续、服务于道路交通事故的快速处理、提高被保险人满意度的一项重要举措。

中国保险行业协会下发的《交强险财产损失"互碰自赔"处理办法》规定了可以进行"互碰自赔"的条件——有交强险的车辆(两车或多车)互碰,如果只有不超2 000元车损,各方都有责任并同意采取"互碰自赔",对于按照"互碰自赔"机制处理后,最终定损金额略超过交强险有责任财产损失赔偿限额(2 000元)的,各保险公司应本着方便被保险人的原则,给予灵活处理。交强险"互碰自赔"于2009年2月1日起正式实施。

必须同时满足"多车互碰、有交强险、只有车损、不超2 000元、都有责任、各方同意",就可以"互碰自赔",具体规定为:

(1)多车互碰:两车或多车互碰。

(2)有交强险:事故各方都有交强险(还未到期)。

(3)只有车损:事故只导致各方车辆损失,没有发生人员伤亡和车外的财产损失。

(4)不超2 000元:各方车损都不超过2 000元,但自2015年下半年起,部分城市已试行"车辆互碰自赔"理赔金额提高至5 000元。

(5)都有责任:交警裁定或事故各方自行协商确定为各方都有责任(同等或主次责任)。

(6)各方同意:事故各方都同意采用"互碰自赔"。

案例

案情简介

2017年7月11日9时10分许,被告张某无证驾驶三轮载货摩托车在天水市秦州区某地与原告何某驾驶的三轮电动车发生碰撞,致原告受伤、两车受损,形成道路交通事故。涉案车辆在某公司投保了机动车交通事故责任强制险,事故发生在保险期限内。事故发生后原告何某在天水市某医院住院治疗10天。交警部门出具《道路交通事故证明》,证明了事故的过程。原告因赔偿问题将保险公司及侵权人起诉到法院要求处理。

案例辨析

【案件焦点】

本案的焦点是无证驾驶交强险责任的承担问题。

1. 保险公司在本案中的责任

法院认为,机动车发生交通事故造成损害的,应依照《道路交通安全法》的有关规定承担赔偿责任。车辆投有交强险的,由保险公司在交强险限额内先予赔偿,不足部分,按责任比例分摊。但驾驶人未取得驾驶资格导致第三人人身损害,发生的医疗费用,当事人请求保险公司在交强险医疗费用责任限额范围内予以赔偿的,应予支持,保险公司垫付后可以向致害人追偿。保险人对受害人的财产损失不予赔偿,也不垫付。涉案的三轮载货摩托车在保险公司投有交强险,本案中,被告张某无证驾驶,致原告受伤、两车受损,形成道路交通事故的事实客观存在,原告人身损失未超过涉案车辆投保的交强险范围,故保险公司应按有责赔偿标准在交强险责任限额范围内赔偿本院依法确认的原告的人身部分的各项损失。因张某系无证驾驶,根据最高人民法院《关于审理道路交通损害赔偿案件适用法律若干问题的解释》第十八条、《机动车交通事故责任强制保强条例》第二十二条的规定,保险公司作为交强险承保公司对原告的人身损失在交强险责任限额内垫付后,有权向张某进行追偿。

2. 关于被告张某在本案中的责任承担问题

《机动车交通事故责任强制保强条例》第二十二条规定,保险人对受害人的财产损失不予赔偿,也不垫付。依照《最高人民法院关于审理道路交通事故损害赔偿案件适用法律若干问题的解释》第十五条第一款的规定:因道路交通事故造成维修被损坏车辆所支付的费用,当事人请求侵权人赔偿的,人民法院应予支持,故被告张某作为侵权人应对原告受损车辆维修所支付的费用承担赔偿责任。本案原告的人身损失在被告保险公司的承保范围内,保险公司在交强险责任限额内赔偿后,才能行使对张某的追偿权。原告直接主张被告张某承担人身部分的赔偿责任,本院不予支持。不在保险协议赔偿范围内的诉讼费、鉴定费,亦应由被告张某承担。

【深思】

为了保障机动车交通事故受害人的利益,促进道路交通安全,我国在借鉴其他国家和地区的立法经验基础上,逐步建立和完善相关法律,设立了机动车交通事故责任强制保险(简称交强险)制度,形成了机动车强制保险体系。交强险制度实施以来为受害人获得急需的救济提供了保证,同时制度本身也逐渐被民众所熟知。然而人们对机动车一方醉酒驾驶、无证驾驶时的赔偿问题还存在误区。本案被告认为应该按照双方过错划分责任,法律规定交强险适用无过错责任赔付原则。被告认为投了交强险就应该由保险公司进行赔付。本案如果被告取得了驾驶资格,其又为涉案车辆投保了交强险,若在保险期间出了交通事故,致人受损,应由保险公司在保险限额内赔付。所以无证驾驶才是本案的症结所在,要想充分享受权益,必须首先依法按照法律规定取得合法的资格。同时对于无证驾驶发生事故后保险公司垫付的范围也值得深思,是不是只赔偿抢救发生的医疗费用,从交强险出台宗旨上来看,对人身侵害造成的损失应该在交强险的赔偿范围之内。

三、机动车商业险的主险

(一) 机动车损失保险

机动车损失保险简称车损险,是指保险车辆遭受保险责任范围内的自然灾害或意外事故,造成保险车辆本身损失,保险人依照保险合同的规定给予赔偿。车损险为不定值保险,在车损险保险合同中不确定保险标的的保险价值,只列明保险金额,将保险金额作为最高限额。

1.保险责任

(1)自然灾害、意外事故造成被保险机动车直接损失

保险期间内,被保险人或被保险机动车驾驶人(以下简称"驾驶人")在使用被保险机动车过程中,因自然灾害、意外事故造成被保险机动车直接损失,且不属于免除保险人责任的范围,保险人依照本保险合同的约定负责赔偿。

(2)被盗抢的损失

保险期间内,被保险机动车被盗窃、抢劫、抢夺,经出险地县级以上公安刑侦部门立案证明,满60天未查明下落的全车损失,以及因被盗窃、抢劫、抢夺受到损坏造成的直接损失,且不属于免除保险人责任的范围,保险人依照本保险合同的约定负责赔偿。

(3)施救费用

发生保险事故时,被保险人或驾驶人为防止或者减少被保险机动车的损失所支付的必要的、合理的施救费用,由保险人承担;施救费用数额在被保险机动车损失赔偿金额以外另行计算,最高不超过保险金额。

● 特别提示

【使用被保险机动车过程】指被保险机动车作为一种工具被使用的整个过程,包括行驶、停放及作业,但不包括在营业性场所被维修养护期间、被营业单位拖带或被吊装等施救期间。

【自然灾害】指对人类以及人类赖以生存的环境造成破坏性影响的自然现象,包括雷击、暴风、暴雨、洪水、龙卷风、冰雹、台风、热带风暴、地陷、崖崩、滑坡、泥石流、雪崩、冰陷、暴雪、冰凌、沙尘暴、地震及其次生灾害等。

【意外事故】指被保险人不可预料、无法控制的突发性事件,但不包括战争、军事冲突、恐怖活动、暴乱、污染(含放射性污染)、核反应、核辐射等。

2. 责任免除

(1)下列情况下,不论任何原因造成被保险机动车的任何损失和费用,保险人均不负责赔偿:

①事故发生后,被保险人或驾驶人故意破坏、伪造现场,毁灭证据。

②驾驶人有下列情形之一:交通肇事逃逸;饮酒、吸食或注射毒品、服用国家管制的精神药品或者麻醉药品;无驾驶证,驾驶证被依法扣留、暂扣、吊销、注销期间;驾驶与驾驶证载明的准驾车型不相符合的机动车。

③被保险机动车有下列情形之一:发生保险事故时被保险机动车行驶证、号牌被注销;被扣留、收缴、没收期间;竞赛、测试期间,在营业性场所维修、保养、改装期间;被保险人或驾驶人故意或重大过失,导致被保险机动车被利用从事犯罪行为。

● 特别提示

【饮酒】指驾驶人饮用含有酒精的饮料,驾驶机动车时血液中的酒精含量大于或等于 20 mg/100 mL 的。

(2)下列原因导致的被保险机动车的损失和费用,保险人不负责赔偿:

①战争、军事冲突、恐怖活动、暴乱、污染(含放射性污染)、核反应、核辐射。

②违反安全装载规定。

③被保险机动车被转让、改装、加装或改变使用性质等,导致被保险机动车危险程度显著增加,且未及时通知保险人,因危险程度显著增加而发生保险事故的。

④投保人、被保险人或驾驶人故意制造保险事故。

(3)下列损失和费用,保险人不负责赔偿
①因市场价格变动造成的贬值、修理后因价值降低引起的减值损失。
②自然磨损、朽蚀、腐蚀、故障、本身质量缺陷。
③投保人、被保险人或驾驶人知道保险事故发生后,故意或者因重大过失未及时通知,致使保险事故的性质、原因、损失程度等难以确定的,保险人对无法确定的部分,不承担赔偿责任,但保险人通过其他途径已经知道或者应当及时知道保险事故发生的除外。
④因保险事故损坏的被保险机动车,修理前被保险人未会同保险人检验、协商确定维修机构、修理项目、方式和费用,导致无法确定的损失。
⑤车轮单独损失、无明显碰撞痕迹的车身划痕,以及新增加设备的损失。
⑥非全车盗抢、仅车上零部件或附属设备被盗窃。

● 特别提示

【交通肇事逃逸】是指发生道路交通事故后,当事人为逃避法律责任,驾驶或者遗弃车辆逃离道路交通事故现场以及潜逃藏匿的行为。

【车轮单独损失】指未发生被保险机动车其他部位的损失,因自然灾害、意外事故,仅发生轮胎、轮毂、轮毂罩的分别单独损失,或上述三者之中任意二者的共同损失,或三者的共同损失。

【车身划痕】仅发生被保险机动车车身表面油漆的损坏,且无明显碰撞痕迹。

【新增加设备】指被保险机动车出厂时原有设备以外的,另外加装的设备和设施。

【新车购置价】指本保险合同签订地购置与被保险机动车同类型新车的价格,无同类型新车市场销售价格的,由投保人与保险人协商确定。

3. 免赔额的规定

车损险的免赔额是根据保险合同具体约定的,对于投保人与保险人在投保时协商确定绝对免赔额的,保险人在依据本保险合同约定计算赔款的基础上,增加每次事故绝对免赔额。

4. 保险金额

保险金额按投保时被保险机动车的实际价值确定。

投保时被保险机动车的实际价值由投保人与保险人根据投保时的新车购置价减去折旧金额后的价格协商确定或其他市场公允价值协商确定。

折旧金额可根据保险合同列明的参考折旧系数表来确定,见表1-9。

表 1-9　　　　　　　　参考折旧系数表(车辆种类、月折旧系数)　　　　　　　　%

车辆种类	月折旧系数			
	家庭自用	非营业	营业	
			出租	其他
9座以下客车	0.60	0.60	1.10	0.90
10座以上客车	0.90	0.90	1.10	0.90

(续表)

车辆种类	月折旧系数			
	家庭自用	非营业	营业	
			出租	其他
微型载货汽车	—	0.90	1.10	1.10
带拖挂的载货汽车	—	0.90	1.10	1.10
低速货车和三轮汽车	—	1.10	1.40	1.40
其他汽车	—	0.90	1.10	0.90

折旧按月计算,不足一个月的部分,不计折旧。最高折旧金额不超过投保时被保险机动车新车购置价的80%。

折旧金额＝新车购置价×被保险机动车已使用月数×月折旧系数

● **特别提示**

【新车购置价】指本保险合同签订地购置与被保险机动车同类型新车的价格,无同类型新车市场销售价格的,由投保人与保险人协商确定。

【市场公允价值】指熟悉市场情况的买卖双方在公平交易的条件下和自愿的情况下所确定的价格,或无关联的双方在公平交易的条件下一项资产可以被买卖或者一项负债可以被清偿的成交价格。

5.赔偿处理

车损险赔偿的具体规定：

(1)发生保险事故后,保险人依据本条款约定在保险责任范围内承担赔偿责任。赔偿方式由保险人与被保险人协商确定。

(2)因保险事故损坏的被保险机动车,修理前被保险人应当会同保险人检验,协商确定维修机构、修理项目、方式和费用。无法协商确定的,双方委托共同认可的有资质的第三方进行评估。

(3)被保险机动车遭受损失后的残余部分由保险人、被保险人协商处理。如折归被保险人的,由双方协商确定其价值并在赔款中扣除。

(4)因第三方对被保险机动车的损害而造成保险事故,被保险人向第三方索赔的,保险人应积极协助;被保险人也可以直接向本保险人索赔,保险人在保险金额内先行赔付被保险人,并在赔偿金额内代位行使被保险人对第三方请求赔偿的权利。

被保险人已经从第三方取得损害赔偿的,保险人进行赔偿时,相应扣减被保险人从第三方已取得的赔偿金额。

保险人未赔偿之前,被保险人放弃对第三方请求赔偿的权利的,保险人不承担赔偿责任。

被保险人故意或者因重大过失致使保险人不能行使代位请求赔偿的权利的,保险人可以扣减或者要求返还相应的赔款。

保险人向被保险人先行赔付的,保险人向第三方行使代位请求赔偿的权利时,被保险人应当向保险人提供必要的文件和所知道的有关情况。

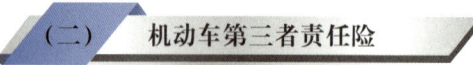

（二）机动车第三者责任险

1.保险责任

保险期间内,被保险人或其允许的驾驶人在使用被保险机动车过程中发生意外事故,致使第三者遭受人身伤亡或财产直接损毁,依法应当对第三者承担的损害赔偿责任,且不属于免除保险人责任的范围,保险人依照本保险合同的约定,对于超过机动车交通事故责任强制保险各分项赔偿限额的部分负责赔偿。

保险人依据被保险机动车一方在事故中所负的事故责任比例,承担相应的赔偿责任。

被保险人或被保险机动车一方根据有关法律法规选择自行协商或由公安机关交通管理部门处理事故,但未确定事故责任比例的,按照下列规定确定事故责任比例：

被保险机动车一方负主要事故责任的,事故责任比例为70％；

被保险机动车一方负同等事故责任的,事故责任比例为50％；

被保险机动车一方负次要事故责任的,事故责任比例为30％。

● 特别提示

涉及司法或仲裁程序的,以法院或仲裁机构最终生效的法律文书为准。

2.责任免除

（1）下列任何原因造成的人身伤亡、财产损失和费用,保险人均不负责赔偿

①事故发生后,被保险人或驾驶人故意破坏、伪造现场,毁灭证据。

②驾驶人有下列情形之一：交通肇事逃逸；饮酒、吸食或注射毒品、服用国家管制的精神药品或者麻醉药品；无驾驶证,驾驶证被依法扣留、暂扣、吊销、注销期间；驾驶与驾驶证载明的准驾车型不相符合的机动车；非被保险人允许的驾驶人。

③被保险机动车有下列情形之一：发生保险事故时被保险机动车行驶证、号牌被注销的；被扣留、收缴、没收期间；竞赛、测试期间；在营业性场所维修、保养、改装期间；全车被盗窃、被抢劫、被抢夺、下落不明期间。

（2）下列原因导致的人身伤亡、财产损失和费用,保险人不负责赔偿

①战争、军事冲突、恐怖活动、暴乱、污染（含放射性污染）、核反应、核辐射。

②第三者、被保险人或驾驶人故意制造保险事故、犯罪行为,第三者与被保险人或其他致害人恶意串通的行为。

③被保险机动车被转让、改装、加装或改变使用性质等,导致被保险机动车危险程度显著增加,且未及时通知保险人,因危险程度显著增加而发生保险事故的。

● **特别提示**

【污染(含放射性污染)】指被保险机动车正常使用过程中或发生事故时,由于油料、尾气、货物或其他污染物的泄漏、飞溅、排放、散落等造成的被保险机动车和第三方财产的污损、状况恶化或人身伤亡。

(3)下列人身伤亡、财产损失和费用,保险人不负责赔偿

①被保险机动车发生意外事故,致使任何单位或个人停业、停电、停水、停气、停产、通信或网络中断、电压变化、数据丢失造成的损失以及其他各种间接损失。

②第三者财产因市场价格变动造成的贬值,修理后因价值降低引起的减值损失。

③被保险人及其家庭成员、驾驶人及其家庭成员所有、承租、使用、管理、运输或代管的财产的损失,以及本车上财产的损失。

④被保险人、驾驶人、本车车上人员的人身伤亡。

⑤停车费、保管费、扣车费、罚款、罚金或惩罚性赔款。

⑥超出《道路交通事故受伤人员临床诊疗指南》和国家基本医疗保险同类医疗费用标准的费用部分。

⑦律师费,未经保险人事先书面同意的诉讼费、仲裁费。

⑧投保人、被保险人或驾驶人知道保险事故发生后,故意或者因重大过失未及时通知,致使保险事故的性质、原因、损失程度等难以确定的,保险人对无法确定的部分,不承担赔偿责任,但保险人通过其他途径已经知道或者应当及时知道保险事故发生的除外。

⑨因保险事故损坏的第三者财产,修理前被保险人未会同保险人检验,协商确定维修机构、修理项目、方式和费用,导致无法确定的损失。

⑩精神损害抚慰金。

⑪应当由机动车交通事故责任强制保险赔偿的损失和费用。

● **特别提示**

【家庭成员】指配偶、子女、父母。

3.责任限额

每次事故的责任限额,由投保人和保险人在签订本保险合同时协商确定。

主车和挂车连接使用时视为一体,发生保险事故时,由主车保险人和挂车保险人按照保单上载明的机动车第三者责任险责任限额的比例,在各自的责任限额内承担赔偿责任。

● **特别提示**

各省在机动车第三者责任险的费率表中显示的可以供双方协商确定的责任限额不完全相同。2020年9月19日起施行的《关于实施车险综合改革的指导意见》中明确提出,支持行业将示范产品商业三责险责任限额从5万～500万元提升到10万～1 000万元,以便更加有利于满足消费者风险保障需求,更好地发挥经济补偿和化解矛盾纠纷的功能作用。

4.赔偿处理

（1）保险人对被保险人或其允许的驾驶人给第三者造成的损害，可以直接向该第三者赔偿。

被保险人或其允许的驾驶人给第三者造成损害，对第三者应负的赔偿责任确定的，根据被保险人的请求，保险人应当直接向该第三者赔偿。被保险人怠于请求的，第三者就其应获赔偿部分直接向保险人请求赔偿的，保险人可以直接向该第三者赔偿。

被保险人或其允许的驾驶人给第三者造成损害，未向该第三者赔偿的，保险人不得向被保险人赔偿。

（2）发生保险事故后，保险人依据合同约定在保险责任范围内承担赔偿责任。赔偿方式由保险人与被保险人协商确定。

因保险事故损坏的第三者财产，修理前被保险人应当会同保险人检验，协商确定维修机构、修理项目、方式和费用。无法协商确定的，双方委托共同认可的有资质的第三方进行评估。

保险人按照《道路交通事故受伤人员临床诊疗指南》和国家基本医疗保险的同类医疗费用标准核定医疗费用的赔偿金额。

未经保险人书面同意，被保险人自行承诺或支付的赔偿金额，保险人有权重新核定。不属于保险人赔偿范围或超出保险人应赔偿金额的，保险人不承担赔偿责任。

（三）机动车车上人员责任保险

1.保险责任

保险期间内，被保险人或其允许的驾驶人在使用被保险机动车过程中发生意外事故，致使车上人员遭受人身伤亡，且不属于免除保险人责任的范围，依法应当对车上人员承担的损害赔偿责任，保险人依照本保险合同的约定负责赔偿。

保险人依据被保险机动车一方在事故中所负的事故责任比例，承担相应的赔偿责任。

被保险人或被保险机动车一方根据有关法律法规选择自行协商或由公安机关交通管理部门处理事故，但未确定事故责任比例的，事故责任比例确定同机动车第三者责任险的规定。

2.责任免除

机动车第三者责任险的责任免除的第一点和第二点同样也是机动车车上人员责任免除的内容。同时机动车车上人员责任免除还包括下列内容：

（1）被保险人及驾驶人以外的其他车上人员的故意行为造成的自身伤亡。

（2）车上人员因疾病、分娩、自残、斗殴、自杀、犯罪行为造成的自身伤亡。

（3）罚款、罚金或惩罚性赔款。

（4）超出《道路交通事故受伤人员临床诊疗指南》和国家基本医疗保险同类医疗费用标准的费用部分。

（5）律师费，未经保险人事先书面同意的诉讼费、仲裁费。

（6）投保人、被保险人或驾驶人知道保险事故发生后，故意或者因重大过失未及时通知，致使保险事故的性质、原因、损失程度等难以确定的，保险人对无法确定的部分，不承担赔偿责任，但保险人通过其他途径已经知道或者应当及时知道保险事故发生的除外。

(7)精神损害抚慰金。

(8)应当由机动车交通事故责任强制保险赔付的损失和费用。

3.责任限额

驾驶人每次事故责任限额和乘客每次事故每人责任限额由投保人和保险人在投保时协商确定。投保乘客座位数按照被保险机动车的核定载客数(驾驶人座位除外)确定。

4.赔偿处理

(1)赔款计算

● 特别提示

本教材涉及的商业汽车保险产品中的具体赔偿规定和赔款计算的详细内容请见3.5中有关赔款计算的具体内容。

(2)医疗费用标准核定依据

保险人按照《道路交通事故受伤人员临床诊疗指南》和国家基本医疗保险的同类医疗费用标准核定医疗费用的赔偿金额。

● 特别提示

未经保险人书面同意,被保险人自行承诺或支付的赔偿金额,保险人有权重新核定。不属于保险人赔偿范围或超出保险人应赔偿金额的,保险人不承担赔偿责任。

四、机动车商业险的附加险

附加险条款的法律效力优于主险条款。附加险条款未尽事宜,以主险条款为准。除附加险条款另有约定外,主险中的责任免除、双方义务同样适用于附加险。主险保险责任终止的,其相应的附加险保险责任同时终止。

(一) 附加绝对免赔率特约条款

绝对免赔率为5%、10%、15%、20%,由投保人和保险人在投保时协商确定,具体以保单载明为准。

被保险机动车发生主险约定的保险事故,保险人按照主险的约定计算赔款后,扣减本特约条款约定的免赔。即

$$主险实际赔款 = 按主险约定计算的赔款 \times (1 - 绝对免赔率)$$

(二) 附加车轮单独损失险

投保了机动车损失保险的机动车,可投保本附加险。

1.保险责任

保险期间内,被保险人或被保险机动车驾驶人在使用被保险机动车过程中,因自然灾害、意外事故而导致被保险机动车未发生其他部位的损失,仅有车轮(含轮胎、轮毂、轮毂罩)

单独的直接损失,且不属于免除保险人责任的范围,保险人依照附加险合同的约定负责赔偿。

2.责任免除

责任免除的内容包括:

(1)车轮(含轮胎、轮毂、轮毂罩)的自然磨损、朽蚀、腐蚀、故障、本身质量缺陷。

(2)未发生全车盗抢,仅车轮单独丢失。

3.保险金额

保险金额由投保人和保险人在投保时协商确定。

4.赔偿处理

有关赔偿处理的规定:

(1)发生保险事故后,保险人依据本条款约定在保险责任范围内承担赔偿责任。赔偿方式由保险人与被保险人协商确定。

(2)赔款=实际修复费用−被保险人已从第三方获得的赔偿金额。

(3)在保险期间内,累计赔款金额达到保险金额,本附加险保险责任终止。

(三) 附加新增加设备损失险

投保了机动车损失保险的机动车,可投保本附加险。

1.保险责任

保险期间内,投保了本附加险的被保险机动车因发生机动车损失保险责任范围内的事故,造成车上新增加设备的直接损毁,保险人在保单载明的本附加险的保险金额内,按照实际损失计算赔偿。

2.保险金额

保险金额根据新增加设备投保时的实际价值确定。新增加设备的实际价值是指新增加设备的购置价减去折旧金额后的金额。

3.赔偿处理

发生保险事故后,保险人依据本条款约定在保险责任范围内承担赔偿责任。赔偿方式由保险人与被保险人协商确定。即

$$赔款=实际修复费用-被保险人已从第三方获得的赔偿金额$$

(四) 附加车身划痕损失险

投保了机动车损失保险的机动车,可投保本附加险。

1.保险责任

保险期间内,被保险机动车在被保险人或被保险机动车驾驶人使用过程中,发生无明显碰撞痕迹的车身划痕损失,保险人按照保险合同约定负责赔偿。

2. 责任免除

(1)被保险人及其家庭成员、驾驶人及其家庭成员的故意行为造成的损失。

(2)因投保人、被保险人与他人的民事、经济纠纷导致的任何损失。

(3)车身表面自然老化、损坏,腐蚀造成的任何损失。

3. 保险金额

保险金额为 2 000 元、5 000 元、10 000 元或 20 000 元,由投保人和保险人在投保时协商确定。

4. 赔偿处理

(1)发生保险事故后,保险人依据本条款约定在保险责任范围内承担赔偿责任,赔偿方式由保险人与被保险人协商确定。即

$$赔款 = 实际修复费用 - 被保险人已从第三方获得的赔偿金额$$

(2)在保险期间内,累计赔款金额达到保险金额,本附加险保险责任终止。

(五) 附加修理期间费用补偿险

投保了机动车损失保险的机动车,可投保本附加险。

1. 保险责任

保险期间内,投保了本条款的机动车在使用过程中,发生机动车损失保险责任范围内的事故,造成车身损毁,致使被保险机动车停驶,保险人按保险合同约定,在保险金额内向被保险人补偿修理期间费用,作为代步车费用或弥补停驶损失。

2. 责任免除

下列情况下,保险人不承担修理期间费用补偿:

(1)因机动车损失保险责任范围以外的事故而致使被保险机动车的损毁或修理。

(2)非在保险人认可的修理厂修理时,因车辆修理质量不合要求造成返修。

(3)被保险人或驾驶人拖延车辆送修期间。

3. 保险金额

本附加险保险金额 = 补偿天数 × 日补偿金额。补偿天数及日补偿金额由投保人与保险人协商确定并在保险合同中载明,保险期间内约定的补偿天数最高不超过 90 日。

(六) 附加发动机进水损坏除外特约条款

投保了机动车损失保险的机动车,可投保本附加险。

保险期间内,投保了本附加险的被保险机动车在使用过程中,因发动机进水后导致的发动机的直接损毁,保险人不负责赔偿。

(七) 附加车上货物责任险

投保了机动车第三者责任险的营业货车(含挂车),可投保本附加险。

1. 保险责任

保险期间内，发生意外事故致使被保险机动车所载货物遭受直接损毁，依法应由被保险人承担的损害赔偿责任，保险人负责赔偿。

2. 责任免除

(1) 偷盗、哄抢、自然损耗、本身缺陷、短少、死亡、腐烂、变质、串味、生锈、动物走失/飞失、货物自身起火燃烧或爆炸造成的货物损失。

(2) 违法、违章载运造成的损失。

(3) 因包装、紧固不善，装载、遮盖不当而导致的任何损失。

(4) 车上人员携带的私人物品的损失。

(5) 保险事故导致的货物减值、运输延迟、营业损失及其他各种间接损失。

(6) 法律、行政法规禁止运输的货物的损失。

3. 责任限额

责任限额由投保人和保险人在投保时协商确定。

（八）附加精神损害抚慰金责任险

投保了机动车第三者责任险或机动车车上人员责任保险的机动车，可投保本附加险。

在投保人仅投保机动车第三者责任险的基础上附加本附加险时，保险人只负责赔偿第三者的精神损害抚慰金；在投保人仅投保机动车车上人员责任保险的基础上附加本附加险时，保险人只负责赔偿车上人员的精神损害抚慰金。

1. 保险责任

保险期间内，被保险人或其允许的驾驶人在使用被保险机动车的过程中，发生投保的主险约定的保险责任内的事故，造成第三者或车上人员的人身伤亡，受害人据此提出精神损害赔偿请求，保险人依据法院判决及保险合同约定，对应由被保险人或被保险机动车驾驶人支付的精神损害抚慰金，在扣除机动车交通事故责任强制保险应当支付的赔款后，在本保险赔偿限额内负责赔偿。

2. 责任免除

(1) 根据被保险人与他人的合同协议，应由他人承担的精神损害抚慰金。

(2) 未发生交通事故，仅因第三者或本车人员的惊恐而引起的损害。

(3) 怀孕妇女的流产发生在交通事故发生之日起30日以外的。

3. 赔偿限额

本保险每次事故赔偿限额由保险人和投保人在投保时协商确定。

（九）附加法定节假日限额翻倍险

投保了机动车第三者责任险的家庭自用汽车，可投保本附加险。

保险期间内，被保险人或其允许的驾驶人在法定节假日期间使用被保险机动车发生机动车第三者责任险范围内的事故，并经公安部门或保险人查勘确认的，被保险机动车第三者责任险所适用的责任限额在保单载明的基础上增加一倍。

● **特别提示**

【法定节假日】法定节假日包括：中华人民共和国国务院规定的元旦、春节、清明节、劳动节、端午节、中秋节和国庆节放假调休日期，及星期六、星期日，具体以国务院公布的文件为准。

法定节假日不包括：①因国务院安排调休形成的工作日；②国务院规定的一次性全国假日；③地方性假日。

(十) 附加医保外医疗费用责任险

投保了机动车第三者责任险或机动车车上人员责任保险的机动车，可投保本附加险。

1.保险责任

保险期间内，被保险人或其允许的驾驶人在使用被保险机动车的过程中，发生主险保险事故，对于被保险人依照中华人民共和国法律（不含港、澳、台地区法律）应对第三者或车上人员承担的医疗费用，保险人对超出《道路交通事故受伤人员临床诊疗指南》和国家基本医疗保险同类医疗费用标准的部分负责赔偿。

2.责任免除

下列损失、费用，保险人不负责赔偿：
(1)在相同保障的其他保险项下可获得赔偿的部分。
(2)所诊治伤情与主险保险事故无关联的医疗、医药费用。
(3)特需医疗类费用。

● **特别提示**

【特需医疗类费用】指医院的特需医疗部门/中心/病房，包括但不限于特需医疗部、外宾医疗部、VIP部、国际医疗中心、联合医院、联合病房、干部病房、A级病房、家庭病房、套房等不属于社会基本医疗保险范畴的高等级病房产生的费用，以及名医门诊、指定专家团队门诊、特需门诊、国际门诊等产生的费用。

3.赔偿限额

赔偿限额由投保人和保险人在投保时协商确定，并在保单中载明。

(十一) 附加机动车增值服务特约条款

投保了机动车保险后，可投保本特约条款。

本特约条款包括道路救援服务特约条款、车辆安全检测特约条款、代为驾驶服务特约条款、代为送检服务特约条款共四个独立的特约条款,投保人可以选择投保全部特约条款,也可以选择投保其中部分特约条款。保险人依照保险合同的约定,按照承保特约条款分别提供增值服务。

1.道路救援服务特约条款

(1)服务范围

保险期间,被保险机动车在使用过程中发生故障而丧失行驶能力时,保险人或其受托人根据被保险人请求,向被保险人提供如下道路救援服务。

①单程50公里以内拖车。

②送油、送水、送防冻液、搭电。

③轮胎充气、更换轮胎。

④车辆脱离困境所需的拖拽、吊车。

(2)责任免除

①根据所在地法律法规、行政管理部门的规定,无法开展相关服务项目的情形。

②送油、更换轮胎等服务过程中产生的油料、防冻液、配件、辅料等材料费用。

③被保险人或驾驶人的故意行为。

(3)责任限额

保险期间,保险人提供2次免费服务,超出2次的,由投保人和保险人在签订保险合同时协商确定,分为5次、10次、15次、20次四档。

2.车辆安全检测特约条款

(1)服务范围

保险期间,为保障车辆安全运行,保险人或其受托人根据被保险人请求,为被保险机动车提供车辆安全检测服务,车辆安全检测项目包括:

①发动机检测(机油、空滤、燃油、冷却等)。

②变速器检测。

③转向系统检测(含车轮定位测试、轮胎动平衡测试)。

④底盘检测。

⑤轮胎检测。

⑥汽车玻璃检测。

⑦汽车电子系统检测(全车电控电器系统检测)。

⑧车内环境检测。

⑨蓄电池检测。

⑩车辆综合安全检测。

(2)责任免除

①检测中发现的问题部件的更换、维修费用。

②洗车、打蜡等常规保养费用。

③车辆运输费用。

(3)责任限额

保险期间,本特约条款的检测项目及服务次数上限由投保人和保险人在签订保险合同时协商确定。

3.代为驾驶服务特约条款

(1)服务范围

保险期间,保险人或其受托人根据被保险人请求,在被保险人或其允许的驾驶人因饮酒、服用药物等原因无法驾驶或存在重大安全驾驶隐患时提供单程30公里以内的短途代驾服务。

(2)责任免除

根据所在地法律法规、行政管理部门的要求,无法开展相关服务项目的情形。

(3)责任限额

保险期间,本特约条款的服务次数上限由投保人和保险人在签订保险合同时协商确定。

4.代为送检服务特约条款

(1)服务范围

保险期间,按照《中华人民共和国道路交通安全法实施条例》,被保险机动车需由机动车安全技术检验机构实施安全技术检验时,根据被保险人请求,由保险人或其受托人代替车辆所有人进行车辆送检。

(2)责任免除

①根据所在地法律法规、行政管理部门的要求,无法开展相关服务项目的情形。

②车辆检验费用及罚款。

③维修费用。

● **特别提示**

本教材介绍的汽车保险产品相关内容是《中国保险行业协会机动车商业保险示范条款(2020版)》内容。本条款较好地保护了车主的利益。一是商车险保险责任更加全面。新的机动车示范产品的车损险保险责任增加了机动车全车盗抢、地震及其次生灾害、玻璃单独破碎、自燃、发动机涉水等保险责任,删除了事故责任免赔率、无法找到第三方免赔率等免赔约定,删除了实践中容易引发理赔争议的免责条款,为消费者提供更加全面完善的车险保障服务。二是商车险产品更为丰富。增加了驾乘人员意外险产品,包括代送检、道路救援、代驾服务、安全检测等内容的车险增值服务特约条款,为消费者提供更加规范和丰富的车险产品及服务。三是商车险价格更加科学合理。保险业根据市场实际风险情况,重新测算了商车险行业纯风险保费,车险产品费率与风险水平更加匹配。

五、保险期间

汽车保险的保险期限除另有约定外,保险期间为一年,以保单载明的起讫时间为准。

● **特别提示**

机动车综合商业保险示范条款中明确规定：

1.保险责任开始前，投保人要求解除本保险合同的，应当向保险人支付应交保险费金额3%的退保手续费，保险人应当退还保险费。

保险责任开始后，投保人要求解除本保险合同的，自通知保险人之日起，至保险合同解除。保险人按日收取自保险责任开始之日起至合同解除之日止期间的保险费，并退还剩余部分保险费。

2.因履行本保险合同发生的争议，由当事人协商解决，协商不成的，由当事人从下列两种合同争议解决方式中选择一种，并在本保险合同中载明：

(1)提交保单载明的仲裁委员会仲裁。

(2)依法向人民法院起诉。

本保险合同适用中华人民共和国法律(不含港、澳、台地区法律)。

拓展实训

● **专项训练**

要求学生根据客户所面临的风险为客户选择相应的险种，并对汽车保险的险种进行综合分析。

● **拓展学习**

请同学们课下收集汽车保险险种方面的知识，重点收集被保险人和保险人对保险赔偿有争议的案例。

1.3 汽车保险销售业务

通过本单元学习，可以完成下列事项：

1.能够掌握汽车保险销售流程和环节；
2.能够选择不同的投保渠道进行投保业务；
3.能够为客户设计汽车保险的投保方案。

一、汽车保险销售环节

(一) 汽车保险营销的含义

> **重要知识**：汽车保险营销是指以汽车保险产品为载体，以消费者为导向，以满足消费者的需求为中心，运用整体手段，将保险产品转移给消费者，以实现保险公司长远经营目标的一系列活动，包括保险市场的调研，保险产品的构思、开发与设计，保险费率的合理厘定，保险分销渠道的选择，保险产品的销售及售后服务等一系列活动。保险营销体现的是一种消费者导向型的理念。

由汽车保险营销的定义，我们可以得出如下结论：

第一，汽车保险营销是一种交换过程，是买卖双方即保险人与投保人为实现各自的目标而进行的交换过程。

第二，汽车保险营销是由包括保险推销在内的一系列具体营销活动构成的一个整体管理过程，而非仅仅指保险推销。

第三，汽车保险营销的起点是发掘消费者的保险需求，终点是满足消费者的保险需求，因而是一个循环往复的过程。

第四，汽车保险营销的目的是通过满足消费者的保险需求来创造利润，而非通过扩大消费者的保险需求来创造利润。

● **特别提示**

汽车保险销售是将保险产品卖出的一种行为，是保险营销过程中的一个环节。这一环节可能是通过保险销售人员（包括保险公司的直接与间接销售人员）推荐并指导消费者购买保险产品而完成的，也可能是消费者通过获取相关信息后主动购买保险产品而完成的。

二、汽车保险销售的主要环节

汽车保险销售流程通常包括分析保险营销环境及制订营销计划、准保户开拓、确认准保户的保险需求、设计并介绍保险方案、疑问解答并促成签约五个环节。

1. 分析保险营销环境及制订营销计划

保险公司对营销环境的分析主要包括了解竞争对手的实力及其在竞争中的优势与缺陷，调查保险中介人的状况，以选择合适的合作对象；明确保险消费者的需求偏好及经济状况，通过满足消费者的需求拓展经营。同时，保险公司还应考虑社会环境、经济环境、政治环境以及法律环境等宏观因素。在以上调查分析的基础上，制订科学、合理的营销计划，包括各个具体的营销目标以及为实现目标而采取的方法和技巧。

2. 准保户开拓

准保户开拓是保险销售环节中重要的一个步骤,是识别、接触并选择准保户的过程。可以说,保险销售人员最主要的工作是开拓准保户。

(1)准保户的鉴定

对保险销售人员来说,合格的准保户有四个基本标准:第一,有保险需求;第二,有交费能力;第三,符合核保标准;第四,容易接近。

(2)准保户开拓的途径

保险销售人员一般依据自己的个性和销售风格进行准保户开拓。常被用来供选择的准保户开拓途径有陌生拜访、缘故开拓、连锁介绍、直接邮件和电话联络等。

①陌生拜访法指在陌生人中寻找准顾客的方法。进行陌生拜访时应注意以下几点:第一,要有吃闭门羹的心理准备。第二,由于客户和你素不相识,对于突然来访肯定会有戒心。因此,在自我介绍后要马上拿出证明自己身份的证件,递给客户并说明来意,以消除戒心,取得信任。第三,由于客户事前没有准备,因而洽谈时间宜短不宜长,最好控制在30分钟以内。第四,与客户初次见面,一定要显得落落大方,神态自然,充满必胜信心,如果畏首畏尾,犹犹豫豫,那无疑将给自己种下失败的种子。

②缘故开拓法指利用已有的关系,如亲朋关系、工作关系、商务关系等从熟人那里开始推销,这是准保户开拓的一条捷径。可利用的关系如图1-6所示。

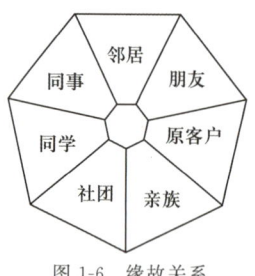

图1-6 缘故关系

③连锁介绍法指通过每一个我们认识的人把我们带到不相识的人群中去,这是一种无休止的准保户开拓方法。一般情况下,准顾客往往不愿与陌生的人深入讨论私人的经济问题。如果你能带着这个准顾客某位朋友的名片,这个准顾客就很容易把你当成朋友和可信任的人。

④直接邮件法指利用事前拜访信与事后反馈信引导准保户并与之接近。这是一种有效的联络手段,可以拉近与准保户或保户的距离。

⑤电话联络法指通过打电话给事先选定的准保户,了解他们感兴趣的产品,以发现他们的真正需求,从而决定是否需要面谈或约定面谈的具体时间。

3. 确认准保户的保险需求

为了确认准保户的保险需求,必须对其进行实况调查。即通过对准保户所面临的风险、经济状况的分析,来确定准保户的保险需求,从而设计出适合准保户的保险购买方案。就准保户面临的风险而言,可以将其分为必保风险和非必保风险。对于必保风险,最好采取购买保险的方式来解决,而且有些风险只能通过购买保险才能有效处理。而对于非必保风险,则可以自由选择是否采取购买保险的方式来解决。

4.设计并介绍保险方案

保险方案的设计要全面、突出重点。一个完整的保险方案至少应该包括保险标的的情况、投保风险责任的范围、保险金额的大小、保险费率的高低、保险期限的长短等。一般来说,设计保险方案时应遵循的首要原则是"高额损失优先原则",即某一风险事故发生的频率虽然不高,但造成的损失很严重,应优先投保。

同时向准保户解释保险方案时要简明、易懂、准确,应尽量使用通俗的语言和图表解释方案,避免使用专业性太强和复杂的计算。对于有关的重要信息则要解释准确,尤其是涉及有关保险责任、责任免除、未来收益等重要的事项,一定要确认准保户确切了解了方案中的相关内容,以免日后产生纠纷。

5.疑问解答并促成签约

准保户对保险方案完全满意以至于毫无异议地购买的情况是极为少见的,有异议是销售过程的正常情况。如果准保户提出反对意见,保险销售人员要分析准保户反对的原因,并有针对性地解答准保户的疑问。

● **特别提示**

投保人在填写投保单时,应当遵守《中华人民共和国保险法》所规定的基本原则,如实填写各项内容,确保所填写的资料完整、内容真实。需要特别约定时,要特别说明或注明。填写完毕并仔细核对后,投保人应当在投保单上亲自签名或盖章。切忌投保人代替被保险人签字,保险代理从业人员代替投保人签字,这会导致保险合同无效。

三、汽车保险销售渠道

保险销售渠道是指保险商品从保险公司向保户转移过程中所经过的途径。保险销售渠道按照有无保险中介参与,可分为直接销售渠道和间接销售渠道,与之相对应的销售方式就有直接销售和间接销售之分。直接销售是指保险公司通过自己的销售渠道获得业务的销售模式;间接销售是指保险公司通过中介渠道(如保险代理人、保险经纪人)获得业务的销售模式。

(一) 直接销售渠道

直接销售渠道(亦称"直销制")是一种能够使保险公司和消费者彼此进行直接交易的销售渠道。在直接销售渠道中,保险公司致力于直接与准保户建立联系;利用一个或多个媒体,引导消费者或潜在购买者产生立即反应或适当反应,如咨询或购买保险产品。这是一种垂直展业,它适用于实力雄厚、地区分布均衡、分支机构健全的保险公司。

直接销售渠道的具体方法:

1.直销人员销售

直销人员销售是指保险公司利用自己的职员进行保险产品销售的方式。这是一种传统的保险销售方式,即保险公司自己的销售职员通过上门或者柜台方式销售保险产品。依靠自己系统的专业人员直接展业,与投保人进行交流、推销。

2. 直接邮寄销售

直接邮寄销售是一种以印刷品形式通过邮政服务来分销保险产品或提供相关信息的销售方式。其使用的是一种包括准保户需要用来做出投保决策及投保申请的所有信息及表格的套装邮件,一般包括的材料:产品介绍信;描述特定产品的小册子;反馈手段,如投保单或获取更多信息的咨询表;商业回复信封。套装邮件的外观风格要具有吸引力,能从众多的邮件当中被选出。

3. 电话销售

电话销售是指利用电话来销售的方式,是向续保客户销售汽车保险的主要途径之一,其最大优点是方便快捷,节约成本。

4. 网络销售

网络销售是保险公司利用互联网的技术和功能,销售保险产品,提供保险服务,在线完成保险交易的一种销售方式。具体来讲,客户通过登录保险公司开设的专业保险服务网站,在网上选择该公司所提供的保险产品;如有意愿投保某一险种,则在网上填写投保单,提出投保要约;经保险公司核保后,做出同意承保或拒绝承保的回复,由投保人在网上或通过其他方式支付保险费,保险公司收到保费后,向其寄发保单或签订电子保单。随着IT技术的发展,网络作为"第四媒体"将成为21世纪无时区、无疆界的保险销售工具。

5. 柜台销售

柜台销售是指消费者到保险公司来投保。对于团队承保业务,必须到柜台办理。

(二) 间接销售渠道

间接销售渠道(亦称"中介制")是指保险公司通过保险代理人、保险经纪人、保险营销员等中介销售保险产品的方式。保险中介不能代替保险人承担保险责任,只是参与代办、推销、提供专门技术服务等各种保险活动,来促成保险销售的实现。

间接销售渠道的具体方法:

1. 保险代理人销售

保险代理人是指根据保险人的委托,向保险人收取手续费,并在保险人授权的范围内代为办理保险业务的单位或者个人。目前,我国保险市场上保险产品的销售主要是通过代理来完成的。

2. 保险经纪人销售

保险经纪人是基于投保人的利益,为投保人与保险人订立保险合同提供中介服务,并依法收取佣金的单位。我国目前只允许法人单位从事保险经纪活动。

四、汽车保险销售方案设计

(一) 机动车风险因素分析

1. 道路交通事故风险因素分析

道路交通系统是一个由人、车、路构成的动态系统。系统中,驾驶人从道路交通环境中获取信息,综合到大脑中,经判断形成动作指令并通过具体操作行为,使汽车在道路上产生相应的运动,汽车的运行状态和道路环境的变化又作为新的信息反馈给驾驶人,如此循环反复,完成了整个行驶过程。人(机动车驾驶人、非机动车驾驶人、行人、乘车人)、车(机动车、非机动车)、路(含整个道路环境)被称为道路交通系统的三要素。因此,必须采用系统的观点,综合考虑,协调好人、车、路三者之间的关系,从而改善道路交通安全状况。

根据事故发生原因的不同,可将交通事故分为以下几种:

(1) 车与车的事故

在道路上行驶的各种机动车或非机动车相互碰撞的事故。

(2) 车与行人的事故

各种行驶的机动车与在道路上活动的人相互碰撞而形成的事故。

(3) 车辆自身的事故

车辆在行驶过程中失控驶出道路、自行翻车、失火、爆炸等造成的事故。

(4) 其他事故

包括车辆与道路固定设施相互碰撞,撞死、撞伤牲畜家禽,以及驾驶人因疲劳、病痛等原因造成的事故。

2. 自然灾害风险因素分析

自然现象引起的机动车的损害和驾乘者的人身伤害,如洪水、大风、泥石流、冰雹、暴雪、大雨、雷击、地震、海啸、塌方、滑坡等自然现象引起的车辆碰撞、倾覆、火灾、爆炸等损害继而可能引发的人身伤害。

3. 车辆自身风险因素分析

(1) 厂牌车型

由于世界各国车厂众多,不同的厂家生产的车辆的特点不同,汽车的安全性能也不同。

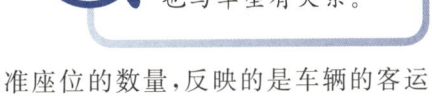
盗抢风险发生率也与车型有关系。

(2) 车辆种类

目前国内保险界将机动车主要分为以下五种:

① 客车。座位数指车辆拥有的可供乘客乘坐的标准座位的数量,反映的是车辆的客运能力。

座位数直接关系以下两方面的风险:

a. 乘客责任的风险。一般情况下,座位数越多,运载的乘客数也越多,其风险就会加大。因此,在承保乘客责任险时,要充分考虑车辆的座位数。

b. 第三者责任的风险。座位数多的车辆,车体较大,方向也就越不好控制。因此,在承保第三者责任险时,会予以适当考虑。

②货车。货车主要是指那些用来运送货物的车辆,其货运能力主要以吨位数来衡量。目前国内货车主要分三类:

第一类:2 t 以下货车;

第二类:2 t 至 10 t 以下货车;

第三类:10 t 及以上货车。

吨位数与座位数的特点较为相似,一个是针对人,一个是针对货物,因此,在承保车上货物责任险时,要充分考虑吨位数。

③专用车。专用车主要指具有专门用途的车辆,如油罐车、气罐车、液罐车、冷藏车、起重车、装卸车、工程车、监测车、邮电车、消防车、清洁车、医疗车、救护车等。各种专用车由于具有特殊的使用性能,也就具有特殊的风险性。所以,在承保此类车时应考虑到其特殊性。

④摩托车。摩托车包括二轮摩托与三轮摩托。

摩托车操纵灵活,同时适应性和安全性较差,一旦发生事故造成损失的可能性也较大,所以在承保时要考虑到这一特点。

⑤拖拉机。拖拉机主要分三类:手扶拖拉机、小车四轮拖拉机及大中拖拉机。

拖拉机的风险除与其设计、使用功能有关外,还与驾驶人的技术水平有关。

(3)排气量

这里所提及的排气量主要是针对 14 座以下的客车而言的,其他车辆则未予以细分。

排气量所体现的是汽车的动力性能,排气量越大,汽车的动力性能也越好,对于同一类汽车而言,也意味着损失程度越大,风险也就越高。因此,承保时要考虑排气量的因素,尤其是大排气量车辆,要做好风险评估工作。

(4)车龄

车龄是指车辆购置的年限,即从最初新车购置之日起至投保之日止期间的年限。

车龄同车辆状况有直接关系,车龄越大,车辆的磨损与老化程度越高,车况越差,车辆事故的概率同步上升,车辆本身的风险状况也越高。因此,在承保时,必须认真考虑车龄的因素。

(5)行驶区域

车辆行驶区域是指车辆行驶的地域范围。根据我国地理情况,将车辆行驶区域分为三类,即省内(含直辖市、自治区)行驶、国内行驶、出入国境行驶。

省内行驶:指在某一省、直辖市或自治区所辖的地域范围内行驶。

国内行驶:指在中华人民共和国境内行驶,其范围已包括省内行驶。

出入国境:指车辆不仅在中华人民共和国境内行驶,而且还跨越国境在其他国境行驶。

由于车辆行驶范围不同,驾驶人对不同地区的交通规则、地形、地貌等熟悉程度不同,以及在不同地区造成损失承担的赔偿责任不同,车辆的风险状况也就不同。整体而言,随着行驶地域的扩大,风险程度积累越大。

(6)使用性质

不同的车辆有不同的用途,不同的使用性质具有不同的风险。根据车辆的使用性质,国内目前将车辆分为:营运车辆和非营运车辆。

● 特别提示

整体而言,营运车辆长时间运转,车辆磨损率及事故概率要比非营运车辆高。因此,营运车辆风险比非营运车辆风险要高。

(7)所属性质

车辆保险极容易发生道德风险,因此,在车险承保时,除要考虑意外事故的风险因素外,道德风险也是要认真考虑的一个因素。道德风险主要由车辆所属性质决定,因此,即使同样是营运车辆,由于其所有人不同,风险情况也不同。首先,就营运车辆而言,企业的营运车辆往往是以车队的形式出现,是国有或集体企业所有,投保时也往往是将所有车辆投保于一家保险公司,因而,投保的目的比较明确,就是为意外事故的发生提供保障,因此道德风险因素相对较低。个体营运车辆由于车辆多为个体营运者所有,投保的目的除为意外事故的发生提供保障外,也往往有潜在的道德风险。

4.地理环境风险因素分析

车辆是流动的标的,因此地理环境对车辆保险具有相当大的影响。对车辆有影响的地理环境因素包括:气候、地形、地貌、路面状况等。

(1)气候

我国地域广阔,从南到北,从东到西,气候差异很大,对车辆造成的风险也有很大的区别。总体而言,由于东部与南部雨水多,导致车辆锈损较严重,同时在雨季因路面较滑,事故也会增多,此外车辆水浸的现象较多。而西部与北部则因冬季气候寒冷,降雪较多,路面较滑,在冬季事故则明显增多。

温馨提示:南方雨季长,最好不要投保附加险中的"附加发动机进水损坏除外特约条款"。

(2)地形、地貌

我国地形、地貌差异非常大,对车辆的风险也有不同的影响。平原地区由于地势平缓、视野开阔,行车比较安全。山地地区则因地势高低不平、道路曲折、路面狭窄而容易导致事故,而且容易导致恶性事故。

(3)路面状况

路面状况对行车安全及车辆损耗有直接影响。路面状况好的地段,车辆的事故率则相对要低一些;路面差的地段,车辆的事故率则明显要高。

综合上述地理环境因素,在车险承保时,一般会考虑本地区所处的地理位置、地理环境,针对不同的地理环境,制定不同的承保政策。

5.社会环境风险因素分析

车辆的运行不仅仅涉及车辆本身及自然环境,更重要的是还涉及周围的社会环境,社会环境因素对车辆的风险有很大影响,具体体现在以下两个方面:

(1)法制环境

保险企业是一种经营风险的企业,其对被保险人承担着意外事故发生后的补偿责任。

而车辆保险是一种高事故率、高频度补偿的保险业务,同时事故的原因、补偿的对象及补偿的依据均有相当大的差异。在这种情况下,如果法制比较健全,责任的鉴定、补偿的处理就会有法可依,保险人与被保险人的利益均受到比较全面的保障。否则便会产生很多法律纠纷,为社会带来许多不良影响。

(2)治安情况

车辆保险中盗窃抢劫或抢夺风险同社会治安状况联系最为密切。我国地域广大,各地社会治安状况有很大的差别。

6. 驾驶人风险因素分析

(1)年龄

保险公司统计数据显示,车辆面临的风险同驾驶人的年龄有直接的关系。通常将驾驶人按年龄划分为三组:第一组是初学驾驶、性格不稳定、缺乏责任感的年轻人;第二组是具有一定驾驶经验、生理和心理条件均较为成熟、有家庭和社会责任感的中年人;第三组是与第二组情况基本相同,但是年龄较大,反应较为缓慢的老年人。通常认为第一组驾驶人为高风险人群,第三组驾驶人为次高风险人群,第二组驾驶人为低风险人群。至于三组人群的年龄段划分是根据各国的不同情况来确定的。24岁以下的青年人因年轻气盛,往往喜欢开快车,因而容易出现交通事故,而且容易导致恶性交通事故;54岁以上的人驾车速度相对较慢,但反应相对迟钝,也容易导致交通事故;24~54岁的人驾驶则相对安全些。保险公司针对这种情况,对不同年龄组的人设定不同的系数,并按不同的系数收取保险费。

(2)性别

研究表明女性群体的驾驶倾向较为谨慎,相对于男性她们为低风险人群。整体而言,男性驾驶人肇事率比女性高,这主要与男性驾车整体速度较快有关。有些保险公司因此根据驾驶人的性别设定不同的系数,并按不同的系数收取保险费。

(3)经验、职业、婚姻状况

保险公司还对驾驶人的经验、职业及婚姻状况进行了详细的分析统计。统计结果显示,驾驶经验丰富、白领职业及已婚的驾驶人肇事记录较少,而驾驶经验少、非白领职业及未婚的驾驶人的肇事记录则较多。因此,有些保险公司又根据驾驶人的经验、职业及婚姻状况,设定不同的系数,并按不同的系数收取保险费。

(4)肇事记录、品行

安全记录可以反映驾驶人的驾驶心理素质和对待风险的态度,经常发生交通事故的驾驶人可能存在某一方面的缺陷。被保险人及其允许的驾驶人的出险记录是指他们过去的索赔记录。国外的研究表明,被保险人及其允许的驾驶人过去的索赔记录是对他们未来索赔次数的最优预测变量,比驾驶人的年龄、性别和驾龄等能更好地反映驾驶人的实际风险情况。

依据被保险人过去的索赔记录来调整续期保费,能更客观地评估被保险人的风险,使投保人支付的保费与其实际风险相对应。

(5)驾驶人的驾龄分析

驾龄可以从一个侧面反映驾驶人的驾驶经验,通常认为初次领证后的1~3年为事故多发期。

7.其他风险因素分析

除了对上述风险进行分析外,还要考虑其他因素,如机动车被盗抢风险、高空坠物风险、交通事故精神损害风险等。

(二) 汽车保险险种分析

1.交强险

交强险是强制性保险,是必须投保的险种。此保险为必保项目,新车不投保本险不能给牌照,旧车不给年检。发生交通事故,只要造成人身伤亡、财产损失,即使投保人无责,保险公司也要先行赔付,超过限额部分由交通事故社会救助基金先行垫付的丧葬费用、部分或全部抢救费用,救助基金管理机构有权向事故责任人追偿。

2.车损险

车损险是负责赔偿由于自然灾害和意外事故造成车辆自身的损失。这是车险中最主要的险种,从一般的剐蹭事故到车毁人亡,都要靠它来减少损失,花钱不多却能获得很大保障。对于新手买的新车来说,车主的驾车技术或驾驶习惯不能对车辆安全提供较高的保障时,最好买此险种。若不投保这个险种,车辆碰撞后的修理费都得自己掏腰包,负担较重。特别是一旦被盗抢,车辆的全部损失对于家庭自用车车主来说也不是一个小数目,因此,防患于未然,投保车损险十分必要。特别是一些特异车型、稀有车型、古老车型,被盗抢的风险较大。所以,要建议客户购买车损险。

3.第三者责任险

该险种与交强险的功能几乎重叠,都是在车主的车撞了人或财产之后用来赔付对方的,现在这个险不是必须购买的险种。但是,交强险的保障能力有限,难以应付重大的人身伤亡事故,一般还是应该购买第三者责任险。第三者责任险不同责任限额之间的赔偿限额差距很大,但相应保费的差距并不大。所以建议车主,如果需要在两档保额之间选择的话,可以上浮一个档次投保。

4.车上人员责任险

车上人员责任险主要是为机关、企事业单位、社会团体的非营运性用车和从事营利性旅客运输的营运性用车所设计的一个险种。这些车辆经常搭乘、运送他人,为了使车上人员的人身安全受到保障,选择投保此险种发生保险事故后车上人员的救治费用可以从保险公司获得补偿。如果纯粹是家庭自用汽车,主要是家庭成员出行使用,不经常搭乘他人,家庭成员又有相应的人寿保险或意外伤害保险,不一定要投保该险种。如果车辆经常借出或允许他人使用,车上经常搭乘人员,有必要投保这一险种;如果车主自己开车,车上极少搭有乘客可以不投保此险种。

5. 附加车轮单独损失险

本附加险与车身划痕损失险类似，二者都是只有投保了机动车损失保险，才可以投保的附加险。因为意外事故和自然灾害造成的车轮、轮毂和轮毂罩单独直接损失不在车损险赔偿范围内，所以车主可以考虑投保附加车轮单独损失险，特别是中高档车型，其车轮、轮毂和轮毂罩价格会高一些，建议投保该险种。

6. 附加车身划痕损失险

对有明显碰撞痕迹的车身划痕，车主可以使用车损险要求保险公司赔偿修复费用；但对于无明显碰撞痕迹的车身划痕修复费用，只有投保车身划痕损失险保险公司才负责赔偿。自己有车库的车主特别少，多数车辆是露天停放或是在地下停车位停放，这样，车身就很容易出现划痕。一般来说，车主对于新车的外观最为关注，即使出现细微的划痕，车主也会很心疼，因此建议车主为新车投保车身划痕险。随着使用时间的增长，多数车主也会容忍爱车车身存在瑕疵，这时也就没有必要投保此险种了。车辆具有固定的存放场所，有固定的车辆停放位置，经常去的目的地具有较封闭的环境和保安措施，车辆被刮蹭的概率比较小，车主也可以不考虑此险种。

7. 附加新增设备损失险

有的车主爱给车辆增加一些新的设备，例如添加自己中意的音响设备等，有的新增设备价值达万元，为了防止这些设备因事故遭受损失，可以投保新增设备损失险。新增设备的投保金额应以折旧后的实际价值计算，因为保险公司对新增设备的赔偿是按新增设备购置价减去折旧后的实际价值计算的。

8. 附加绝对免赔率特约条款

附加绝对免赔率特约条款是商业附加险的一种。这个是减费险种，如果车主选择了这个险种，保险费是便宜了，但相应的保障也少了。如果没有投保"附加绝对免赔率特约条款"，在投保了足够的保险，且没有其他拒赔的情况下，保险公司需要按照合同约定，按照100%额度进行赔付。在投保附加绝对免赔率特约条款时，可与保险公司约定一定的免赔率。在设置了免赔率的同时，可降低一定的保费。所以，有的车主要想少交保费，可以投保此险种。例如，车主选择了这个险种，选择的是10%的绝对免赔率，保险费数额会相应减少，但一旦发生事故，商业险的赔偿就要扣除10%，也就是说，只能赔90%，如果事故损失为10 000元，那么保险公司只赔9 000元。

9. 附加修理期间费用补偿险

附加修理期间费用补偿险，指的是当车主的车在发生比较严重的车损事故后，导致自己的车必须要停止使用一段时间去修理，那么，这期间车主就可以得到补偿修理期间费用，作为代步车费用或弥补停驶损失。只有在投保了机动车损失保险的基础上方可购买附加修理期间费用补偿险，机动车损失保险责任终止时，本保险责任同时终止。其重点是，可以多次出险，即一年内出多少次险都赔。修理期间费用补偿险一年保费100～300元不等，保费一天 100～200 元不等，保 7 天。也就是说如果出险的话一次可以赔付 700～1 400 元，车主可根据自身需求购买修理期间费用补偿险；常年不磕不碰的老司机就不用买。

10. 附加发动机进水损坏除外特约条款

附加发动机进水损坏除外特约条款是车损险的附加险，车主选择了这个险种，车辆在涉水行驶、水淹时等情况下，造成的发动机损失，保险公司不赔。

11. 附加精神损害抚慰金责任险

交强险的保险保障范围包括精神损害抚慰金，并且可以优先赔偿精神损害抚慰金，一般只有在构成死亡或伤残时才需要通过本附加险来赔偿精神损害抚慰金，所以，这个险种的作用也不是特别大。

12. 附加法定节假日限额翻倍险

附加法定节假日限额翻倍险是指在法定节假日期间，使用被保险机动车发生第三者责任险范围内的事故，并经公安部门或保险人查勘确认的，被保险机动车第三者责任险所适用的责任限额在保单载明的基础上增加一倍。只有投保了机动车第三者责任险的家庭自用汽车才能投保本附加险。这个险种对特定人群的作用非常大，如果车主喜欢自驾游或节假日经常外出，可以投保这个险种。

13. 附加医保外用药责任险

附加医保外用药责任险和其他附加险不同，其他附加险可单独出险，并计入赔案，而这个附加险只有主险出险了才会有赔偿责任。这个险种在造成第三者人伤时，医保外的费用也可以正常理赔，考虑这个附加险的费用低，为了得到全面保障可以投保。目前，大部分大公司和小部分中小公司在部分区域销售这个附加险，还有很多公司没有开发这个附加险。

14. 附加机动车增值服务特约条款

本特约条款包括道路救援服务特约条款、车辆安全检测特约条款、代为驾驶服务特约条款、代为送检服务特约条款共四个独立的特约条款。投保人可以选择投保全部特约条款，也可以选择投保其中部分特约条款。保险人依照保险合同的约定，按照承保特约条款分别提供增值服务。在 2020 年车险费改之前，一部分具有车险业务的公司，早已开始向其客户提供这些车险增值服务，但在行业内却一直没有统一的服务标准。附加机动车增值服务特约条款不但统一了行业标准，还为车主提供了更多更好的用车保障。并且它还允许车主从道路救援服务、车辆安全检测、代为驾驶服务、代为送检服务这四项独立条款中，自主选择部分投保抑或全部投保。车主可按需购买。

15. 附加车上货物责任险

附加车上货物责任险是商业第三者责任险的附加险，只有已投保第三者责任险的车辆才可投保这项附加险种。该险种的保险期限通常为一年，不足一年的可按比例来计收保费，而最高赔偿限额可由投保人和保险人在投保时协商确定。如果车主的车辆需要经常载运货品的话，投保这个险种可起到较好的保障功效。

(三) 汽车保险投保途径分析

当前汽车保险的投保途径很多,主要投保途径有柜台投保、兼业代理机构投保、专业代理机构投保、经纪人投保、电话投保和网上投保。上述投保途径中较为传统的是柜台投保、兼业代理机构投保、专业代理机构投保。随着我国保险业的发展,电话投保和网上投保将是未来的发展趋势。现在有不少保险公司推出了电话销售、网上销售、银行代理等机动车投保新渠道,以方便客户投保。目前,我国通过经纪人投保汽车保险的还很少,这里不详细介绍。

1. 柜台投保

柜台投保是指投保人直接到保险公司投保。

(1) 柜台投保的优点

车主亲自到保险公司投保,由保险公司的业务人员对每个保险险种、保险条款进行详细的介绍和讲解,并根据投保人的实际情况提出保险建议供参考,投保人能选择到更适合自己的保险产品,使自己的利益得到更充分的保障。由于降低了营业成本,商业车险费率还可以适当优惠。投保人在保险服务方面可以获得更多的信息和服务。最重要的一点,是可以避免被一些非法中介误导和欺骗。

(2) 柜台投保的缺点

车主亲自到保险企业投保,可能会耽误时间,给车主带来不便。在发生保险事故时,如果保险企业没有为客户指定保险服务人员,需要客户自己进行索赔,也会给客户带来麻烦。

2. 兼业代理机构投保(4S 店的投保)

汽车 4S 店在销售汽车产品的同时,会为客户提供延伸服务,在店内指定专人办理汽车保险销售业务。

(1) 兼业代理机构投保(4S 店的投保)的优点

现在,各品牌 4S 店都推出了一条龙购车服务,车主在店内购车之后,即可在店里购买车辆保险。车主通过 4S 店购买车辆商业保险,日后如果出现意外需要保险公司出险、赔偿时,不仅可以通过拨打保险公司的出险电话,还可以通过 4S 店的保险顾问进行报险。除此之外,通过 4S 店的保险顾问报险,车主可以享受"一对一"的直线服务。

(2) 兼业代理机构投保(4S 店的投保)的缺点

相对而言,在 4S 店投保价格偏高。因为保险公司与 4S 店都签有相关协议,在 4S 店内投保,车主可获得保险公司根据 4S 店维修所需费用计算出的相对较高的赔付金额,而不是根据一般汽车维修厂所计算的"二、三类"赔付金额,所以保险费可能会高一些。

3. 专业代理机构投保

(1) 专业代理机构投保的优点

目前各保险中介竞争比较激烈,专业保险代理机构为了取得竞争优势,纷纷采取各种措施提高服务质量,可以上门服务或代客户办理投保、理赔所需的各种手续,对于客户而言会比较便捷。

（2）专业代理机构投保的缺点

专业代理机构的保险代理人为促成汽车保险业务成交，对车主进行的口头承诺很多，但之后在出险理赔时却无法兑现，同时忽视车险后期服务，出险后，被保险人在索赔过程中会遇到一些麻烦。

4.电话投保

近年来，选择电话车险方式为爱车投保的车主越来越多，消费者大多被电话车险的便捷性和性价比深深吸引。

（1）电话投保的优点

电话投保的优点很多，主要表现为两方面：

①办理方便。车主如果需要可通过电话直销途径购买车险，只需要致电相关保险公司的电话销售中心，投保信息就会进入投保人所在地区机构的系统，随后电话车险销售中心的工作人员就可根据车主的要求予以报价，如果车主决定投保，当地的保险公司会派人上门。整个电话直销业务过程中，无论是缴纳投保资料、审核，还是进行缴费，都是由保险公司派人上门服务，客户足不出户就可办理。所以，电话车险最大的优点就是方便、省时。这也是这种销售模式得到越来越多消费者认可的主要原因。

②价格透明、公开。这个优势是由电话车险的运作方式带来的。由于电话车险是采用集中运营的方式，报价统一规范，因此车主也可以享受到公正、透明的价格体系。

（2）电话投保的缺点

电话投保有其优点的同时，也有其缺点，主要表现为：

①日常保单事宜、理赔需亲自办理。当采用电话车险投保后，一些日常保单事宜、发生意外后的理赔等事情，都需要车主自行办理。若有不了解的，只能通过致电保险公司客服来寻求帮助，缺少了代理人这一环节，也就得不到直接的专业性服务。这一点，也是其相对于传统保险方式的一个劣势所在。

②电话车险易上当受骗。需提防假投保电话，也有遭遇假保单的危险。

5.网上投保

（1）网上投保的优点

简单、快捷，直接上网就可以操作，可在线直接支付。大大降低沟通成本，并且网上购买保险会有一定优惠。目前，很多网上投保都有相当不错的优惠提供给客户，而且有部分站点可以利用客户手头上的积分换取相当丰厚的礼品。

（2）网上投保的缺点

网上投保是人与机器的对话，所以需提防冒牌网站伪装成的保险公司电子商务网站，并且客户需要对保险条款很熟悉，否则需要客户采取其他的方式进行咨询。

（四）汽车保险公司选择分析

随着我国金融业的发展，各种保险公司如雨后春笋般现身市场，其中既有国有保险公司,又有股份制保险公司和外资保险公司,这就使得投保人有了很大的选择余地,但同时也面临着更多的困惑。各家保险公司都有自己的特点,如何选择一个经济实惠、信誉好、手续简单、理赔方便的保险公司对车主来说至关重要。

选择保险公司的标准:

(1)偿付能力

偿付能力的强弱是保险公司是否值得信任的最重要指标。一般来讲,公司的资金越多,偿付能力就越强。资金的运用能力和投资回报率与偿付能力成正比。公司股东的实力越强,经营状况越好,则偿付能力越强。它是一种支付保险金的能力,表现为实际资产减去实际负债后的数额。保险公司的偿付能力是影响公司经营的最重要因素,具备足够的偿付能力,保险公司就可以保证在发生保险事故的情况下,有足够的资金向被保险人支付保险金,保证保险公司的正常经营。近年来就曾有保险公司因偿付能力不足而被保监局停止开办新的分公司。所以,选择投保的保险公司时要考虑公司的偿付能力。

(2)汽车保险的具体险种

车主应当选择能为客户量身打造个性化产品的保险公司。目前,各家保险公司是可以设计一些个性化附加险的,车主可根据自身需求来选择汽车保险产品。

(3)售后服务质量

选择保险公司时,要从两个方面注意其服务质量:一是从保险公司代理人那里所能获得的服务,二是从保险公司那里所能获得的服务。能够提供便捷的售后服务是选择该保险公司的关键。服务质量直接决定了客户在理赔时获得的权益,所以咨询、预约、报案、投诉、救援和回访等多种服务项目的质量也是选择保险公司时需要考虑的。很多客户在投保时往往比较注重老牌公司,而根据市场情况显示,许多新兴公司较传统公司往往更注重品牌建设与服务品质。所以,车主在选择保险公司时可多渠道询问,并注意了解当地保险监管机构的信息公示,这样更有利于客户做出更好的选择。

(4)保险公司的规模

汽车保险比较特殊,因为车辆流动性大,出险地点很难确定,所以要想随时得到最快的理赔服务,要求承保的公司覆盖面广,能实现异地索赔和异地查勘赔偿,所以投保人要选择规模比较大的公司以便实现全国联网服务。我国现在有很多较大型保险公司可提供广泛的全国服务。

(五) 编写汽车保险投保方案书

对面临的风险、汽车保险险种、投保渠道和保险公司分析后,汽车保险销售人员应该为客户编写"汽车保险投保方案书"。"汽车保险投保方案书"是在对投保人可能面临的风险进行识别和评估的基础上,根据客户的风险管理目标、保险需求、保险标的、经济状况,做出的是否可以承保,适用什么样的险种,保险金额是多少,保险方案以何种条件承保的决策。"汽车保险投保方案书"主要内容包括:保险人的情况介绍;投保标的风险评估;保险方案的总体建议;适用保险条款以及条款解释;保险金额和赔偿限额的确定;免赔额以及适用情况;赔偿处理的程序以及要求;服务体系以及承诺和相关附件。

● **特别提示**

在"汽车保险投保方案书"中,一定要结合客户需求为其设计险种组合,并详细说明险种组合的适用对象、保障范围和优缺点。

拓展实训

专项训练

要求学生模拟汽车保险销售流程,为客户设计汽车保险的投保方案书。

拓展学习

请同学们课下收集保险销售方面的知识,特别是汽车保险方案设计方面的知识。

实务操作

一、汽车保险销售前的准备

(1)掌握基础理论知识:如《中华人民共和国保险法》《民法典》《道路交通安全法》等,汽车保险条款,汽车构造原理,车型识别和常见车型的价格。

(2)掌握当地市场基本情况:如所管辖区车辆拥有量、车险的需求等相关资料。

(3)保前调查:如调查客户的信誉度、拥有车辆的车型等。

(4)各分支机构和本地保险市场特征,宣传本公司车险名优品牌以及机构网络、人才、技术、资金、服务等优势。

(5)宣传交强险条款内容和商业汽车保险基本险条款及附加险条款的主要内容。

二、制订汽车保险销售方案

1.对投保车辆所面临的风险进行分析

主要从道路交通事故风险、自然灾害风险、车辆自身风险、地理环境风险和社会环境风险这几个方向进行风险分析。

2.汽车保险销售方式

(1)坚持以自办为主,利用柜台服务、上门展业、电话预约承保的综合分析等。

（2）广泛开展与代理公司、经纪公司、独立代理人及车辆管理部门、银行、海关、控购办等合作。

（3）要遵守法律、法规规定。

3. 保险公司选择

可以根据客户和自己的实际情况选择合适的保险企业。

4. 设计汽车保险险种方案

客户张先生为一名国家公务员，驾龄不到一年，他新买了一辆20万元的国产车，用于上下班和周末带领家人到郊外去游玩。张先生家住在一个开放式小区。他和家人都没有人身险，平时车辆停放在室外停车场。请你为张先生设计一份汽车保险投保的险种方案，并填写表1-10。

表1-10　　　　　　　　　　汽车保险投保的险种方案

投保险种		保险金额/责任限额/元	投保理由
机动车交通事故责任强制保险			
机动车车损险：新车购置价＿＿＿元			
机动车第三者责任险			
车上人员责任险	投保人数＿＿＿人	/人	
	投保人数＿＿＿人	/人	
附加车轮单独损失险			
附加车身划痕损失险			
附加修理期间费用补偿险			
附加发动机损坏除外特约条款			
附加法定节假日限额翻倍险			
附加医保外用药	第三者责任		
	司机责任		
	乘客责任		
附加精神损害抚慰金责任险	第三者责任		
	司机责任		
附加绝对免赔率特约险（车损）			
附加绝对免赔率特约险（第三者责任）			
附加绝对免赔率特约险（司机责任）			
附加绝对免赔率特约险（乘客责任）			

三、实施汽车保险销售

汽车保险销售过程中的注意事项：

(1)拜访客户前的资料准备要充分,同时要注意自己的仪容仪表。

(2)区分潜在顾客,确立在客户心目中的价值与信任感。

(3)与客户沟通时要表达清楚,不要让人不知所云,浪费客户时间,永远记住与客户沟通的机会是非常宝贵的,珍惜与客户谈话的每一分钟,提高销售效率。

(4)不要夸大产品的利益或服务,那样会给客户带来不信任感,信任感是销售成功的基础。

(5)产品的注意事项,告知客户省钱的选择或已提前登场的新品,知道产品的细节是客户的权利,永远要尊重客户的权利。

(6)不要目光短浅,避免从每次交易中,榨取每分钱,那样在客户心目中完全没有诚信度,好的销售是会"放长线钓大鱼"的。

(7)不要频繁改变交易方式,这样会令客户反感,更会让客户质疑公司的品牌价值,这对建立长期销售关系非常不利。

(8)交易后,要及时致电给客户,以确认一切都没有问题,有时99%的努力会因为这1%的疏忽而付诸东流,细节是每个销售成功的关键因素。

(9)要履行承诺的事情,没有任何一个客户愿意和没有诚信的销售人员长期合作。

(10)注重解决客户的问题,客户有问题时要及时回电或回复邮件,帮助客户解决问题。

实务操作考核

汽车保险销售项目实务操作考核
姓名： 　　学号： 　　班级： 　　组别：
成绩： 　　　　　　　　　年　　月　　日

序号	考核项目	考核要点和标准	考核方式	分值
1	汽车保险销售前的准备	1.是否掌握风险和风险管理方面的知识； 2.是否了解客户信誉度和车型的情况； 3.是否能对客户进行分类； 4.是否掌握汽车保险险种条款	1.以抽签的形式要求学生回答相关的知识点； 2.通过学生为客户介绍投保方案的情况来判定其对这部分知识和技能的掌握情况	20分
2	制订汽车保险销售方案	1.能否结合客户实际情况分析客户及车辆所面临的损失； 2.能否为客户选用正确的投保途径； 3.对各家保险公司的分析是否客观和正确； 4.险种方案是否具有可实施性； 5.设计的保险方案是否合理,是否符合被保险人的要求	1.学生上交自己设计的汽车保险销售方案； 2.学生在课堂上模拟汽车保险销售情景	40分

(续表)

序号	考核项目	考核要点和标准	考核方式	分值
3	实施汽车保险销售	1.拜访客户前的资料准备要充分； 2.仪容仪表是否符合职业标准； 3.能否区分潜在客户，以及在客户心目中的价值与信任感； 4.与客户沟通时表达是否清楚、顺畅； 5.是否尊重客户的选择； 6.险种条款是否熟悉，是否能实事求是地介绍自己的产品； 7.是否注意到应和客户建立长期销售关系； 8.能否顺利成交，完成销售业务	学生以小组的形式在课堂上模拟汽车保险销售情景，以此对学生进行考核。需要注意的是，要在课堂随机挑选客户（客户最好由学校的老师来担任，不一定是汽车保险课程的授课老师）。在考核的过程中，综合以下几方面意见，形成统一的考核分数：一是客户对销售人员的评价；二是其他小组对本小组表现的评价；三是小组自己评价；四是任课教师的评价	40分
总分值		100分		

保险销售小百科

一、汽车保险销售人员应该具备的素质

1.有良好的职业道德

职业道德是指在一定职业活动中应遵循的、体现一定职业特征的、调整一定职业关系的职业行为准则和规范。不同的职业人员在特定的职业活动中形成了特殊的职业关系，包括了职业主体与职业服务对象之间的关系、职业团体之间的关系、同一职业团体内部人与人之间的关系以及职业劳动者、职业团体与国家之间的关系。销售行业从业人员处理好与服务对象客户之间的关系尤为重要，在为客户服务的过程中，销售人员做到诚实守信最为重要，而保险市场属于典型的信息不对称市场，所以，"诚实信用"成为保险销售人员最重要的职业道德准则，遵循这个准则就能树立保险销售人员的良好职业形象，违背这个准则就会毁了保险销售人员的职亚形象。汽车保险销售人员一定要在公众和预期客户心目中树立"诚信"的职业道德形象，进而捍卫和呵护汽车保险销售群体的诚信职业形象。

2.有丰富的知识储备

一名优秀的汽车保险销售人员不但要储备专业的保险知识和汽车知识，还应该掌握由保险衍生出来的金融、法律、财税和医学等多方面的知识。汽车保险销售人员只有掌握了丰富的专业知识，才能够运用上述知识为客户详细地讲解汽车保险的相关内容，让客户明明白白地消费。同时作为汽车销售人员还应不断地学习客户心理学、行为科学、社会学和人际关系等多学科内容，并在实践中不断地感悟和总结，以便更好地为客户服务。

3.有较强的综合能力

(1)善于表达和沟通的能力

沟通是一门艺术，也是一名汽车保险销售人员不可或缺的能力。汽车保险销售人员需

要通过和顾客巧妙的沟通,更好地分析客户的需求,并把汽车保险的相关知识很好地传递给客户,才能给客户提供满意的产品和服务。

(2)较强的抗挫能力

遭遇挫折对销售人员来说是常有的事情。优秀的汽车保险销售人员,在遭受挫折后能够很快地调整过来,找出自身的不足,继续努力前行。

(3)善于学习和总结的能力

汽车保险产品在不断更新和完善,同时客户的需求在不断提高和变化,作为汽车保险销售人员,只凭以往的经验,而没有及时补充新的知识、了解行业最新发展,在面对其他准备充分的竞争对手时就容易处于劣势,同时也难以对客户的最新需求提出最有效的解决方案。所以,汽车保险销售人员应该不断学习和总结经验,从而更好地胜任汽车保险销售岗位。

(4)较强的随机应变和敏锐的洞察能力

汽车保险销售人员在工作中会遇到不同类型的客户和不同的问题,如果应对不及时或应对方法不正确,将会影响销售工作的开展。汽车保险销售人员应该具有敏锐的现场反应能力,具备快速答疑能力。同时,汽车保险销售人员还要通过观察客户的肢体语言,洞察客户细微的心理变化,体会客户套话后面的本质需要,分辨真实意图,抓住签单成交的最佳时机,完成销售业务。

二、保险营销员的八大成功心法

心法之一:心动神疲,心静神逸

保险营销员的"心态经营"是非常重要的,拥有"平常心"是保险营销员的最高境界,即"不以成功而喜,不以失败而悲,以一颗'平常心'从容面对激烈竞争的保险业"。与其劳心费神,不如心静坦然、顺其自然。

心法之二:黑夜给了我黑色的眼睛,我将用它去寻找光明

不同的行业面对不同的环境,拒绝是推销的开始,不是黑暗的来临。从拒绝中寻找突破口,是黎明前的黑暗,是迈向成功的基石。

心法之三:与人为善,广结善缘

人际关系是保险营销员的必修课程,良好的人际关系是成功的一半。

心法之四:不以恶小而为之,不以善小而不为

做人成功,做保险成功。保险营销也是营销人员品质的行销。

心法之五:执着源于爱心,信誉成就业绩

保险业是奉献爱心的事业,它神圣而崇高。保险营销人员之所以能在困难面前不畏艰辛、百折不挠,执着地追求自己的远大理想和宏伟目标,是因为他们坚信自己从事的是造福人类的事业。然而,在强手如林的市场竞争中,要有效地销售产品和发展业务,必须赢得客户的信任,建立客户的忠诚度和信赖感。

心法之六:专业专精,精益求精

专业化营销是保险营销之本。保险业竞争日益激烈,而保险业的竞争是人才竞争,是员工整体素质的竞争。这就要求营销人员的专业知识一定要精,而且要精益求精;其他知识要博,要博学多才。

心法之七:成己为人,成人达己

"成己为人"是说,只有不断完善和发展壮大自己,才能更好地为客户和社会服务。"成人达己"是说,只有成就和帮助他人,才能发展和完善自己,实现自己的理想,达成自己的目标。

模块 2

汽车保险承保

学习目标

- 能够准确审核投保单、查验车辆;能够准确审核保险费率;
- 能够独立签单;
- 能够研究市场状况,做好车险业务的风险管理并能负责车险业务的各项数据分析,进行车险业务知识培训以及技术支持;
- 能够具有较强的风险识别与评估能力;
- 初步具备能够按照承保及核保业务流程从事承保业务及核保业务的能力;
- 能够独立分析和解决问题,培养学生工作积极主动,责任心强,具备良好的沟通能力及团队合作精神。

学习内容

- 汽车保险原则和汽车保险合同相关知识;
- 承保的基本要求、核保的基本要求;
- 保单项目、查验车辆的内容;
- 保险费的计算;
- 保险承保流程等方面的相关知识。

学习任务描述

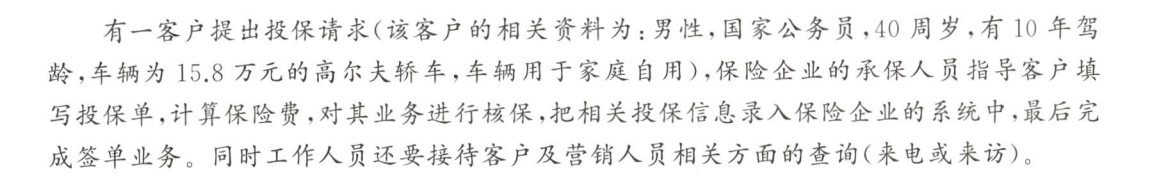

有一客户提出投保请求(该客户的相关资料为:男性,国家公务员,40周岁,有10年驾龄,车辆为15.8万元的高尔夫轿车,车辆用于家庭自用),保险企业的承保人员指导客户填写投保单,计算保险费,对其业务进行核保,把相关投保信息录入保险企业的系统中,最后完成签单业务。同时工作人员还要接待客户及营销人员相关方面的查询(来电或来访)。

学习任务分析

作为汽车保险公司承保部的工作人员要帮助上例中的客户完成承保事宜,必须知道填写投保单的相关事宜,能够为客户精确地计算保险费,正确地对投保业务进行核保,并能较好地完成保险签单业务。通过本模块的学习,能了解汽车保险承保的业务流程,掌握汽车保险投保单包括的内容及填写注意事项、保险费的计算方法以及核保的内容,能够独立处理车辆的投保业务,完成汽车保险承担服务业务。

汽车保险销售业务流程及所需知识

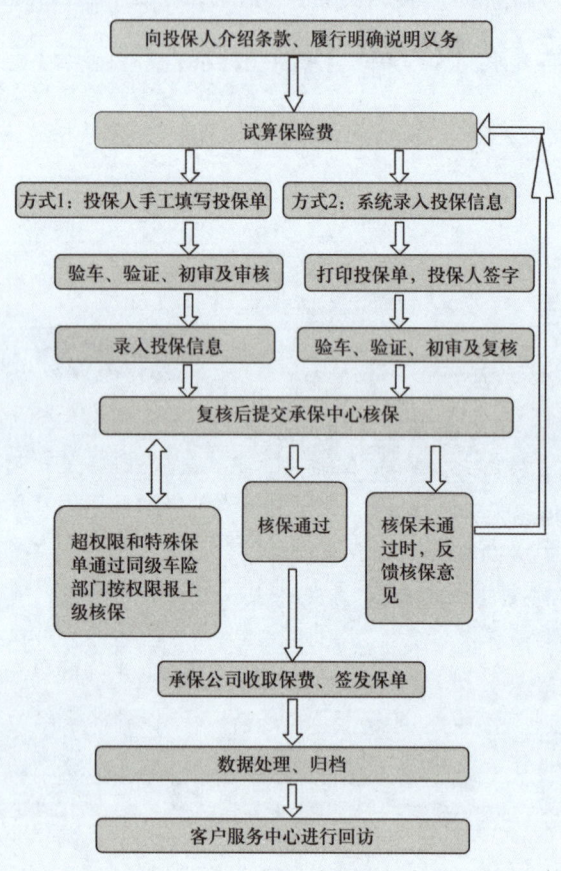

2.1 订立汽车保险合同

> 通过本单元学习,可以完成下列事项:
>
> 1.能够识别汽车保险合同各种形式;
> 2.能够知晓汽车保险合同的内容;
> 3.能够依照汽车保险合同法律规定来完成有关汽车保险合同业务。

一、汽车保险合同概述

(一) 汽车保险合同的定义

填写汽车
保险投保单

保险合同是保险人与投保人约定双方权利与义务关系的协议。根据当事人双方约定，投保人向保险人缴纳保险费，保险人在保险标的遭受约定的事故时，承担经济补偿或给付保险金义务。保险合同根据保险标的的不同，可分为财产保险合同和人身保险合同。财产保险合同是以财产及其有关利益为保险标的的保险合同。人身保险合同是以人的寿命和身体为保险标的的保险合同。

> **重要知识**：汽车保险合同是财产保险合同的一种，是指以汽车及其有关利益作为保险标的的保险合同。

汽车保险合同不仅适用《中华人民共和国保险法》《中华人民共和国道路交通安全法》《机动车交通事故责任强制保险条例》等法律法规的规定，而且适用《中华人民共和国民法典》的有关规定。

(二) 汽车保险合同的形式

在汽车保险的具体实务工作中，汽车保险合同主要有以下几种形式。

1.投保单

汽车保险投保单又称为"要保单"或"投保申请书"，是投保人申请保险的一种凭证。通常，投保单由保险人事先设计并印制，列明了保险合同的具体内容，投保人只需在投保单上按列明的项目逐项填写即可。投保人填写好投保单后，保险人审核同意签章承保，这意味着保险人接受了投保人的书面要约，汽车保险合同已告成立，保险人按照约定的时间开始承担保险责任。投保单的主要内容包括被保险人、投保人的名称、保险车辆的情况、投保的险别、保险金额以及保险期限等内容。

● **特别提示**

1.投保单本身并非正式合同的文本，但一经保险人接受后，即成为保险合同的一部分。在保险实务中，投保人提出保险要约时，均需填具投保单。如投保单填写的内容不实或故意隐瞒、欺诈，都将影响保险合同的效力。

2.当前很多保险公司都采用电子投保单。

如图2-1、图2-2所示为车险投保单。

投保人					投保人类别	机动车所有人□ 管理人□ 其他□
投保人国籍	境内□ 境外□	证件类型	居民身份证□ 组织机构代码□ 护照□ 军人证□ 其他□		证件号码	
地址					邮编/电话	/
单位性质		党政机关团体□ 事业单位□ 军队(武警)□		使(领)馆□ 个体私营企业□ 其他企业□ 其他□		
被保险人					被保险人类别	机动车所有人□ 管理人□ 使用人□ 其他□
证件类型		居民身份证□ 护照□ 军人证□ 组织机构代码□ 其他□			证件号码	
地址					邮编/电话	/
单位性质		党政机关团体□ 事业单位□ 军队(武警)□ 使(领)馆□ 个体私营企业□ 其他企业□ 其他□				
号牌号码				机动车所有人□/行驶证车主□		
厂牌型号				核定载客/载质量	人/ 吨	排量/功率 ML/KW
发动机号				汽车VIN码/车架号□		
投保车辆类型		家庭自用汽车□ 党政机关、事业团体客车□ 企业非营业客车□ 出租、租赁客车□ 城市公交车□ 公路客运车□ 非营业货车□ 营业货车□ 挂车□ 特种车□ 拖拉机□ 摩托车□				
车辆种类		6座以下□ 6～10座□ 10～20座□ 20～36座□ 36座以上□ 2吨以下□ 2～5吨□ 5～10吨□ 10吨以上□ 客货两用车□ 低速载货汽车□ 特种车一□ 特种车二□ 特种车三□ 特种车四□ 运输型14.7KW及以下□ 14.7KW以上□ 50CC及以下□ 50～250CC(含)□ 250CC以上□ 侧三轮□ 兼用型14.7KW及以下□ 14.7KW以上□				
初次登记年月	年 月		新车购置价	万元	车身颜色	平均行驶里程 公里
上年是否在本公司投保		机动车商业保险：	是□ 否□	投保公司		保单号
		交强险：	是□ 否□	投保公司		保单号
上年赔款次数		交强险赔款次数 次		商业机动车保险赔款次数 次		
多车投保情况		被保险人所有车辆共 辆，一次投保数量及序号： — .				
约定行驶区域		省内□ 场内□ 固定路线：具体路线				
经验及预期赔率		%		管理水平		
代收车船税	整备质量		kg	纳税人识别号		
	当年应缴	¥	元	当年已缴纳或减免额	¥	元
	往年补缴	¥	元	补缴日期	年 月 日至 年 月 日	
	滞纳金	¥	元	滞纳期间	年 月 日至 年 月 日	
	应缴金额合计（人民币大写）：			（¥： 元）		
	完税凭证号（减免税证明号）			开具税务机关		

非涉农 □				
涉农 □	商业性 □			
	政策性 □	中央政策性 □	保费来源	中央财政 元
				省级财政 元
		地方政策性 □		地市县财 元
				农民缴纳 元
				其他来源 元
	农机保险 □		非农机保险 □	

指定驾驶人	姓名	性别	年龄	驾驶证号码	准驾车代码	初领驾证年月

业务来源	直接业务	业务员直销□ 柜台销售□ 电话销售□ 网上销售□ 邮寄销售□ 其他销售□		
	间接业务	个人代理□ 银行代理□ 邮政代理□ 产寿代理□ 铁路代理□ 航空代理□ 车商代理□ 汽修厂代理□ 其他兼业代理□ _____ 专业代理公司□ 经纪公司□	代理人或经纪人： 地址 邮编：	联系人： 联系电话：

图2-1 车险投保单（正面）

投保险种	保险金额/责任限额	保险费	投保险种	保险金额/责任限额	保险费
机动车交通事故强制责任保险	死残、医疗费、财产损失		机动车损失险:新车购置价＿万元		
机动车第三者责任险			车上人员责任险 驾驶人	万元/座	
			乘客	万元/座×共 座	
附加车轮单独损失险			附加医保外用药（第三者责任）		
附加车身划痕损失险					
附加修理期间费用补偿险			附加医保外用药（司机责任）		
附加发动机损坏除外特约条款			附加医保外用药（第三者责任）		
附加法定节假日限额翻倍险			附加绝对免赔率特约险（车损）		
附加精神损害抚慰金责任险	三者：		附加绝对免赔率特约险（三者责任）		
	司机：		附加绝对免赔率特约险（司机责任）		
			附加绝对免赔率特约险（乘客责任）		
保险期间	自 年 月 日零时起至 年 月 日二十四时止				
保费合计（人民币大写）			元 （¥: 元）		

特别约定：

保险合同争议解决方式选择： 诉讼□ 仲裁□ 仲裁机构： 仲裁委员会	投保人声明：保险人已将投保险种对应的保险条款（包括责任免除部分）向本人做了明确说明， 本人已充分理解： 是□ 否□, 已收到相关条款： 是□ 否□, 同意签订保险合同： 同意□ 不同意□, 本投保单所填写的内容均属事实。 投保人签字（签章） 联系人： 投保时间：	本项由验车人填写： 车、牌、号、证是否相符： 是□ 否□ 车体、制动、灯光是否完好： 是□ 否□ 汽车检验是否合格 合格□ 不合格□ 验车人： 业务员： 核保人： 核保时间：

注：1.本投保单是保险合同的重要组成部分。2.表中"□"为选择项，若选择则请在框内打"√"。

图 2-2 车险投保单（背面）

● 特别提示

投保单中的部分附加险已经成为主险保险责任的一部分。当前各家保险公司的投保单和保单多数采用电子形式。

2. 暂保单

暂保单是保险人出具正式保单以前签发的临时保险合同，用以证明保险人同意承保。暂保单的内容较为简单，仅包括保险标的、保险责任、保险金额以及保险关系当事人的权利和义务等，如图2-3所示。

中国银行保险监督管理委员会监制　　　　　　　　　　　　　　限在四川省销售

中国人民财产保险股份有限公司机动车提车暂保单（副本）

被保险人			
移动证号（临时号牌）		厂牌型号	
发动机号		车架号	
购车发票号		保险金额（新车购置价）	

保险费（人民币大写）：　　　　　　　　　　（¥　　　　元）

保险期间：30天，自　　年　　月　　日　　时起至　　年　　月　　日　　时止

特别约定：
1. 本暂保单仅承保机动车损失险和第三者责任险，不承保车上人员责任险，第三者责任险的赔偿限额为5万元人民币。保险责任及责任免除等事项，以本暂保单中载明的保险条款为准。
2. 在本暂保单保险期间内，无有效移动证或临时号牌，保险人不承担赔偿责任。
3. 索赔时应交验本暂保单、购车发票正本及移动证或临时号牌正本。

重要提示：
1. 收到本暂保单后请立即核对，填写内容如与投保事实不符，请在48小时内通知保险人并办理变更手续。
2. 请详细阅读所附保险条款，特别是有关责任免除和投保人、被保险人义务的部分。
3. 本暂保单涂改无效，一经签发，不得退保。
4. 在领取车辆正式号牌后，应尽快到注册地保险人处办理机动车保险。
5. 发生保险事故后，请在48小时内通知保险人。

被保险人地址：	保险人：
邮政编码：	地　　址：
联系电话：	邮政编码：
联 系 人：	联系电话：95518　　　（保险人签章）
	代 理 人：
	地　　址：
投保人签章：	邮政编码：
年　月　日	联系电话：　　　　　　（代理人签章）
签单日期：　　年　月　日	
核保：　　　　制单：　　　　经办：	

图2-3　中国人民财产保险股份有限公司机动车提车暂保单

订立暂保单不是签订保险合同的必经程序。一般来说,使用暂保单有以下几种情况:

(1)保险代理人在争取到业务但尚未向保险人办妥保单之前,需给被保险人开具的临时证明。

(2)保险公司的分支机构在接受投保人的要约后,需要获得上级保险公司或保险总公司的批准。

(3)保险人和投保人在洽谈或续订保险合同时,订约双方已就主要条款达成一致,但一些条件尚未谈妥。

(4)出口贸易结汇,保单是必备的文件之一,在保单或保险凭证未出具之前,可出具暂保单,以证明出口货物已办理保险,作为办理结汇凭证之一。

● **特别提示**

暂保单具有与正式保单同等的法律效力。同正式保单相比,暂保单的内容相对简单、保险期限短,可由保险人或兼业保险代理机构签发;而正式保单尽管法律效力与暂保单相同,但其内容较为复杂,保险期限通常为一年,保单只能由保险人签发。我国现行的汽车保险中提车暂保单承保车辆损失险和第三者责任险。

3. 保单

机动车保险单简称"保单",是保险人和投保人之间订立保险合同的正式书面凭证,如图2-4和图2-5所示。它根据汽车投保人申请,在保险合同成立之后,由保险人向投保人签发。保单列明了保险合同的所有内容,是保险双方当事人确定权利、义务和在发生保险事故遭受经济损失后,被保险人向保险人索赔的重要依据。

● **特别提示**

当前很多保险公司都采用电子投保单。

4. 保险凭证

保险凭证也称"保险卡"或"保险证",是保险人发给投保人以证明保险合同已经订立或保单已经签发的一种凭证,如图2-6所示。由于机动车辆保险的标的具有流动性大、出险概率较高的特点,一旦出险需要出示保险合同。然而,被保险人与其允许的驾驶人往往不止一人,尤其是单位投保人同时投保多辆车,不便也不可能随身携带保单,因此保险人在签发保单时还向被保险人签发机动车辆保险凭证,便于被保险人或其允许的驾驶人随身携带,证明保险合同的存在。

● **特别提示**

保险凭证的法律效力与保单相同,保险凭证上未列明的事项以保单为准。

5. 批单

在保险合同有效期间,可能发生需要部分变动的情况,这时要求对保单进行批改。保单的批改应该根据不同的情况采用统一和措辞标准的批单。批单的内容通常包括批改申请人、批改的要求、批改前的内容、批改后的内容、是否增加保险费、增加保险费的计算方式、增加的保险费,并明确除本批改外原合同的其他内容不变,如图2-7和图2-8所示。

图 2-4　中国人民财产保险股份有限公司机动车保单

模块 2　汽车保险承保

图 2-5　机动车交通事故责任强制保单

图 2-6 中国人民财产保险股份有限公司机动车保险证

图 2-7 机动车交通事故责任强制保险批单（正本）

机动车辆保险批改申请书

中国人民财产保险股份有限公司＿＿＿＿＿＿＿＿＿＿＿＿：

　　本人投保的＿＿＿＿＿＿（号牌号码）＿＿＿＿＿＿（厂牌型号）车辆，保险单号＿＿＿＿＿＿＿＿＿＿，因＿＿＿＿＿＿＿＿＿＿＿＿＿＿＿＿（原因），向贵公司申请办理变更手续。具体申请变更内容如下：

变更项目	变更前	申请变更为

特此申请

投保人签章：

年　月　日

图2-8　中国人民财产保险股份有限公司机动车辆保险批改申请书

● **特别提示**

　　批单应该加贴在原保单正本和副本背面，并加盖骑缝章，使其成为保险合同的一部分。在多次批改的情况下，最近一次批改的效力优于之前的批改，手写批改的效力优于打字批改的。

6.书面协议

　　经与投保人协商同意，保险人可将双方约定的承保内容及彼此的权利和义务关系以书面协议形式明确下来。这种书面协议也是保险合同的一种形式。同正式保单相比，书面协议的内容不事先拟就，而是根据保险关系双方当事人协商一致的结果来签订，具有较大的灵活性和针对性，是一种不固定格式的保单，与保单具有同等法律效力。

二、汽车保险合同的主体、客体和内容

（一）汽车保险合同的主体

　　汽车保险合同的主体是指具有权利能力和行为能力的保险关系双方，包括汽车保险合同当事人、关系人和中介人。与汽车保险合同订立直接发生关系的人是保险合同的当事人，包括保险人和投保人；与汽车保险合同间接发生关系的人是合同的关系人，它仅指被保险

人;由于在保险业务中涉及的面较广,通常存在中介人,如保险代理人、经纪人、公估人等。

1. 汽车保险合同的当事人

(1)保险人

汽车保险人是指与投保人订立汽车保险合同,对于合同约定的可能发生的事故因其发生造成汽车本身损失及其他损失承担赔偿责任的财产保险公司。对于保险人在法律上的资格,各国保险法都有严格规定。一般来说,保险人经营保险业务必须经过国家有关部门审查许可。根据我国法律规定,保险人必须具备法定资格,具有完全的民事权利能力和民事行为能力,是能够独立承担民事责任的自然人、法人和其他组织。

汽车保险人应履行的义务:

①承担赔偿或给付保险金的义务。这是保险人最基本的义务。当保险标的遭受保险责任范围内损失时,保险人应承担赔偿或给付保险金的责任,主要包括保险金、施救费用、检验费等。

②说明合同内容的义务。《中华人民共和国保险法》规定,订立保险合同,采用保险人提供的格式条款的,保险人向投保人提供的投保单应当附格式条款,保险人应当向投保人说明合同的内容;同时,对于免除保险公司责任的"免责条款",同时《中华人民共和国保险法》特别强调保险公司应当在保险凭证上做出"足以引起投保人注意"的提示,并对该条款的内容向投保人做书面或口头说明。订立保险合同时,保险人应当向投保人说明保险合同的条款内容,特别是对责任免除条款必须明确说明。

③及时签单的义务。保险合同成立后,及时签发保单证是保险人的法定义务。保单证是保险合同成立的证明,也是履行保险合同的依据。保单证中应当载明保险当事人双方约定的合同内容。

④为投保人或被保险人保密的义务。保险人在办理保险业务中对知道的投保人或被保险人的业务情况、财产情况、家庭状况、身体健康状况等,负有保密的义务。为投保人或被保险人保密,也是保险人的一项法定义务。

> **特别提示**
>
> 作为汽车保险合同当事人之一的保险人也有自己的权利,主要表现为:决定是否承保、收取保费;要求投保人履行如实告知义务;有权代位追偿;处理赔偿后的损余物资。

(2)投保人

汽车保险投保人是指与汽车保险人(保险公司)订立汽车保险合同,并按照保险合同的约定负有支付保险费义务的人。投保人必须对汽车具有可保利益,也就是说,汽车的损毁或失窃,都将影响投保人的利益。汽车保险投保人应具备下列三个条件:

①投保人是具有权利能力和行为能力的自然人或法人,反之,不能作为投保人;

②投保人对汽车具有利害关系,即存在保险利益;

③投保人有缴纳保险费的能力。

汽车保险投保人(被保险人)应履行的义务包括:

①投保人应如实填写投保单并回答保险人提出的询问,履行如实告知义务。《中华人民共和国保险法》第十六条规定:"订立保险合同,保险人就保险标的或者被保险人的有关情况

提出询问的,投保人应当如实告知。"

例如在保险期间内,保险车辆改装、加装等,导致保险车辆危险程度增加的,应当及时书面通知保险人。否则,因保险车辆危险程度增加而发生的保险事故,保险人不承担赔偿责任。

②除另有约定外,投保人应当在保险合同成立时一次性足额支付保险费;保险费付清前发生的保险事故,保险人不承担赔偿责任。

③保险事故发生时,被保险人对保险标的不具有保险利益的,不得向保险人请求赔偿保险金。发生保险事故时,被保险人应当及时采取合理的、必要的施救和保护措施,防止或者减少损失,并在保险事故发生后48小时内通知保险人。否则,造成损失无法确定或扩大的部分,保险人不承担赔偿责任。

④发生保险事故后,被保险人应当积极协助保险人进行现场查勘。被保险人在索赔时应当提供有关证明和资料。发生与保险赔偿有关的仲裁或者诉讼时,被保险人应当及时书面通知保险人。

⑤因第三者对保险车辆的损害而造成保险事故的,保险人自向被保险人赔偿保险金之日起,在赔偿金额范围内代位行使被保险人对第三者请求赔偿的权利,但被保险人必须协助保险人向第三者追偿。

2. 汽车保险合同的关系人

在财产保险合同中,合同的关系人仅仅指被保险人,而人身保险合同中的关系人除了被保险人外,还有受益人。通常被保险人是一个,而受益人可以为多个。汽车保险合同是财产保险合同的一种,应当具有财产保险合同的一般特征,因而,汽车保险合同的关系人是被保险人。汽车保险被保险人是指其财产或者人身受汽车保险合同保障,享有保险金请求权的人。

● **特别提示**

被保险人是因保险事故发生而遭受损失的人。在汽车保险合同中,被保险人是保险标的即保险车辆的所有人或具有相关利益的人。被保险人是享有赔偿请求权的人,但保险事故发生时,被保险人对保险标的不具有保险利益的,不得向保险人请求赔偿保险金。

3. 汽车保险合同的中介人

汽车保险在承保与理赔中涉及的面广,中间环节较多,因而在汽车保险合同成立及其理赔过程中存在众多的社会中介组织,如汽车保险代理人、汽车保险经纪人、汽车保险公估人等。

(1) 汽车保险代理人

汽车保险代理人是指根据汽车保险人的委托,在汽车保险人授权的范围内代为办理汽车保险业务的单位或者个人。通常,汽车保险代理人可以分为专业保险代理人、兼业保险代理人和个人保险代理人。

①专业保险代理人是指专门从事保险代理业务的保险代理有限责任公司,可以代理保险公司推销汽车保险产品和与汽车有关的人身保险产品,代理保险公司收取保险费,协助保

险公司进行损失的勘查和理赔等。

②兼业保险代理人是指接受汽车保险人的委托,在从事自身业务的同时,指定专人为汽车保险人代办汽车保险业务,可以代理保险公司推销汽车保险产品和与汽车有关的人身保险产品,代理保险公司收取保险费。兼业代理的主要形式是金融机构兼业代理,如商业银行代理保险公司销售贷款抵押汽车保险。

③个人保险代理人是指根据保险人的委托,向保险人收取代理手续费,并在保险人授权的范围内代为办理保险业务的个人。在汽车保险领域,个人保险代理人主要承担与汽车有关的人身保险产品的代理推销和车辆等财产保险产品的代理推销,以及相关保险的保险费收取。

(2) 汽车保险经纪人

汽车保险经纪人是指基于投保人的利益,为投保人与保险人订立汽车保险合同或与汽车有关的人身保险合同提供中介服务,并依法收取佣金的单位或个人。在我国,保险经纪人的组织形式限于有限责任公司。

①汽车保险经纪人以订立汽车保险合同为目的,为投保人提供防灾、防损或风险评估以及风险管理咨询,为投保人拟订投保方案,选择汽车保险人,办理投保手续,监督汽车保险合同的执行情况,为被保险人代为办理检验,以及向汽车保险人提出索赔等。

②汽车保险经纪人可以根据汽车保险标的的具体情况以及相关汽车保险人的承保情况,为汽车投保人拟订最佳投保方案,代为办理投保手续,减少投保人或被保险人的保险费支出,减轻投保人投保选择的工作难度,提高投保效率。

(3) 汽车保险公估人

汽车保险公估人是指接受汽车保险人、投保人或被保险人的委托,办理汽车保险标的的勘查、鉴定、估损以及赔款的理算,并向委托人收取佣金的单位或个人,一般是指有限责任制的保险公估公司。

汽车保险公估人的存在有利于调解汽车保险当事人之间关于汽车保险理赔方面的矛盾,避免由于汽车保险人既是承保人又是理赔人且直接负责对汽车保险标的进行检验和定损可能带来的不公正、不公平情况的出现,体现汽车保险公估工作所具有的公平、公正、公开和合理的特性,促进汽车保险业的健康发展。

可见,保险中介机构在保险业中起到举足轻重的作用。

(二) 汽车保险合同的客体

汽车保险合同的客体是指汽车保险合同双方当事人权利和义务所共同指向的对象。它不是保险标的本身,而是投保人或被保险人对保险标的所具有的合法的经济利害关系,即保险利益,也叫可保利益。合法的经济利害关系,是指因标的的完好、健在而使利害关系人获得的经济利益,或因标的的损坏、伤害而使利害关系人遭受的经济损失和痛苦。保险利益是投保人投保签约的起因,也是保险人决定是否可以承保的标准。

保险利益与保险标的含义不同,但二者又是相互依存的关系。投保人或被保险人在投保或索赔时,一般须对保险标的具有保险利益,否则保险人是不予承保或赔偿的。保险利益又以保险标的的存在为条件,体现在当保险标的存在时,投保人或被保险人对保险标的的经济利益也继续存在,当保险标的遭遇损失时,投保人或被保险人将蒙受经济上的损失。投保人或被保险人向保险人投保,要求经济保障的,不是保险标的本身,而是以对其保险标的所具有的经济上的利益。

(三) 汽车保险合同的内容

汽车保险合同的内容主要用来规定保险双方当事人所享有的权利和承担的义务,它通过保险条款使这种权利和义务具体化,包括基本条款和附加条款(约定条款)。

基本条款是汽车保险合同中不可缺少的条款,没有基本条款也就没有汽车保险合同。附加条款是应投保人的要求而增加承保危险的条款,扩大了承保范围,满足部分投保人的特殊要求。

汽车保险合同基本条款内容:

1. 当事人的姓名和住所

当事人是保险合同权利和义务的直接享有者和承担者,他们的行为使保险合同得以产生,所以保险合同应该首先载明当事人(保险人和投保人)的名称(姓名)和住所,被保险人是保险合同保障的对象,无论与投保人是否相同,都应该在合同中载明其姓名和住所。投保人如果是单位,则载明单位全称(与公章名称一致);如果是个人,则载明姓名。

2. 保险标的

保险标的是作为保险对象的财产及其有关利益,是保险利益的载体。车辆损失险的保险标的是保险车辆;第三者责任险的保险标的是被保险人或其允许的驾驶人在使用保险车辆行驶过程中给他人造成财产损失或人身伤害,依法及保险合同规定应当承担的经济赔偿责任。

3. 保险责任

保险责任指保险人依据保险合同约定的必须承担赔偿或给付保险金责任的风险项目。机动车辆保险合同中的保险责任采用列明方式,具体列明保险人承担哪些保险事故引起的损失赔偿(或责任赔偿)、施救、救助、诉讼等费用负担的规定。

4. 责任免除

责任免除也称除外责任,是指根据法律给定或合同约定,保险人对某些风险造成的损失不承担赔偿保险金的责任。责任免除条款适当限制了保险人承担的保险责任范围,意味着被保险人也要对某些风险自行承担责任。在保险合同中明确列出责任免除条款,对保险人和被保险人都十分重要。保险人在与投保人订立保险合同时,应当以十分明确的语言向投保人指明和解释责任免除条款,不得隐瞒或含糊其辞。《中华人民共和国保险法》第十七条明确规定,对保险合同中免除保险人责任的条款,保险人在订立合同时应当在投保单、保单或者其他保险凭证上做出足以引起投保人注意的提示,并对该条款的内容以书面或者口头形式向投保人做出明确说明;未做提示或者明确说明的,该条款不产生效力。

5. 保险期间和保险责任开始的时间

保险合同的保险期间是保险合同所持续的有效时间。保险期间是保险责任开始到保责任终止的期间。

保险责任开始时间也称保险合同生效时间,即保险人开始负责对被保险人发生的保险事故引起的损失赔偿的时间。比如,2006年2月18日签订的保险合同,生效时间定于2006年2月19日0时0分,保险人从这个时间开始承担保险责任。

6.保险人、投保人及被保险人的义务

机动车辆保险合同中明确了保险人、投保人及被保险人的义务,并且在合同中也指明任何一方违反义务时应承担的责任。

7.保险金额

保险金额是保险合同约定的保险人承担赔偿的最高限额。由于机动车辆损失保险是不定值保险,所以机动车辆损失保险金额可以由投保人和保险人协商确定,但不能超过机动车辆的实际价值。由于第三者责任险中可能涉及人身伤害事故赔偿的处理,而人的生命价值是无法用货币衡量的,因此只能由投保人与保险人在订立第三者责任险时协商确定,作为发生保险事故时保险赔偿(第三者人身伤亡和财产毁损)的限额。

8.保险费

保险费是投保人向保险人支付的、用以换取保险人承担保险责任而付出的代价。投保人向保险人支付保险费,是投保人与保险人订立保险合同应尽的首要义务。一般情况下,汽车保险投保人只有支付了保险费以后,汽车保险合同才成立。

9.保险金的赔偿办法

保险金的赔偿办法是指在保险合同中约定的、当发生保险事故时保险人向被保险人赔付保险金的计算方法。

10.违约责任和争议处理

违约责任是指合同当事人违反合同义务时应当承担的民事责任。汽车保险合同当事人一方不履行合同义务或者履行合同义务不符合约定的,应当承担继续履行、采取补救措施或者赔偿损失等违约责任。

争议处理是指合同当事人双方对保险合同发生争议或纠纷时的处理解决方式,主要有协商、调解、仲裁和诉讼等方式。

● **特别提示**

一般情况下,双方当事人发生争议或纠纷时应该先采取协商的办法,在互谅的基础上寻找共同可以接受的条件,以达成和解,消除争议。在协商不成的情况下,可以请第三者出面调解,请仲裁机构仲裁,直至到法院诉讼。

11.订立保险合同的年、月、日

订立保险合同的年、月、日是指保险合同双方就主要条款达成一致协议,标志保险人认可投保人对保险标的具有保险利益、了解被保险人的风险状况、确认其符合保险条件,投保人接受保险人提出的保险条件,是合同成立的具体时间。汽车保险合同成立的日期并不等同于合同生效日期,汽车保险合同的生效还要以某些附加条件的满足为依据。

三、汽车保险合同的基本原则

汽车保险合同的原则是汽车保险业务运营过程中要遵循的基本原则,也是《中华人民共和国保险法》的基本原则,更是集中体现《中华人民共和国保险法》本质和精神的基本准则。任何一个保险合同的订立及履行都必须遵循以下四项基本原则。

(一) 最大诚信原则

最大诚信原则

1. 最大诚信原则的内容

由于保险关系的特殊性,人们在保险实务中越来越感受到诚信原则的重要性,要求保险合同双方当事人最大限度地遵守这一原则,故称最大诚信原则。

> **重要知识:** 保险中的最大诚信原则是指保险当事人在订立、履行保险合同的过程中要诚实守信,不得隐瞒有关保险活动的任何重要事实,特别是投保人必须主动地向保险人陈述有关保险标的的风险情况等重要事情,不得以欺骗手段诱使保险人与之订立保险合同,否则,所订立的合同不具备法律效力。

最大诚信原则主要表现为以下几个方面:

(1) 履行如实告知义务

由于保险人面对广大的投保人,不可能一一去了解保险标的的各种情况,因此,投保人在投保时,应当将足以影响保险人决定是否承保、保险人确定保险费率或增加特别条款的重要情况向保险人如实告知。

告知的方式分为无限告知和询问告知两种。采用无限告知的方式时,只要事实上与保险标的有关的任何重要事项,不论保险人是否询问,投保人都有义务告知。在美国、英国等国家有类似的规定。而我国《中华人民共和国保险法》规定:"订立保险合同,保险人就保险标的或者被保险人的有关情况提出询问的,投保人应当如实告知。"明确了保险人所询问的事项为重要事项,对询问以外的事项,投保人或者被保险人不必告知,此种方式即询问告知。我国汽车保险实务中一般以投保单为限,即投保单中询问的内容投保人必须如实填写,告知的内容通常包括车辆情况、使用情况、驾驶人情况等,除此之外,投保人不必告知。

《中华人民共和国保险法》第十六条规定:投保人故意或者因重大过失未履行前款规定的如实告知义务,足以影响保险人决定是否同意承保或者提高保险费率的,保险人有权解除合同。

前款规定的合同解除权,自保险人知道有解除事由之日起,超过三十日不行使而消灭。自合同成立之日起超过二年的,保险人不得解除合同;发生保险事故的,保险人应当承担赔偿或者给付保险金的责任。

● **特别提示**

投保人故意不履行如实告知义务的,保险人对于合同解除前发生的保险事故,不承担赔偿或者给付保险金的责任,并不退还保险费。

投保人因重大过失未履行如实告知义务,对保险事故的发生有严重影响的,保险人对于合同解除前发生的保险事故,不承担赔偿或者给付保险金的责任,但应当退还保险费。

保险人在合同订立时已经知道投保人未如实告知的情况的,保险人不得解除合同;发生保险事故的,保险人应当承担赔偿或者给付保险金的责任。

保险事故是指保险合同约定的保险责任范围内的事故。

(2)履行说明义务

保险人应当就保险合同利害关系条款特别是免责条款向投保人明确说明。保险人的说明义务是由保险合同的性质决定的。保险合同为附和合同,其内容由保险人单方拟订,投保人或被保险人几乎没有参与的机会,只能对保险条款表示同意与不同意,无修改的权利,投保人在订立保险合同时处于弱势地位。同时保险条款集专业性、技术性及科学性为一体,未经专门研习,也难以理解。合同既然是双方当事人意思表示一致的结果,如果一方不明白合同内容就做出承诺,应视为合同当事人意思未达成一致,未达成合意的条款不能产生法律效力,如果构成重大误解或有失公平,当事人可以请求撤销合同。所以,在订立合同时,保险人应就保险合同的内容向投保人进行明确说明和必要的解释,否则保险人应承担一定的法律后果。《中华人民共和国保险法》第十七条规定:"订立保险合同,采用保险人提供的格式条款的,保险人向投保人提供的投保单应当附格式条款,保险人应当向投保人说明合同的内容。对保险合同中免除保险人责任的条款,保险人在订立合同时应当在投保单、保单或者其他保险凭证上做出足以引起投保人注意的提示,并对该条款的内容以书面或者口头形式向投保人做出明确说明;未做提示或者明确说明的,该条款不产生效力。"

(3)履行保证义务

这里的保证,是指投保人向保险人做出承诺,保证在保险期间遵守作为或不作为的某些规则,或保证某一事项的真实性。

在保险合同中,作为合同生效先决条件的保证是指被保险人承诺不因他的作为或不作为使保险标的的危险程度增加。保证事项一般都是重要事项。例如配备 ABS 系统的汽车发生保险事故的概率有所降低,从而享受较优惠的费率,因此被保险人应该保证在保险期内 ABS 系统处于良好状态,否则就是违反了保证;被保险人不得在驾驶车辆内携带易爆物品,如果携带易爆物品就违反了保证。

保证分为明示保证和默示保证。

明示保证一般以特约条款或附贴条款载于保单内,或者以口头方式承诺。明示保证又分为承诺保证和确认保证两类。如果被保险人保证的事情现在如此,将来也必须如此,那么这种保证称为承诺保证,一般在保单中以条款的形式出现。比如,机动车辆保险条款中列明:"被保险人及其驾驶人应当做好保险车辆的维护、保养工作,保险车辆装载必须符合规定,使其保持安全行驶技术状态"就是承诺保证。如果被保险人保证的事情现在如此,将来不一定如此,则称为确认保证。这种保证有时以书面形式出现在保单中,有时仅仅以口头形式表示确认。

● **特别提示**

默示保证是根据习惯或惯例认为被保险人应该采取或不应该采取某种行为的事实。默示保证是在保单内虽无文字规定,但一般是国际惯例必须遵循的准则,习惯上或社会公认的被保险人应在保险实践中遵守的规则。如要求被保险的车辆必须有正常的行驶能力。默示保证一般适用于海上保险。

无论是明示保证,还是默示保证,都对保证人有约束作用,其法律效力是完全相同的。违反保证的行为可以导致的后果有两种:一是保险人不承担赔偿或给付保险金的责任;二是保险人解除保险合同。例如,某家银行投保火险附加盗窃险,在投保单上写明24小时有警卫值班,保险公司予以承保并以此作为减少保费的条件,后银行被窃,经调查某日24小时内有半小时警卫不在岗。因此,保险公司拒绝承担赔偿责任,理由是该银行违反了保证,而保证是保险合同的一部分,违反了保证,就意味着违约,保险人可以解除保险合同,或宣布保险合同无效,在发生保险事故时不承担赔偿保险金责任。

(4)弃权和禁止抗辩

这是最大诚信原则对保险人的要求。弃权是指保险人放弃法律或保险合同中规定的某项权利,如拒绝承保的权利、解除保险合同的权利等。禁止抗辩与弃权有紧密的联系,是指保险人既然放弃了该项权利,就不得向被保险人或受益人再主张这种权利。在保险实务中,弃权和禁止抗辩一般针对保险人的权利而言,是对保险人及其代理人的行为进行限制。两者的法律意义虽然不同,但是产生的效果完全一样。当投保人有明显的违约行为,保险人有权解除保险合同或者行使其他权利,保险人放弃这些权利,这就是一种弃权行为。以后保险人不能再就此行为主张权利,因为保险人受禁止抗辩的限制。

例如,在美国汽车保险中,限制行驶区域为美国和加拿大,然而当投保人告诉保险公司的代理人,被保险人将在投保后驾车到南美洲,如果该代理人为了招揽业务,认为这个告知不影响合同的签订和费率。合同订立后,被保险人驾车到南美洲并发生了意外,那么根据弃权和禁止抗辩规则,保险人当初放弃了对行驶区域的规定,不能抗辩以被保险人违反合同中关于行驶区域的规定而行使保险合同解除权,保险人必须偿付保险金。

2. 最大诚信原则的运用

在目前保险市场中,尤其在汽车保险业务中存在保险欺赔的现象,违背最大诚信原则恶意违法行为增多。保险人在经营汽车保险时,要对车险的风险因素有足够的认识,加强经营中的风险防范措施,最大限度地限制和打击保险欺诈活动。同时,投保人也应认真遵守最大诚信原则,以免给自己带来不必要的损失。

(二) 保险利益原则

保险利益原则

1. 保险利益原则的含义

保险利益是指投保人对保险标的所具有的法律上承认的经济利益。体现的是投保人或被保险人与保险标的之间存在的经济利益关系,当保险标的发生保险事故时,必然使被保险人蒙受经济损失。

例如,某人拥有一辆汽车,如汽车完好,他就可以自己使用该车,或者通过出租、出售本车来获得利益;如汽车损毁,他就无法使用,更谈不上出租、出售,这样,经济上此人就要受到损失。正是因为他对自己拥有的汽车具有经济利害关系,他才考虑汽车的安危,将其投保汽车保险；而保险人也正因为他对这辆汽车具有经济利害关系，才允许他投保。这就说明汽车的所有人对其所拥有的汽车具有保险利益。

> **重要知识**：保险利益原则又称可保利益原则，是指在签订和履行保险合同过程中投保人对保险标的应当具有保险利益。投保人对保险标的不具有保险利益的，保险合同无效。如果保险合同生效后，投保人或被保险人对保险标的失去保险利益，也可能导致保险合同随之失效。

保险利益原则主要有两层含义：其一，投保人在投保时，必须对保险标的具有保险利益，否则，保险就可能成为一种赌博，丧失其补偿经济损失、给予经济帮助的功能；其二，投保人是否对保险标的具有保险利益，是判断保险合同有效或无效的根本依据，缺乏保险利益要件的保险合同，自然不发生法律效力；其三，保险事故发生时，被保险人对保险标的必须具有保险利益。

2. 保险利益原则的意义

(1) 避免变保险为赌博

保险与赌博行为都具有侥幸性。如果保险关系不是建立在投保人对保险标的具有保险利益的基础上，那么必将助长人们为追求获得远远高于其保险费支出的赔付数额而利用保险进行投机的行为。这类行为无异于赌博，是不利于社会公共利益的。例如，投保人以与自己毫无利害关系的车辆为标的投保，一旦发生保险事故就可获得相当于投保标的价值千百倍的巨额赔款，人们像在赛马场上下赌注一样买保险，这会严重影响社会安定。

(2) 防止道德风险的发生

道德风险是指被保险人或受益人为获取保险金赔付而违反道德规范，甚至故意促使保险事故发生或在保险事故发生时放任损失扩大。由于保险费与保险赔偿或给付金额的悬殊，如果不以投保人对保险标的具有保险利益为保险合同有效条件，将诱发投保人或被保险人为牟取保险赔款而故意破坏保险标的的道德风险，引发犯罪动机与犯罪行为。

(3) 限定保险赔付程度

以保险利益作为保险人承担赔偿或给付责任的最高限额，既能保证被保险人能够获得足够的、充分的补偿，又不会使被保险人因保险而获得超过损失的额外利益，不允许他们通过保险而"增加财富"。保险利益原则可以为保险赔偿数额的界定提供合理的科学依据。

3. 保险利益原则的应用

(1) 保险利益的主体

现行《中华人民共和国保险法》中扩大了保险利益的主体，不仅包括投保人，还包括被保险人，即投保人或被保险人应对保险标的具有的法律上承认的利益。人身保险要求保险利益主体为投保人，财产保险则要求保险利益主体为被保险人。《中华人民共和国保险法》第十二条规定："人身保险的投保人在保险合同订立时，对被保险人应当具有保险利益。财产保险的被保险人在保险事故发生时，对保险标的应当具有保险利益。保险利益是指投保人或者被保险人对保险标的具有的法律上承认的利益。"

(2) 保险利益存在时间

《中华人民共和国保险法》将人身保险与财产保险的保险利益存在时间加以区分，规定人身保险的投保人在投保时对被保险人应具有保险利益,财产保险的被保险人则在保险事故发生时对保险标的应具有保险利益。

● **特别提示**

保险利益对保险合同效力的影响如下:

《中华人民共和国保险法》规定:人身保险合同投保时投保人没有保险利益的,人身保险合同无效;财产保险出险时被保险人没有保险利益的,被保险人不得向保险人请求赔偿保险金。人身保险合同的投保人在保险合同订立时,对被保险人应当具有保险利益,若订立合同时,投保人对被保险人不具有保险利益的,人身保险合同无效;财产保险的被保险人在保险事故发生时,对保险标的应当具有保险利益,保险事故发生时,被保险人对保险标的不具有保险利益的,不得向保险人请求赔偿保险金。

(3)保险利益种类

①财产保险利益:财产保险的保险标的是财产及其相关利益,财产保险的保险利益应当具备三个要素:一是必须是法律认可并予以保护的合法利益。对于不法利益,如盗窃等非法手段取得的财产,均无保险利益,即使签订了保险合同,保险合同也无效。二是必须是客观存在的利益。三是必须是确定的经济利益,即可以通过货币形式计算出来的利益。《中华人民共和国保险法》第四十八条规定:"保险事故发生时,被保险人对保险标的不具有保险利益的,不得向保险人请求赔偿保险金。"

在财产保险实务中,下列人员在法律上享有财产保险利益:

a.所有权人对其所有的财产;

b.没有财产所有权,但有合法的占有、使用、收益、处分权中的一项或几项权利的人;

c.他物权人对依法享有他物权的财产,如承租人对承租的房屋等;

d.公民、法人对其因侵权行为或合同而可能承担的民事赔偿责任;

e.债权人对现有的或期待的债权等。

在机动车辆保险合同中,对机动车享有保险利益的人一般包括机动车的所有人、驾驶人、实际使用人、车辆的保管人等,他们可以为机动车投保车损险、道路交通事故责任强制险以及各种附加险。客观存在的确定利益包括现有利益和期待利益。已经确定的利益或者利害关系为现有利益,如投保人对已经拥有车辆的所有权、占有权、使用权等而享有的利益即现有利益。尚未确定但可以确定的利益或者利害关系为期待利益,这种利益必须建立在客观物质基础上,而不是主观臆断、凭空想象的利益。例如,预期的营业利润、预期的租金等属于合理的期待利益,可以作为保险利益。

②人身保险利益:人身保险的保险标的是人的寿命和身体,其保险利益是指投保人对被保险人寿命和身体所具有的经济利害关系。人身保险的保险利益具有以下特点:

a.是法律认可并予以保护的人身关系;

b.人身关系中要具有财产内容;

c.构成保险利益的是经济利害关系。

《中华人民共和国保险法》第三十一条规定:

投保人对下列人员具有保险利益:①本人;②配偶、子女、父母;③前项以外与投保人有抚养、赡养或者扶养关系的其他家庭成员、近亲属;④与投保人有劳动关系的劳动者。

除前款规定外,被保险人同意投保人为其订立合同的,视为投保人对被保险人具有保险利益。

订立合同时,投保人对被保险人不具有保险利益的,合同无效。

(4)保险利益原则的运用

在汽车保险实务中,涉及可保利益较为常见和突出的问题是,发生保险责任范围内事故时,被保险人与车辆所有人不吻合的问题。发生此种情况,保险人是否承担赔偿责任需要根据《中华人民共和国保险法》相关规定和当时具体情况而定。

● **特别提示**

《中华人民共和国保险法》规定,保险标的转让,无须保险人同意,保险合同继续有效,被保险人的权利和义务由保险标的的受让人承继。

根据《中华人民共和国保险法》,保险标的转让时,被保险人或者受益人仍有义务通知保险人,但这种通知义务通常不影响保险合同的效力,保险公司还应该给予赔偿,保险标的的转让导致危险程度增加的情形除外。保险标的的转让导致危险程度增加的,保险人可以按约定增加保险费或者解除合同,但增加保险费或者解除合同应在保险人收到转让通知之日起三十日内行使。保险人据此依法解除合同的,还应当将已收取的保险费按照合同约定,扣除自保险责任开始之日起至合同解除之日止应收的部分后退还投保人。保险标的的转让导致危险程度增加的,被保险人或者受益人未及时通知保险人的,因转让导致保险标的的危险程度显著增加而发生的保险事故,保险人不承担赔偿保险金的责任。

(三) 损失补偿原则

1. 损失补偿原则的含义

> **重要知识**:损失补偿原则是指保险事故发生后,保险人在其责任范围内,对被保险人遭受的实际损失进行赔偿。损失补偿只能使被保险人在经济上恢复到受损前的状态,而不允许被保险人通过额外索赔获得经济利益。

损失补偿原则运用于财产保险,其内涵主要有以下几点:

①赔偿必须在保险人的责任范围内进行,即保险人只有在保险合同规定的期限内,以约定的保险金额为限,对合同中约定的危险事故所致损失进行赔偿。

②赔偿额应以实际损失额为限。当保险标的遭受损失后,按照保险合同规定,保险人的赔偿以被保险人所遭受的实际损失为限,不能超过被保险人的实际损失,被保险人不能通过保险获得额外利益。换言之,保险人的赔偿应当恰好使保险标的恢复到保险事故发生前的状态。例如,某人投保了车损险,保险金额为10万元,后发生保险事故导致车辆全部毁损,受损时车辆的市价下跌,仅为6万元,则保险人只按实际损失赔偿6万元。

③赔偿额应当以保险利益为限。保险利益是被保险人向保险人索赔的基本依据,因此实施损失补偿原则的第三个限度就是以保险利益为限。在机动车辆贷款保险中,如果投保

人向贷款人借10万元去购买价值20万元的汽车,那么贷款人对该汽车的保险利益为10万元,并且随着借款人还贷的进程,贷款人的保险利益逐步减少。

④损失赔偿是保险人的义务。据此,被保险人提出索赔请求后,保险人应当按主动、迅速、准确、合理的原则,尽快核定损失,与索赔人达成协议并履行赔偿义务;保险人未及时履行赔偿义务时,除支付保险金外,应当赔偿被保险人因此受到的损失。

2. 损失补偿原则的派生原则

(1)代位原则

> **重要知识**:代位原则是指保险人依照法律或保险合同约定,对被保险人遭受的损失进行赔偿后,依法取得向对财产损失负有责任的第三者进行追偿的权利或者取得被保险人对保险标的所有权。

代位原则的意义体现在以下三个方面:

①防止被保险人因同一损失而获取超额赔偿,即避免被保险人获取双重利益。如果保险标的损失的原因是由第三者的疏忽、过失或故意行为造成的,而且又属于保险人承保的责任范围,那么被保险人既可以按照法律向第三者要求赔偿,也可以按照保险合同的规定向保险人提出赔偿。这样,被保险人获得的赔偿就有可能超过其实际损失额,获得额外利益,而违背损失补偿原则。同样,在保险标的发生保险事故导致实际全损或推定全损,保险人全额赔付后,如果允许被保险人处理保险标的剩余物资或保险标的被找回后,那么被保险人所得到的利益也将超出其实际损失,获得额外利益。

②维护社会公共利益,保障公民、法人的合法权益不受侵害。社会公共利益要求责任人对其因疏忽或过失而对他人造成的损失应该承担经济赔偿责任。如果因为被保险人从保险人处获得了赔偿就不再追究责任人的经济赔偿责任,将会使责任人获益,保险人受到损害,不符合公平的原则。同时,还会增加道德危险,容易造成他人对被保险人的故意或过失伤害行为的发生。通过代位,使责任人无论如何都要承担损害的经济赔偿责任,也使保险人可以通过代位追偿从责任人处追回所支付的保险赔款,维护保险人的合法利益。

③有利于被保险人及时获得经济补偿,尽快恢复正常的生产和生活。通常被保险人或受害人向责任人索赔比向保险人索赔所需要花费时间、物力和人力会更多。通过代位,会尽快使被保险人恢复到保险事故发生前的经济水平而不必直接向责任方进行索赔。

代位原则的内容主要包括两个部分:代位求偿和物上代位。

> **重要知识**:代位求偿是指当保险标的遭受保险责任范围内的事故,依法应当由第三者承担赔偿责任时,保险人在支付保险赔偿之后,即取得了对第三者请求赔偿的权利。

a. 行使代位求偿权的前提条件。保险人行使代位求偿权,需要具备三个前提条件:第一,保险标的损失的原因是保险事故,同时又是由于第三者的行为所致。这样被保险人既可以依据保险合同向保险人要求赔偿,也可以依据法律向第三者要求赔偿。第二,被保险人未放弃向第三者的赔偿请求权。如果被保险人放弃了对第三者请求赔偿的权利,则保险人在赔偿被保险人的损失之后就无权行使代位求偿权。第三,保险人取得代位求偿权的前提是按照保险合同履行了赔偿责任。例如,被保险人所投保的车辆在正常行驶时被另一辆违章车撞毁,被保险人既可以向保险公司要求赔偿,也可以向肇事方要求赔偿。如果保险公司依法承担了赔偿责任,则就获得了代替被保险人向肇事者追偿损失的权利。

  b.代位求偿权的实施对保险双方的要求。就保险人而言,首先,其行使代位求偿权的权限只能限制在赔偿金额范围以内。如果追偿所得的款额大于赔付给被保险人的款额,其超过部分应归还给被保险人所有。其次,保险人不得干预被保险人就未取得保险赔偿的部分向第三者请求赔偿。就投保人而言,不能损害保险人的代位求偿权并要协助保险人行使代位求偿权。第一,如果被保险人在获得保险人赔偿之前放弃了向第三者请求赔偿的权利,那么,就意味着他放弃了向保险人索赔的权利。第二,如果被保险人在获得保险人赔偿之后未经保险人同意而放弃对第三者请求赔偿的权利,该行为无效。第三,如果发生事故后,被保险人已经从第三者取得赔偿或者由于过错致使保险人不能行使代位求偿权,保险人可以相应扣减保险赔偿金。第四,在保险人向第三者行使代位求偿权时,被保险人应当向保险人提供必要的文件和所知道的有关情况。

> **重要知识**:物上代位是指保险标的因遭受保险事故而发生全损时,保险人在全额支付保险赔偿金之后,依法拥有对该保险标的物的所有权,即代位取得受损保险标的物上的一切权利。

  《中华人民共和国保险法》第五十九条规定:"保险事故发生后,保险人已支付了全部保险金额,并且保险金额等于保险价值的,受损保险标的的全部权利归于保险人;保险金额低于保险价值的,保险人按照保险金额与保险价值的比例取得受损保险标的的部分权利。"

  物上代位的产生有两种情况:一是发生在实际全损后没有残留物,保险人全额赔付后,残留物归保险人;二是发生推定全损,推定全损是指保险标的发生保险事故后,认为实际全损已不可避免,或者为避免发生实际全损所需支付的费用将超过保险价值,而按全损予以赔偿。

● 特别提示

  代位求偿与物上代位存在明显区别:第一,代位求偿的保险标的的损失是由第三者责任引起的;第二,代位求偿取得的是追偿权,而物上代位取得的是所有权。在物上代位中,保险人取得了对保险标的的所有权益和义务。

  在保险车辆被盗抢的情况下,保险人赔偿后,如被盗抢的保险车辆找回,应将该车辆归还被保险人,同时收回相应的赔款。如果被保险人不愿意收回原车,则车辆的所有权益归保险人。

  目前,我国各家保险公司的机动车辆保险条款,对代位求偿范围、行使等方面都有明确规定。并且,在实务中也被广泛采用。

> **案例**
>
> 2018年7月10日,车主黄某在某保险公司为其本田轿车投保车辆损失险、第三者责任险和盗抢险等险种,其中盗抢险的保险金额为42万元,保险期限自2018年7月11日起至2019年7月10日止。2018年10月15日黄某所投保的本田车在A广场停车场内被盗,黄某于2019年1月20日在保险公司领取了29.4万元保险金,并同时签订了一份权益转让书:黄某愿意将车的所有权,包括向任何第三者的追偿权完全转让给保险公司,并愿意为保险公司行使上述权利提供协助。
>
> 经查明:A广场是B公司的下属物业。2018年8月,车主黄某将其轿车停放于广场停车场96号车位,并每月向B公司所管理的A广场管理处交纳管理费400元,交至同年10月。期间A广场管理处将停车证及其公司自行制定的《A广场停车场汽车保管有关规定及细则》交给黄某,并要求黄某在其自行印制的《承诺书》上签名,承诺遵守上述规定。该规定第六条为:"本车场仅提供车位泊车及其相关服务,车辆在停车场内失窃或由于意外而受损,本车场概不负责赔偿。"2018年10月14日晚,黄某将车停放在A广场96号车位,次日早晨发现丢车,遂向公安机关报案。失车尚未找回。A广场管理处是B公司管理A广场期间所设立的管理机构,无独立法人资格。保险公司取得代位追偿权后,将B公司诉诸法院,引起诉讼。
>
> 法院审理认为,黄某按月向车辆管理处支付车管费,即双方间的车辆保管关系成立。车管处规定及细则中的免责条款于法无据,有悖公平原则,不具有约束力。管理处未能履行应尽义务,致该车丢失,依法应当承担赔偿责任。保险公司依法代位行使追偿权,手续齐备,其诉讼请示应予支持,据此判决B公司在判决发生法律效力之日起10日内赔偿原告29.4万元,本案受理费由被告负担。

(2)分摊原则

分摊原则仅适用于财产保险中的重复保险,是指在同一投保人对同一保险标的、同一保险利益、同一保险事故分别与两个以上保险人订立保险合同的情况下,被保险人在发生保险事故后,所得赔偿金,由各保险人采用适当的方法进行分摊。重复保险的投保人有权请求各保险人按比例返还保险费,避免出现多交保费却无法相应获得更多赔偿,出现保险的权利与义务不对等的情况。

在重复保险情况下,对于损失后的赔款保险人如何进行分摊,各国做法有所不同。主要有以下三种分摊方法:

①比例责任制。比例责任制又称保险金额比例分摊制,该分摊方法是将各保险人所承保的保险金额进行加总,得出各保险人应分摊的比例,然后按比例分摊损失金额。公式为:

某保险人责任=某保险人的保险金额/所有保险人的保险金额之和×损失额

例如:某投保人先后分别与甲、乙、丙三家保险公司签订了一份火灾保险合同。甲、乙、丙公司承保的金额分别为100 000元、150 000元、250 000元,因发生火灾,损失200 000元。

甲保险人应赔付款额为:100 000/(100 000+150 000+250 000)×200 000=40 000(元);

乙保险人应赔付款额为:150 000/(100 000+150 000+250 000)×200 000=60 000(元);

丙保险人应赔付款额为:250 000/(100 000+150 000+250 000)×200 000=100 000(元)。

②限额责任制。限额责任制又称赔款额比例责任制,即保险人分摊赔款额不以保额为基础,而是按照在无他保的情况下各自单独应负的责任限额进行比例分摊赔款。公式为:

$$某保险人责任 = 某保险人独立责任限额/所有保险人独立责任之和 \times 损失额$$

仍以上题为例,在采用第二种分摊法计赔时,

甲保险人应赔付款额为:100 000/(100 000+150 000+200 000)×200 000≈44 444(元);

乙保险人应赔付款额为:150 000/(100 000+150 000+200 000)×200 000≈66 667(元);

丙保险人应赔付款额为:200 000/(100 000+150 000+200 000)×200 000≈88 889(元)。

③顺序责任制。顺序责任制又称主要保险制,该方法中各保险人所负责任依签订保单顺序而定,由先订立保单的保险人首先负责赔偿,当赔偿不足时再由其他保单依次承担不足的部分。

顺序责任制对有的保险人有失公平,因而各国实务中已不采用该法,多采用前两种分摊方法。《中华人民共和国保险法》第五十六条规定:"重复保险的各保险人赔偿保险金的总和不得超过保险价值。除合同另有约定外,各保险人按照其保险金额与保险金额总和的比例承担赔偿保险金的责任。"

在重复保险情况下,同样的损失用不同的分摊方法计算,各保险公司承担的赔款额是不同的,仍以上题为例,对三种分摊方法加以对比(见表2-1):

表2-1　　　　　　　　　　重复保险的分摊运用举例　　　　　　　　　　　　元

	A公司	B公司	C公司
比例责任	40 000	60 000	100 000
限额责任	44 444	66 667	88 889
顺序责任	100 000	100 000	0

3.损失补偿原则的运用

在汽车保险实务中,曾经存在的最大纠纷就是围绕着损失补偿原则展开的,即在机动车辆全部损失的情况下是应当按照出险前机动车辆的实际价值进行赔偿,还是按照保险金额进行赔偿的问题,不少被保险人为此与保险人对簿公堂,乃至整个社会对此亦存在认识方面的分歧。为了统一认识,原保监会在《机动车辆保险条款》中明确规定,机动车辆保险合同为不定值保险合同,自此,此方面的认识逐渐统一。机动车辆保险合同为不定值保险合同,定值保险合同与不定值保险合同的最大区别就是在订立合同时前者预先确定保险价值,而后者并不确定保险价值,仅约定保险金额,而将保险标的的价值留待保险事故发生时再估算。由此决定了在保险事故发生后、确定赔偿金额时,定值保险合同只需要确定损失比例,而不定值保险合同,不但要确定损失比例,而且要确定事故发生时保险标的的实际价值,以实际价值作为保险赔偿金额的计算依据。规定汽车保险为不定值保险是损失补偿原则所要求的,也是为保护汽车保险作为一种积极的社会经济制度所要求的。

(四) 近因原则

近因原则

1.近因原则的含义

近因,不是指在时间或空间上与损失结果最为接近的原因,而是指促成损失结果最有效的或起决定作用的原因。

> **重要知识**：近因原则是指损害结果必须与风险事故的发生具有直接的因果关系，若风险事故属于保险责任，保险人承担赔偿或给付责任，若风险事故属于除外责任或未保风险，则保险人不负赔偿责任。

在实际生活中，损害结果可能由单因造成，也可能由多因造成。单因比较简单，多因则比较复杂，主要有以下几种情况：

(1) 多种原因同时并存发生

即损失由多种原因造成，且这些原因几乎同时发生，无法区分时间上的先后顺序。如果损失的发生有同时存在的多种原因，且对损失都起决定性作用，则它们都是近因。而保险人是否承担赔付责任，应区分两种情况。第一，如果这些原因都属于保险风险，则保险人承担赔付责任；相反，如果这些原因都属于除外风险，保险人则不承担赔付责任。第二，如果这些原因中既有保险风险，也有除外风险，保险人是否承担赔付责任，则要看损失结果是否容易分解。对于损失结果可以分别计算的，保险人只负责保险风险所致损失的赔付；对于损失结果难以划分的，保险人一般不予赔付。

(2) 多种原因连续发生

即损失是由若干个连续发生的原因造成，且各原因之间的因果关系没有中断。如果损失的发生是由具有因果关系的连续事故所致，保险人是否承担赔付责任，也要区分两种情况。第一，如果这些原因中没有除外风险，则这些原因即损失的近因，保险人应负赔付责任。第二，如果这些原因中既有保险风险，也有除外风险，则要看损失的前因是保险风险还是除外风险。如果前因是保险风险，后因是除外风险，且后因是前因的必然结果，则保险人应承担赔付责任；相反，如果前因是除外风险，后因是保险风险，且后因是前因的必然结果，则保险人不承担赔付责任。例如：人身意外伤害保险（疾病是除外风险）的被保险人被车撞成重伤，因伤重无法行走，只能倒卧在湿地上等待救护，结果由于着凉而感冒高烧，后又并发了肺炎，最终因肺炎致死。此案中，被保险人的意外伤害与死亡所存在的因果关系并未因肺炎疾病的发生而中断，虽然与死亡最接近的原因是除外风险——肺炎，但它发生在保险风险——意外伤害之后，且是意外伤害的必然结果，所以，被保险人死亡的近因是意外伤害而非肺炎，保险人应承担赔付责任。

(3) 多种原因间断发生

即损失是由间断发生的多种原因造成的。如果风险事故的发生与损失之间的因果关系由于另外独立的新原因介入而中断，则该新原因即损失的近因。如果该新原因属于保险风险，则保险人应承担赔付责任；相反，如果该新原因属于除外风险，则保险人不承担赔付责任。例如，在人身意外伤害保险中，被保险人在交通事故中因严重的脑震荡而诱发癫狂与抑郁交替症。在治疗过程中，医生叮嘱其在服用药物巴斯德林时切忌进食干酪。但是，被保险人却未遵医嘱，服该药时又进食了干酪，终因中风而亡，据查中风确是巴斯德林与干酪所致。在此案中，食用相忌的食品与药物所引发的中风死亡，已打断了车祸与死亡之间的因果关系，食用干酪为中风的近因，故保险人对被保险人中风死亡不承担赔偿责任。

2.近因原则的运用

在汽车保险业务中，近因的确定对于认定是否属于保险责任具有十分重要的意义。坚持近因原则的目的是分清风险事故有关各方的责任,明确保险人承保的风险与保险标的损失结果之间存在的因果关系。虽然确定近因有其原则性的规定,即以最具作用和最有效的致损原因作为近因,但在实践中,由于致损原因的发生与损失结果之间的因果关系错综复杂,判定近因和运用近因原则绝不是轻而易举的事。

四、汽车保险合同的一般性法律规定

(一) 汽车保险合同的订立与生效

1.汽车保险合同的订立

汽车保险合同订立是指保险人与投保人在平等自愿的基础上就汽车保险合同的主要条款经过协商最终达成协议的法律行为。汽车保险合同要经过要约和承诺两个步骤,要约又称为"订约提议",是一方当事人向另一方当事人提出订立合同建议的法律行为,是合同签订的一个重要的程序。汽车保险合同通常以投保人填写的汽车投保单作为向保险公司提出投保意愿的要约的形式,投保人要根据保险公司缮制的投保单,如实履行有限告知的义务。承诺又称为"接受订约提议",是承诺人向要约人表示同意与其缔结合同的意思。在保险实务中,保险公司通过审核投保决定是否接受投保人提出的保险业务,所以对于保险公司来说,承诺也就是保险公司承保的过程。通过投保人要约与保险人承诺之后,汽车保险合同成立。按照我国现行的法律规定,汽车保险的保险期限通常为一年,在保险期满续保时,保险公司向被保险人发出续保通知书,即保险人向被保险人发出要约。如果被保险人愿意继续在同一家保险公司投保,可以看作被保险人对保险人的要约给予承诺,新的保险合同成立。

2.汽车保险合同的生效

一般情况下,保险合同自投保人与保险人就合同的主要条款达成一致协议时成立。汽车保险合同采用书面形式,自双方当事人签字或盖章时合同成立。

《中华人民共和国保险法》第十三条规定:"投保人提出保险要求,经保险人同意承保,保险合同成立。保险人应当及时向投保人签发保险单或者其他保险凭证。依法成立的保险合同,自成立时生效。投保人和保险人可以对合同的效力约定附条件或者附期限。"

● **特别提示**

《中华人民共和国保险法》规定,依法成立的保险合同自成立时生效。这一规定主要涉及保险实务中的"零时起保制"。零时起保制是指保险合同的生效时间在保险合同成立后的次日或未来某日的零时。这种规定往往使保险人在保险合同依法成立后的一段时间内规避了保险责任,既不利于被保险人,也有悖于保险初衷。

《中华人民共和国保险法》明确规定了保险合同生效的一般原则,相对有利于保护被保险人。但《中华人民共和国保险法》在此基础上又规定投保人或保险人可以对合同的效力约定附条件或附期限,似乎增加了投保人也可决定保险合同生效期间的权利,但是实际业务中投保人很难享受约定保险合同生效的权利。由于保险合同为附和合同,均是由保险人提供的格式合同,投保人要么接受,要么拒绝,并无多大回旋余地,加之投保人在专业知识方面的欠缺,导致《中华人民共和国保险法》所给予的投保人可决定保险合同效力的权利,在实践中很有可能无法行使。而鉴于目前整个保险行业环境,保险人反倒更有可能充分利用《中华人民共和国保险法》的该规定,在保险条款中预先设定保险合同生效条件或期限,依法阻碍依法成立保险合同的效力。

(二) 汽车保险合同的变更、解除、终止

1.汽车保险合同的变更

(1)保险合同变更的含义

保险合同的变更是指在保险期限届满之前,当事人根据主客观情况的变化,依照法律规定的程序,对保险合同的某些条款和事项进行修改或补充。《中华人民共和国保险法》第二十条规定:"投保人和保险人可以协商变更合同内容。变更保险合同的,应当由保险人在保单或者其他保险凭证上批注或者附贴批单,或者由投保人和保险人订立变更的书面协议。"

(2)汽车保险合同变更的事项

汽车保险合同一般都是一年期保险合同,在合同的有效期内,由于情况的变化因而会产生变更合同的要求。

汽车保险合同的变更主要涉及以下几方面的内容:

①汽车保险合同主体的变更。保险人如分立或合并时,应该变更保险人;投保人或被保险人将保险标的转让给他人的,应该变更投保人或被保险人。

②保险标的的变更。包括保险标的的用途变化、危险程度的变化、保险价值明显增加或减少等情况。

③保险合同内容的变更。保险合同内容的变更是指当事人双方权利和义务的合同条款的变更。当投保人或被保险人提出增加或减少保险费,改变保险费的支付方式,扩大或缩小保险责任范围和条件,扩大或缩小责任免除范围和条件,延长或缩短保险期限等要求时,会导致保险合同内容的变更。保险合同标的变更时,也往往会引起保险合同内容的变更。

(3)汽车保险合同变更的形式及效力

汽车保险合同变更必须采用书面形式,在保险双方当事人协商一致的前提下,可以由保险人在原保单或者其他保单证上批注,也可附贴批单,还可以就变更问题专门签订书面协议。

● 特别提示

根据国际惯例,手写批注的法律效力优于打字批注;打字批注的法律效力优于加贴的附加条款;加贴的附加条款的法律效力优于基本条款;旁注附加的法律效力优于正文附加。变更了的部分保险合同与原保险合同中未变更的部分重新组成一份完整的保险合同,成为合同当事人享有合同权利和履行合同义务的依据。

2.汽车保险合同的解除

(1)汽车保险合同解除的含义

汽车保险合同解除是指保险合同成立之后,当法定或约定的事由发生时,一方当事人可以行使解除权,使保险合同效力提前消灭的一种法律行为。

(2)汽车保险合同解除的情形

①投保人解除汽车保险合同。《中华人民共和国保险法》第十五条规定:"除本法另有规定或者保险合同另有约定外,保险合同成立后,投保人可以解除合同,保险人不得解除合同。"因此,只要投保人和保险人在签订合同时没有就保险合同的解除做出约定的,机动车辆保险投保人享有随时解除保险合同的权利和自由。在保险实践中,如果投保人没有在投保机动车辆损失保险的同时附加投保机动车辆失窃险,那么在保险合同有效期内保险车辆失窃时投保人就会解除保险合同。此外,当机动车辆在交通事故中被其他车辆严重损伤,肇事车辆所有人根据责任以现金的方式进行赔偿,或者肇事车辆的保险人依据第三者责任险的赔偿责任以现金的方式赔偿,受损伤车辆的价值明显减少,投保人也可能提出解除保险合同。

《中华人民共和国保险法》第五十四条规定:"保险责任开始前,投保人要求解除合同的,应当按照合同约定向保险人支付手续费,保险人应当退还保险费。保险责任开始后,投保人要求解除合同的,保险人应当将已收取的保险费,按照合同约定扣除自保险责任开始之日起至合同解除之日止应收的部分后,退还投保人。"例如,中国人民财产保险公司在其机动车辆保险条款中规定:"保险责任开始前,投保人要求解除保险合同的,应当向保险人支付应缴保险费5%的退保手续费,保险人应当退还保险费。保险责任开始后,投保人要求解除合同的,自通知保险人之日起,保险合同解除。保险人按短期月费率收取自保险责任开始之日起至合同解除之日止期间的保险费,并退还剩余部分保险费。"

②保险人解除汽车保险合同。保险人解除保险合同的权利一般受法律限制。机动车辆保险人可以依据如下法定条件行使合同解除权:投保人违反如实告知义务;保险标的危险程度增加的情况下,被保险人不立即通知保险人,并由于危险程度增加而导致损失;投保人、被保险人违反合同规定,未遵守国家有关消防、安全等方面的规定,对保险标的安全不尽维护安全的责任;被保险人或投保人在未发生保险事故情况下以口头或书面形式谎称发生了保险事故,向保险人提出赔偿;投保人、被保险人故意制造保险事故。

保险人解除保险合同的主要后果:保险人由于投保人故意隐瞒事实,不履行如实告知义务而解除保险合同的,保险人对于保险合同解除前发生的保险事故不承担赔偿保险金的责任,并且不退还保险费;保险人由于投保人过失未履行如实告知义务而解除保险合同的,保险人对于保险合同解除前发生的保险事故不承担赔偿保险金的责任,但是可以退还保险费;投保人或被保险人谎称发生了保险事故,并且向保险人提出赔偿保险金的,保险人有权解除保险合同,并不退还保险费。

● **特别提示**

投保人或被保险人无论是直接故意还是间接故意,只要制造的事故属于保险合同约定的保险责任范围内的事故,保险人都有权解除保险合同,并不承担赔偿保险金的责任。

3. 汽车保险合同的终止

汽车保险合同终止是指保险合同权利和义务关系的绝对消灭。引起保险合同终止的情况主要包括以下几种情况：

(1) 自然终止

自然终止是指保险合同有效期限届满，保险人承担的保险责任即告终止。自然终止是保险合同终止最普遍、最基本的方式。汽车保险合同的期限通常为一年，合同到期后，投保人续保，新的保险合同成立，否则合同终止。

(2) 因解除而终止

保险合同被解除是导致终止的又一个重要原因。当汽车保险合同双方当事人中的任何一方根据法律规定或者双方的约定行使合同的解除权，并以书面形式通知送达对方当事人，合同的效力即行终止；或者双方当事人通过协商，达成解除合同的协议，合同的效力也即行终止。

(3) 因义务履行而终止

义务履行而终止是指保险事故发生后，保险人履行了赔付保险金的全部责任，导致合同终止。这里的全部责任是指发生了保险人应当按约定的保险金额全部赔付的保险事故。保险人承担了保险合同约定的应承担的全部责任，因此因保险人履行了全部义务而导致合同终止。如保险车辆因一次事故全部损毁或推定全损，保险人给付保险赔偿金后，汽车保险合同即行终止。

(三) 汽车保险合同的解释原则和争议处理

1. 汽车保险合同的解释原则

在保险合同履行过程中，往往会出现由于保险双方当事人对合同的理解不同，在主张权利和义务时发生分歧及争议。在这种情况下，采用合适的原则对合同的内容及其用词进行解释就显得尤为重要。保险合同的解释应遵循以下几项原则：

(1) 合法解释原则

解释合同的内容应该首先不违反国家的法律、行政法规。汽车保险合同当事人在对有分歧理解的汽车保险合同条款进行解释时不得违反法律、法规的强制性规定。

(2) 文义解释原则

是指应该按照保险条款的文字含义进行解释的原则。保险条款的文字含义包括：一是文字的普通含义；二是文字的专门含义，即专业术语，对于专业术语有立法解释的，以立法解释为准，没有立法解释的，以司法解释、行政解释为准；无上述解释的，亦按行业习惯或保险业公认的含义解释，同一合同出现的同一词的含义应一致。

(3) 意图解释原则

保险合同是双方当事人意思表示一致的结果，因此，在解释合同时，必须尊重订立合同时双方当事人的真实意图。要根据订立合同时的背景、客观实际情况进行逻辑分析、演绎来确定。

(4) 整体解释原则

解释保险合同时,要求从合同的整体来考虑,不能根据只言片语,断章取义,要根据订立合同的目的,结合合同其他条款的内容来确定具体条款的含义。

(5) 有利于被保险人的解释原则

《中华人民共和国保险法》第三十条规定:"采用保险人提供的格式条款订立的保险合同,保险人与投保人、被保险人或者受益人对合同条款有争议的,应当按照通常理解予以解释。对合同条款有两种以上解释的,人民法院或者仲裁机构应当做出有利于被保险人和受益人的解释。"这是保险合同的附和性所决定的,保险条款是由保险人事先拟就的,投保人在订立合同时,对合同条款只能表示是否接受,在法律地位上相对处于弱势,而保险人则有较大的优势。对此,为了平衡保险双方当事人的地位,在合同进行解释的原则上,法律做了一定的倾斜。

2. 汽车保险合同的争议处理

拓展实训

(1) 汽车保险合同的争议的含义

汽车保险合同争议是指保险合同双方就保险责任的归属问题,赔偿金数额确定等问题,对保险条款的解释产生异议,各执己见而发生纠纷。

(2) 汽车保险合同争议处理方式

对于合同争议的处理方式,通常做法是:"当事人可以通过和解或者调解解决合同争议。当事人不愿意和解、调解或者和解、调解不成的,可以根据仲裁协议同仲裁机关申请仲裁。涉外合同的当事人可以根据仲裁协议向中国仲裁机构或者其他仲裁机构申请仲裁。当事人没有订立仲裁协议或者仲裁协议无效的,可以向人民法院起诉。当事人应当履行发生法律效力的判决、仲裁裁决、调解书;拒不履行的,对方可以请求人民法院执行。"所以,当保险合同产生争议纠纷的时候,可以采取和解、调解、仲裁以及诉讼的方式解决。汽车保险合同也不例外,也是通过和解、调解、仲裁以及诉讼的方式解决汽车保险合同双方当事人纠纷的。

专项训练

××变压器公司向第三人中国银行开发区支行贷款,于2021年4月14日购买奥迪轿车一辆,并将该车抵押给中行开发区支行,在被告财保公司处购买了交强险、机动车损失险和第三者责任险,约定机动车损失险责任限额54.2万元,第三者责任险责任限额50万元,同时约定保险第一受益人为中行开发区支行。2021年9月14日原告××变压器的员工徐某驾驶该车在海安镇谭港村与袁某所驾货车相撞发生交通事故,双方车辆受损,县公安局交通巡逻警察大队认定徐某负事故的次要责任,袁某主责,经南通某汽车销售服务有限公司修理,原告支付奥迪车辆修理费用18万元。××变压器公司向财保公司主张理赔其损失。

研讨:就本案而言,到底谁有权向财保公司索要保险金?

2.2 汽车保险承保业务

> **通过本单元学习,可以完成下列事项:**
> 1. 能够协助投保人填写汽车保险投保单;
> 2. 能够对投保业务进行核保;
> 3. 能够独立完成承保业务。

一、承保工作的内容及流程

汽车保险是通过业务承保、收取保费、建立保险基金进行的。保险公司雄厚的保险基金的建立、给付能力的加强,有赖于高质量的业务承保。因此,业务承保是汽车保险经营中的首要问题。业务承保其实是一个广义的概念,它包括业务争取(营销)、业务选择(核保)、做出承保决策及缮制保单、收取保险费的全过程。

温馨提示:承保工作人员要主动、热情、文明地接待每一位客户,做到来有迎声,问有回声,去有送声。

汽车承保是指投保人提出投保请求,保险人经审核认为符合承保条件,即同意接受投保人申请,承担保险合同规定的保险责任的行为。

(一) 承保的内容及基本要求

1. 争取业务,指导投保人填写投保单

争取汽车保险业务,不断扩大承保面,是每一个汽车商业保险人经营的客观要求,也是发挥保险企业的作用,为社会提供安全保障的必要条件。根据大数法则要求,承保面越大危险就越分散,经济也就越趋于稳定,因此汽车保险人要重视业务的争取,并指导投保人填写投保单。

2. 选择业务,对业务进行核保

汽车保险人通过各种努力,不断提高业务"量"的同时,也要重视业务"质"的选择。提高承保质量,保持经营稳定,追求经济效益,是商业保险公司经营的要则。只承保那些"只收取保费,不必履行给付义务"的保险是不现实的想法,也不是保险人经营的宗旨。选择保险业务,对保险业务进行核保是为了使保险人在承担危险责任的时候能够更主动、更有利。所以核保对汽车保险业务来说是至关重要的环节。

3. 接受业务，做出承保决策

保险承保人对通过一定途径收集的核保信息加以整理，并对这些信息经过承保选择和承保控制之后，做出以下承保决策：

(1)正常承保。对于属于标准风险类别的保险标的，保险公司按标准费率予以承保。

(2)优惠承保。对于属于优质风险类别的保险标的，保险公司按低于标准费率的优惠费率予以承保。

(3)有条件承保。对于低于正常承保标准但又不构成拒保条件的保险标的，保险公司通过增加限制性条件或加收附加保费的方式予以承保。

(4)拒保。如果投保人的投保条件明显低于保险人的承保标准，保险人就会拒绝承保。对于拒绝承保的保险标的，要及时向投保人发出拒保通知。

4. 收取保费，出具保单

交付保险费是投保人的基本义务，向投保人及时足额收取保险费是保险承保中的一个重要环节。为了防止保险事故发生后产生纠纷，在签订的保险合同中要对保险费交纳的相关事宜予以明确，包括保险费交纳的金额、交付时间以及未按时交费的责任。

承保人做出承保决策后，对于同意承保的投保申请，由签单人员缮制保单或保险凭证，并及时送达投保人手中。

(二) 承保工作的具体流程

(1)保险人向投保人介绍条款、履行明确说明义务。

(2)协助投保人计算保险费、制订保险方案。

(3)提醒投保人履行如实告知义务。

(4)投保人填写投保单。

(5)业务人员验车、验证，确保保险标的真实性。

(6)将投保信息录入业务系统(系统产生投保单号)，复核后利用网络提交核保人员核保。

(7)核保人员根据公司核保规定，并通过网络将核保意见反馈给承保公司，核保通过后，业务人员收取保费、出具保单，需要送单的由送单人员递送保单及相关单证。

(8)承保完成后，进行数据处理，客服人员进行客户回访。

承保对于投保人而言，主要包括确定保险公司后，按保险公司的要求提供有关证件，仔细阅读保险条款，选择保险险种，制订保险方案，认真填写投保单等过程。

二、填写汽车保险投保单

在承保业务中，业务人员(含代理人员)应协助投保人正确填写汽车保险投保单。为简化手续，很多保险公司都使用交强险与商业保险共用一张投保单的方式来承保。

微课

订立汽车保险合同

（一）工作流程

（1）为了确保投保单的内容真实、可靠，在填写投保单前，业务人员应查验投保人提供的资料。

（2）投保单填写方式

①投保人口述，由公司业务人员或代理人员录入业务处理系统，最后由投保人确认信息；

②投保人利用保险公司电子商务投保系统、触摸屏等工具自助录入，由投保人确认信息；

> **温馨提示**：工作人员要协助复印等业务。

③如果是手工填写投保单的话，要求投保人手工填写后签字和签章；投保人提供的资料复印件附贴于投保单背面，投保单所列项目，如果复印件上已载明无须再填写。

（3）投保单的填写必须字迹清楚，如有更改，投保人应在更正处签字或签章。

（4）投保人为自然人，并且不是亲自办理投保手续时，或投保人为法人或其他组织时，应由投保人出具"办理投保委托书"，载明"授权委托××以本投保人名义办理××车辆的所有投保事宜"。投保人为法人或其他组织时，在委托书上加盖单位公章；投保人为自然人时，由投保人签名并提供身份证明原件。办理投保的经办人应同时提供本人身份证明原件。"办理投保委托书"、投保人身份证明复印件（为自然人时）及办理投保的经办人的身份证明复印件均要附贴在投保单背面。投保人为法人或其他组织时，如能在投保单上加盖单位公章，则不需要委托书。

（二）投保单使用要求

（1）分散业务：投保单一般为一车一单。

（2）多车业务：投保单可以使用附表形式，投保人情况、被保险人情况、投保机动车种类、投保机动车使用性质及投保主险条款名称等共性的内容在投保单主页上填写，个性的内容填写《机动车辆保险投保单附表》，但填写规范与一车一单相同。如果上述共性的内容有一项有差别，均要另外启用一份投保单填写共性的内容及其附表。例如，某企业投保20辆客车，投保人情况、被保险人情况、投保机动车种类、机动车使用性质均相同，但其中15辆车选择交强险、非营业用汽车损失保险和第三者责任险投保，另外5辆车只选择交强险、第三者责任险投保，此时投保主险条款名称不同，要启用两份投保单，分别填写投保单主页和附表。

（三）投保单填写说明

1.投保人情况

投保人是指与保险人订立保险合同，并按照保险合同负有支付保险费义务的人。投保人可以与被保险人不同，但投保人对被保险机动车必须具有保险利益。

（1）投保人名称/姓名：投保人为法人或其他组织时，填写其全称（与公章名称一致）；投保人为自然人时，填写个人姓名（与投保人有效身份证明一致）。投保人名称一律填写全称，必须完整、准确，例如"长春职业技术学院"不得写作"长职院""长春高职"等。

(2)投保机动车数:填写该投保人本次投保的所有机动车的辆数,用阿拉伯数字填写。

(3)联系人姓名:填写投保人或投保经办人的姓名。

(4)固定电话:填写投保人或投保经办人的固定电话号码;投保人为法人或其他组织时,应填写其常用联系电话,严禁用代理人的电话代替。

(5)移动电话:填写投保人或投保经办人的手机号码。

(6)投保人住所:投保人为法人或其他组织时,填写其主要办事机构所在地;投保人为自然人时,填写投保人常住地址,精确到门牌号码。

(7)邮政编码:填写投保人住所的邮政编码。

2.被保险人情况

被保险人是指其财产或者人身受保险合同保障,享有保险金请求权的人,被保险人可以为投保人。

(1)"法人或其他组织"和"自然人"选项:只可选择一项,被保险人是单位时选择"法人或其他组织",被保险人是个人时选择"自然人"。

● **特别提示**

法人是指具有民事权利能力和民事行为能力,并依法独立享有民事权利和承担民事义务的组织,包括企业法人、机关法人和社会团体法人。

非法人组织是指不具有法人资格,但是能够依法以自己的名义从事活动的组织,主要包括个人独资企业、合伙企业、不具有法人资格的专业服务机构等。

(2)"统一社会信用代码"和"身份证号码":被保险人为法人或其他组织时填写被保险人的统一社会信用代码。法人或非法人组织的统一社会信用代码相当于法人或非法人组织拥有了一个全国统一的身份证。

● **特别提示**

《法人和其他组织统一社会信用代码编码规则》(GB 32100—2015)于2015年10月1日起正式实施。统一社会信用代码由18位阿拉伯数字或大写英文字母(不使用I、O、Z、S、V)组成,第1位为登记管理部门代码,第2位为机构类别代码,第3～8位为登记管理机关行政区划码,第9～17位为主体标识码(组织机构代码),第18位为校验码,如图2-8所示。

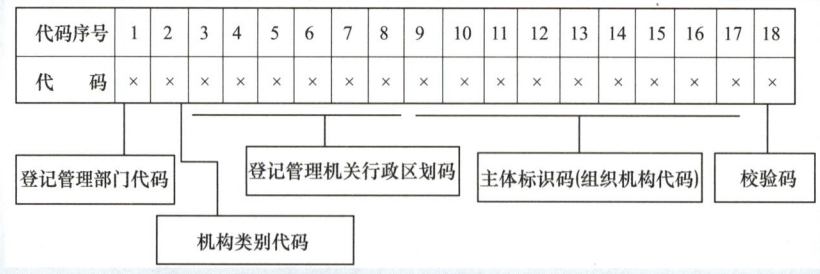

图2-8 组织机构代码

被保险人为自然人时,填写被保险人的居民身份证号码。被保险人无居民身份证时,若为外籍人员,应在投保单特别约定栏内注明被保险人的有效身份证明名称、证件号码及被保险人的性别、年龄。

(3)被保险人的单位性质:被保险人为法人或其他组织时,投保人要选择填写被保险人的单位性质,只可选择其中一项。具体分类如下:

①党政机关、团体:包括国家机关、党政机关、社会团体、基层群众自治组织,此外公安、司法系统选择本项。

②事业单位:包括卫生事业、体育事业、社会事业、教育事业、文化艺术业、广播电影电视业、科学研究业、综合技术服务业等单位。

③个体、私营企业:由自然人投资设立或由自然人控股,以雇佣劳动为基础的营利性经济组织,包括按照《公司法》《合伙企业法》规定登记注册的私营有限责任公司、私营股份有限公司、私营合伙企业和私营独资企业。

④其他企业:除个体、私营企业以外的企业,包括内资企业、港澳台商投资企业和外商投资企业三大类企业。

⑤军队(武警):中国人民解放军或中国人民武装警察部队。

⑥使领馆。

⑦其他:其他无法归入上面6类的单位,如外国常驻新闻机构、境外会计师事务所常驻代表机构、外国政府旅游部门在中国设立的常驻代表机构、外国企业在中国设立的旅游常驻代表机构等。

(4)联系人姓名:为便于保险人与被保险人及时取得联系,被保险人为法人或其他组织时,填写被保险人指定的联系人姓名;被保险人为自然人时,填写被保险人姓名。

(5)固定电话:填写被保险人常用的固定电话号码,严禁用代理人的电话代替。

(6)移动电话:被保险人为法人或其他组织时,填写被保险人指定联系人的手机号码;被保险人为自然人时,填写被保险人的手机号码。

(7)被保险人住所:被保险人为法人或其他组织时,填写其主要办事机构所在地;被保险人为自然人时,填写被保险人常住地址,精确至门牌号码。

(8)邮政编码:填写被保险人住所的邮政编码。

3.投保机动车情况

(1)被保险人与投保机动车的关系:被保险人与投保机动车的《机动车行驶证》上载明的车主相同时,选择"所有";被保险人与车主不相同时,根据实际情况选择"使用"或"管理"。如,租赁车辆的承租人投保所租赁车辆,被保险人也为承租人时,其投保机动车车主为租赁公司,此时被保险人与机动车的关系应选择"使用";集团公司为其下属公司的机动车统一投保并交付保费时,投保机动车的车主为其下属公司,此种情况下被保险人与机动车的关系则应选择"管理"。

(2)车主:被保险人与机动车的关系为"所有"时,本项可省略不填写;被保险人不是车主时,需填写投保机动车的《机动车行驶证》上载明的车主名称或姓名。

(3)号牌号码:填写车辆管理机关核发的号牌号码,按照投保机动车的"机动车行驶证"录入。除字母和数字外,一律不添加点、横杠、空格等符号。未上牌照的机动车填写发动机号后六位字母或数字。

(4)号牌底色:根据投保机动车号牌的底色,在五种颜色中选择一种,不可多选。"二〇〇二"式号牌为白色间蓝的底色,故应选"白蓝"。

(5)厂牌型号:投保机动车的厂牌名称和车辆型号,应与其"机动车行驶证"一致,"机动车行驶证"上的厂牌型号不详细的,应在厂牌型号后注明具体型号。进口车按商品检验单、国产车按合格证填写,应尽量写出具体配置说明,特别是同一型号多种配置时。如丰田海狮 RZH105L-BMNRS,广州本田雅阁 HG7230,一汽解放 CA1032PL。

(6) 发动机号:这是机动车的身份证明之一,是生产厂在汽车发动机缸体上打印的号码。此栏可根据投保机动车的《机动车行驶证》填写。

(7) VIN 码:即车辆识别代号,是表明车辆身份的代码。它由 17 位字符(包括英文字母和数字)组成,俗称十七位码。有 VIN 码的车辆必须填写 VIN 码。9 座或 9 座以下的车辆和最大总质量小于或等于 3 500 千克的载货汽车的 VIN 码一般应位于仪表板上;也可能固定在车辆门铰链柱、门锁柱或与门锁柱接合的门边之一的柱子上,接近于驾驶人座位的地方;大型客车、货车则可能在整车底盘等地方。

(8) 车架号:生产厂在车架上打印的号码,也是机动车的身份证明之一。此栏可根据投保机动车的"机动车行驶证"填写。无 VIN 码的机动车必须填写车架号。

(9) 核定载客:按投保机动车的"机动车行驶证"上载明的核定载客人数填写。

(10) 核定载质量:按投保机动车的"机动车行驶证"上载明的核定载质量填写,单位为千克(kg)。

(11) 排量/功率:排量是指发动机各个气缸活塞从上止点移至下止点之间的工作容积总和。排量的单位为升(L)或毫升(mL),在投保单上统一换算为升(L)填写。排量为 125 mL 的应填写 0.125 L。拖拉机填写功率,功率的单位一般为千瓦(kW),投保单上统一换算为千瓦(kW)填写。

(12) 初次登记日期:填写投保机动车在车辆管理部门进行初次登记的日期,可参照"机动车行驶证"上的"登记日期"填写。如果行驶证上的"登记日期"与初次登记日期不相符时,此栏要追溯到真正的初次登记日期填写,如果确实无法提供初次登记日期,要如实填写"已使用年限"。

(13) 已使用年限:车辆自上路行驶到保险期间起期时已使用的年数。不足一年的不计算。本实务规程及费率表中所称"车龄"即"已使用年限"。例:某车初次登记日期为 2018 年 5 月,如果保险期间起期为 2020 年 4 月 20 日,按 1 年计算;如果保险期间起期为 2020 年 5 月 5 日,按 2 年计算。

(14) 年平均行驶里程=投保机动车自出厂到投保单填写日的实际已行驶的总里程/已使用年份。

(15) 车身颜色:按照投保机动车车身颜色的主色系在"黑、白、红、灰、蓝、黄、绿、紫、粉、棕"这 10 种颜色中归类选择一种颜色;多颜色车辆,应选择面积最大的一种颜色;有《机动车登记证书》的车辆,按照登记证书中的"车身颜色"栏目填写。如实在无法归入上述色系中,才可选择"其他颜色"。

(16) 机动车种类:共 8 种,只可选择其中一种。

① 客车:包括各类客车。

② 货车:包括各种载货汽车、自卸车、邮电车等。

③ 客货两用车:指既具有载客性能又有载货性能的汽车,如皮卡车。

④ 挂车:是指就其设计和技术特征需汽车牵引才能正常使用的一种无动力的道路机动车。

⑤ 摩托车:是指以燃料或电瓶为动力的两轮、三轮摩托车,电动车和残疾人专用车。

费率表中的摩托车分成 4 类:50 mL 及以下,50~250 mL(含),250 mL 以上及侧三轮。因考虑侧三轮和排气量无关,在投保单设计时,把其单列出来。

⑥拖拉机:按其使用性质分为农用型拖拉机和运输型拖拉机。

农用型拖拉机是指以田间作业为主,通过铰接连接牵引挂车可进行运输作业的拖拉机,包括各种收割机。农用型拖拉机分为 14.7 kW 及以下、14.7 kW 以上两种。

运输型拖拉机是指货箱与底盘一体,不通过牵引挂车可运输作业的拖拉机。运输型拖拉机分为 14.7 kW 及以下、14.7 kW 以上两种。

拖拉机费率表中运输型拖拉机由农机部门核发号牌。

⑦低速载货汽车:原农用运输车已更名为低速载货汽车。由公安交管部门核发号牌的运输型拖拉机为低速载货汽车,变形拖拉机也归入低速载货汽车。

⑧特种车:又称专用车,是一种不同于上述汽车类型并具有特种结构的车辆。主要用于各类装载油料、气体、液体等专用罐车;或适用于装有冷冻或加温设备的厢式车辆;或用于牵引(非集装箱拖头或货车牵引)、清障、清扫、起重、装卸、升降、搅拌、挖掘、推土、压路等的各种轮式专用车辆;或车内装有固定专用仪器设备,从事专业工作的监测、消防、清洁、医疗、电视转播、雷达、X 光检查等车辆;或专门用于牵引集装箱箱体(货柜)的集装箱拖头等。

● **特别提示**

选择特种车时,需注明车辆的具体用途。特种车按其用途分成 4 类,不同类型车辆采用不同收费标准:

特种车一:油罐车、汽罐车、液罐车。

特种车二:专用净水车、特种车一以外的罐式货车,以及用于清障、清扫、清洁、起重、装卸、升降、搅拌、挖掘、推土、冷藏、保温等的各种专用机动车。

特种车三:装有固定专用仪器设备,从事专业工作的监测、消防、运钞、医疗、电视转播等的各种专用车辆。

特种车四:集装箱拖头。

业务系统根据车辆种类关联确定适用条款,每类车可适用的条款见表 2-2。

表 2-2　　　　　　　　　　车辆种类适用条款对照表

车辆种类		适用条款
客车		营业、非营业、家庭自用
货车		营业、非营业
客货两用车		营业、非营业
挂车		营业、非营业
摩托车		摩托车
拖拉机	农用型拖拉机	拖拉机
	运输型拖拉机（由农机部门核发号牌）	拖拉机
	运输型拖拉机（由公安交管部门核发号牌）	拖拉机、营业、非营业
	低速载货汽车	拖拉机、营业、非营业
特种车	非集装箱拖头或货车牵引	特种车、营业、非营业
	其他特种车	特种车

(17)机动车使用性质:根据机动车的具体使用情况选择其中一项,兼有两种使用性质的

车辆,按照费率高的性质选择。

①家庭自用:指家庭或个人所有且不以获取运输利润为目的使用的机动车。

②非营业自用(不含家庭自用):指法人或其他组织不以获取运输利润为目的使用的机动车。

③出租、租赁:出租客运指以行驶里程和时间计费,将乘客运载至指定地点的、以获取利润为目的的机动车。租赁车辆指专门租赁给其他单位或个人使用,以租用时间或租用里程计费、以获取利润为目的的机动车。

④城市公交:指城市内专门从事公共交通客运的、以获取利润为目的的机动车。

⑤公路客运:指专门从事公路旅客运输的、以获取利润为目的的机动车。

⑥旅游客运:指专门运载游客的、以获取利润为目的的机动车。

⑦营业性货运:指专门从事货物运输的、以获取利润为目的的机动车。

(18)上年是否在本公司投保商业机动车保险:指投保机动车上年是否在我公司系统内投保,选择"是"时,如果在业务系统无法查询到上年承保记录,需要投保人提供上年保单或保险证的复印件。

(19)行驶区域:如果只在省内行驶或"有固定行驶路线"的,投保人可选择填写,如选择有固定行驶路线的,需注明具体行驶路线,不可以同时选择既在省内行驶又有固定行驶路线。

(20)上年赔款次数:本项目需要分别填写投保机动车上年发生的交强险赔款次数及商业机动车保险赔款次数。续保车辆不需填写。

(21)是否为未还清贷款的车辆:向投保人了解投保机动车是否属于按揭购车,投保当时是否属于未还清贷款。选择"是",要增加相应的特别约定内容。

(22)车损险及车身划痕险选择汽车专修厂:仅选择修理厂类型,而不是指定某一专修厂的名称。这样可以避免部分专修厂代理人限定客户只在本厂专修;车辆在异地出险时,也方便客户在出险地选择专修厂修理。

此外,如果客户选择了汽车专修厂,只有车损险和划痕险项下被保险机动车本身损失可以在专修厂进行修理,附加玻璃单独破碎险、盗抢险、自燃损失险、火灾损失险、爆炸险、新增设备险等发生保险事故导致被保险机动车的损失及第三者车辆损失不能在专修厂修理。

(23)上一年度交通违法行为:指投保机动车或投保人或约定的驾驶人上一年度发生的交通违法行为。对于数据信息能提供支持的地区,由业务员在录入投保单时通过与公安交管部门的信息共享平台获取数据,并告知投保人;对于数据信息不能提供支持的地区,提醒投保人如实告知。

4.投保主险条款名称

由投保人根据投保险种填写所适用的主险条款名称。如《机动车第三者责任险》《汽车损失保险条款》等。但摩托车、拖拉机、特种车投保第三者责任险,应当适用自己的综合条款中的第三者责任险条款,不能适用机动车第三者责任险条款,即按车辆种类相应地填写摩托车、拖拉机条款或特种车条款。

5.指定驾驶人

只适用于家用车,每车可以约定两名以内的驾驶人。需分别填写指定驾驶人的姓名、

"机动车驾驶证"的证号(与居民身份证相同编号的号码,而不是"机动车驾驶证"档案编号)和初次领证日期。如指定驾驶人的"机动车驾驶证"的证号与居民身份证号码不同,则应该在特别约定栏中注明该驾驶人的性别,但目前一些保险公司已取消了指定驾驶人这一特别约定。

6. 保险期间

填写保险责任的有效期限。保险责任的起期必须在投保人提出投保申请的次日零时之后。交强险、商业保险的保险期间原则上为1年,但有下列情形之一的,投保人可以投保短期保险:

(1)临时入境的境外机动车;

(2)距报废期限不足一年的机动车;

(3)临时上道路行驶的机动车(例如领取临时牌照的机动车、临时提车、到异地办理注册登记的新购机动车等);

(4)大单位为统一机动车的保险期间;

(5)经公安车辆管理部门检验合格延期使用的机动车。

交强险原则上只有上述1~3项,可以投保短期保险,而且不予承保多年期保险。如果受当地公安车辆管理部门干预必须承保的,由当地保险行业协会确定承保规定。

例:某投保人2021年3月1日提出投保申请,保险期间为一年,要求起期为次日,保险期间填写为2021年3月2日零时至2022年3月1日24时止。

作为工作人员,知道客户的个人信息后,一定要为客户保密,一律不得向外人透露客户信息。

7. 投保险种

根据各条款与险种的对应关系,投保人选择确定。

(四) 投保单填写规范要求

(1)投保单必须保持整洁,不允许折叠和不规范涂改,撕断投保单视为作废,需重新填写。

(2)填写资料应完整,填写时必须使用黑色钢笔或签字笔以简体字填写,若有难以辨认或繁体字书写的,须用简体字注明,如遇到生僻字,请用铅笔以拼音注明。

(3)投保人、被保险人须亲笔签字,不得代签;若投保人或被保险人为文盲,须在相应签名处亲自按右手大拇指手印。

(4)每份投保单最多可更改三处,且须在更改内容处画两道"左下右上"的斜线,并将正确内容填写在更改内容上方,不得使用涂改液或采用刮划的方式。投保人须在更改处亲笔签名,若涉及被保险人还同时须被保险人签名确认。投保单的重要栏目有投保人、被保险人的姓名及签名,受益人的姓名,投保事项、告知书,投保申请日期不能涂改。

● **特别提示**

当前采用电子版投保单的投保业务不受此要求限制。

三、保险费计算

机动车保险的保险费依据被保险人单位性质、选择条款类别、被保险机动车的使用性质、车辆种类、新车购置价、车龄、主险和附加险的保险金额(责任限额)等因素确定。

以下所称"标准保费""应交保费""实交保费"的具体含义如下：

标准保费是指根据机动车保险费率表(不含《短期月费率表》)直接查出或计算得到的保费。

应交保费是指在标准保费的基础上，使用了车型系数和单车风险修正系数或车队费率浮动系数后的保费。

实交保费是指进行了续保保费调整(续保折扣)后的保费，是投保人实际需要向保险人支付的保险费，也就是签单保费。交强险的实交保费在交强险行业实务要点中称为最终保费。

● 特别提示

座位是指核定载客人数。吨位是指核定载质量。各家保险公司的保险费计算方法大致相同，只是有细微的差别，本书保费的计算是以中国人民财产保险股份有限公司为例。

(一) 交强险保费计算

1. 标准保费

根据车辆的使用性质和车辆的种类，将交强险基础费率表分为 8 类，相当于把前面介绍的第 2、3 类合并为非营业用客车类，把第 4、5、6 类合并为营业用客车类。

交强险根据被保险人单位性质和客车座位数、货车吨位数、特种车用途、摩托车排气量、拖拉机功率将费率表进一步细分为 42 小类。在小类的划分上，家用车座位数分类同通用客户群分类方法不同，交强险的家用车座位数分为 6 座以下和 6 座以上两类，也就是说，交强险家用车包括了 10 座以上的客车，而通用客户群分类中，把 10 座以上家用车归为企业非营业用客车类。

挂车保费根据实际使用性质并按照对应吨位货车保费的 30% 收取。

低速载货汽车参照运输型拖拉机 14.7 kW 以上的费率执行。

(1) 一年期标准保费的计算：投保一年期交强险的，按被保险机动车的使用性质、被保险人单位性质、被保险机动车的种类和客车座位数、货车吨位数、特种车用途、摩托车排气量、拖拉机功率，根据"交强险基础费率表"中相对应的金额确定标准保费。

(2) 短期标准保费的计算：投保保险期间不足一年交强险的，按短期费率系数计收保险费，不足一个月按月计算。具体为：先确定一年期标准保费，再根据投保期限选择相对应的短期月费率系数，两者相乘即短期标准保费，见表 2-3。

表 2-3　　　　　　　　　短期月费率系数表

保险期间/月	1	2	3	4	5	6	7	8	9	10	11	12
短期月费率系数/%	10	20	30	40	50	60	70	80	85	90	95	100

$$短期标准保费 = 年标准保费 \times 短期月费率系数$$

2. 实交保费(最终保险费)

(1)在实行交强险费率浮动办法前,标准保费就是实交保费(最终保险费)。

例如,全国 6 座以下家用车交强险的实交保费(最终保险费)是相同的,都是 950 元。

(2)在实行机动车交通事故责任强制保险费率浮动办法后,根据《机动车交通事故责任强制保险费率浮动办法》计算出"与道路交通违法行为和道路交通事故相联系的浮动比率"。

$$实交保费(最终保险费) = 标准保费 \times (1 + 与道路交通违法行为和道路交通事故相联系的浮动比率)$$

3. 保费计算有关规定

(1)除原保监会审批的交强险费率规定的优惠外,保险人不得给予投保人任何返还、折扣和额外优惠。

(2)只有境外机动车临时入境的、机动车临时上道行驶的、机动车距规定的报废期限不足一年的以及保监会规定的其他情形可投保短期机动车交通事故责任强制保险。

(3)对于符合短期保险的,按照短期月费率系数表计算保费。《机动车交通事故责任强制保险费率浮动办法》同样适用于保险期间不足一年的机动车。

(4)交强险不论团体业务还是分散业务,保险费必须一次全部收取,不得分期收费,也不得因此产生应收保费(代理业务因结算周期产生的应收保费除外)。

政府采购、集团招标和行业统保业务,如涉及分期付费,首期保险费金额必须高于交强险保险费金额。

(5)交强险费率与被保险机动车交通违法行为、事故记录相联系的浮动机制开始执行后,保险公司应当在完成保险费计算后、出具保单以前,向投保人出具《机动车交通事故责任强制保险费率浮动告知书》,经投保人签章确认后,再出具保单、保险标志。

交通事故包括经公安交通管理部门认定的交通事故,以及虽未经公安交通管理部门认定,但保险人已经在交强险项下承担赔偿责任的事故。

自 2016 年我国车险费率改革后,在确定车险费率时考虑车辆风险因子的同时,也要结合驾驶人和被保险人的风险因子,更加注重车辆的出险情况对费率的影响,出险的次数直接影响着下一年的费率标准。

保险人须按照中国银保监会审批的《交强险费率方案》和《交强险费率浮动暂行办法》(也称为交强险费率调整表)中的费率调整表,见表 2-4-A~表 2-4-E,计算并收取保险费。

表 2-4-A　　　　　交强险费率浮动因素及比率调整方案 A 表

	浮动因素	浮动比率
与道路交通事故相联系的浮动方案 A	A1,上一个年度未发生有责任道路交通事故	-30%
	A2,上两个年度未发生有责任道路交通事故	-40%
	A3,上三个及以上年度未发生有责任道路交通事故	-50%
	A4,上一个年度发生一次有责任不涉及死亡的道路交通事故	0%
	A5,上一个年度发生两次及两次以上有责任道路交通事故	10%
	A6,上一个年度发生有责任道路交通死亡事故	30%

表 2-4-B   交强险费率浮动因素及比率调整方案 B 表

	浮动因素	浮动比率
与道路交通事故相联系的浮动方案 B	B1,上一个年度未发生有责任道路交通事故	−25%
	B2,上两个年度未发生有责任道路交通事故	−35%
	B3,上三个及以上年度未发生有责任道路交通事故	−45%
	B4,上一个年度发生一次有责任不涉及死亡的道路交通事故	0%
	B5,上一个年度发生两次及两次以上有责任道路交通事故	10%
	B6,上一个年度发生有责任道路交通死亡事故	30%

表 2-4-C   交强险费率浮动因素及比率调整方案 C 表

	浮动因素	浮动比率
与道路交通事故相联系的浮动方案 C	C1,上一个年度未发生有责任道路交通事故	−20%
	C2,上两个年度未发生有责任道路交通事故	−30%
	C3,上三个及以上年度未发生有责任道路交通事故	−40%
	C4,上一个年度发生一次有责任不涉及死亡的道路交通事故	0%
	C5,上一个年度发生两次及两次以上有责任道路交通事故	10%
	C6,上一个年度发生有责任道路交通死亡事故	30%

表 2-4-D   交强险费率浮动因素及比率调整方案 D 表

	浮动因素	浮动比率
与道路交通事故相联系的浮动方案 D	D1,上一个年度未发生有责任道路交通事故	−15%
	D2,上两个年度未发生有责任道路交通事故	−25%
	D3,上三个及以上年度未发生有责任道路交通事故	−35%
	D4,上一个年度发生一次有责任不涉及死亡的道路交通事故	0%
	D5,上一个年度发生两次及两次以上有责任道路交通事故	10%
	D6,上一个年度发生有责任道路交通死亡事故	30%

表 2-4-E   交强险费率浮动因素及比率调整方案 E 表

	浮动因素	浮动比率
与道路交通事故相联系的浮动方案 E	E1,上一个年度未发生有责任道路交通事故	−10%
	E2,上两个年度未发生有责任道路交通事故	−20%
	E3,上三个及以上年度未发生有责任道路交通事故	−30%
	E4,上一个年度发生一次有责任不涉及死亡的道路交通事故	0%
	E5,上一个年度发生两次及两次以上有责任道路交通事故	10%
	E6,上一个年度发生有责任道路交通死亡事故	30%

● **特别说明**

不同地区费率调整的比率是不同的。(1)内蒙古、海南、青海、西藏4个地区实行费率调整方案A;(2)陕西、云南、广西3个地区实行费率调整方案B;(3)甘肃、吉林、山西、黑龙江、新疆5个地区实行费率调整方案C;(4)北京、天津、河北、宁夏4个地区实行费率调整方案D;(5)江苏、浙江、安徽、上海、湖南、湖北、江西、辽宁、河南、福建、重庆、山东、广东、深圳、厦门、四川、贵州、大连、青岛、宁波20个地区实行费率调整方案E。

(二) 商业机动车车损险保费计算

商业机动车车损险的保险费可以通过计算费率表得出基准纯风险保费,在基准纯风险保费的基础上进行调整。

保费＝机动车及特种车的车损险纯风险保费/(1－附加费用率)×NCD因子× 自主核保系数×渠道系数×交通违法系数

考虑到车辆的实际价值差异性:

机动车及特种车的车损险纯风险保费＝ 直接查找的机动车损失保险基准纯风险保费 ＋ (协商确定的机动车实际价值 － 新车购置价减去折旧金额后的机动车实际价值)×全损概率(全损概率现规定为0.09%)

摩托车及拖拉机的车损险纯风险保费按公司系统中的费率表计算:

摩托车及拖拉机的车损险纯风险保费＝基础纯风险保费＋保险金额×纯风险费率

● **特别说明**

◆ 基准纯风险保费:行业一致,由中国保险行业协会统一制定、颁布并定期更新。基准纯风险保费根据区域、车型、车龄、使用性质进行查询,直接由车险信息平台返回,保险公司获取后据实使用,不允许修改以调整保费,表2-5为山东地区机动车商业车损险基准纯风险保费表。

◆ 附加费用率:由各保险公司自行申报,经保监会审批同意后方可使用,各家目前均按35%上报。

◆ NCD因子:行业一致。中保协定期制定并颁布,通过平台统一查询使用。

◆ 无赔款优待系数中保协定期制定并颁布,通过平台统一查询使用,见表2-6。

◆ 自主核保系数和渠道系数:0.65～1.35(以后在适当的时候会完全放开自主定价系数的范围)。

◆ 交通违法系数:平台与交通管理平台对接。已对接:可以使用该系数进行费率浮动,台带出,据实使用,保险公司不得调整;未对接:平台带出1.0,保险公司不得调整,表2-7为上海商业车险交通违法系数浮动方案。

◆ 新车购置价减去折旧金额后的机动车实际价值＝新车购置价×(1－折旧系数×折旧月份数)

◆ 协商实际价值(车损险保额)由客户与保险公司共同协商确定,车辆发生全损时按照车辆的协商实际价值全额赔付。在与客户协商实际价值时,应尽量与参考新车购置价一致,原则上不能超过±30%。

如果客户协商实际价值与参考新车购置价一致时,机动车及特种车的车损险纯风险保费＝查找表格得出的机动车及特种车基准纯风险保费。

例:一辆车龄为 3 年的北京现代 BH7141MY 舒适型(连续 2 年不出险)投保的车辆,平台返还纯风险保费 992 元,假设协商保额＝实际价值,附加费用率为 35％,新 NCD 因子(系数)为 0.7,2 个自主系数地板价为 0.85。

由于协商价格等于实际价值,所以,机动车及特种车的车损险纯风险保费＝查找表格得出的机动车及特种车基准纯风险保费

保费＝机动车及特种车的车损险纯风险保费/(1－附加费用率)×NCD 因子× 自主核保系数×渠道系数×交通违法系数＝992/(1－35％)×0.7×0.85×0.85＝1 526×0.7×0.85×0.85＝772(元)

如果客户协商实际价值与参考新车购置价不一致时,机动车及特种车的车损险纯风险保费＝查找表格得出的机动车及特种车基准纯风险保费。机动车及特种车的车损险纯风险保费＝ 直接查找表格得出的机动车损失保险基准纯风险保费＋(协商确定的机动车实际价值 － 新车购置价－折旧金额后的机动车实际价值)×全损概率(全损概率现规定为 0.09％)

例:一辆车龄为 3 年的"北京现代 BH7141MY 舒适型"投保车辆损失保险,连续 2 年不出险,根据基准纯风险保费表查询该车对应的机动车损失保险基准纯风险保费为 992 元。投保时该车实际价值为 4.9 万元,客户要求投保保额 6 万元。

该车损险基准纯风险保费＝查找表格得出的机动车及特种车基准纯风险保费＋(协商确定的机动车实际价值－车辆参考实际价值)×全损概率

车损险基准纯风险保费＝992＋(60 000－49 000)×0.09％＝1 002(元)

表 2-5　　　　　　　机动车商业车损险基准纯风险保费表(山东)

车辆使用性质	车辆种类	车型名称	车型编码	车辆使用年限			
				1 年以下	1～2 年	2～6 年	6 年以上
非营业性车辆							
家庭自用汽车	6 座以下	北京现代 BH7141MY 舒适型	BBJKROUC0001	1 054	1 005	992	1 026
家庭自用汽车	6～10 座	五菱 LZW6376NF	BSQDZHUA0114	610	581	575	594
家庭自用汽车	10 座以上	金杯 SY6543US3BH	BJBDRDUA0237	1 082	1 032	1 019	1 053
企业非营业客车	6 座以下	捷达 FV7160FG 新伙伴	BYQKJEUA0026	793	752	745	769
企业非营业客车	6～10 座	江铃全顺 JX6466DF－M	BFTFQUUA0100	958	911	903	934
企业非营业客车	10～20 座	依维柯 NJ6593ER6	BNJCDMUA0152	1 623	1 547	1 535	1 573
企业非营业客车	20 座以上	柯斯达 SCT6703TRB53LEX	BSCHKTUA0029	3 495	3 334	3 306	3 388
党政机关、事业团体非营业客车	6 座以下	桑塔纳 SVW7180CEi 基本型	BSHCSUUA0023	602	573	576	585
党政机关、事业团体非营业客车	6～10 座	五菱 LZW6407B3	BSQDRHUA0020	422	403	399	410
党政机关、事业团体非营业客车	10～20 座	金杯 SY6483F3	BJBDRDUA0194	1 155	1 097	1 085	1 120

(续表)

车辆使用性质	车辆种类	车型名称	车型编码	车辆使用年限			
党政机关、事业团体非营业客车	20座以上	柯斯达SCT6700RZB53L	BSCHKTUA0007	2 418	2 296	2 272	2 345
非营业货车	20吨以下	江铃JX1020TS3	BJLOBEUA0087	635	604	598	617
非营业货车	2~5吨	江淮HFC1091KST	BJHAVMUA0119	876	835	828	849
非营业货车	5~10吨	江淮HFC1141K2R1T	BJHAJMUA0103	1 046	995	986	1 016
非营业货车	10吨以上	北方奔驰ND4250W322JJ	BBFBQZUA0050	2 766	2 638	2 607	2 686
非营业货车	低速载货汽车	北京BJ5815PD-3	BBJRDTUA0401	495	472	466	482

表2-6　　　　　　　　　　　无赔款优待系数

NCD等级＝车辆出险次数－车辆连续投保年限	NCD因子系数值（保险费）
－4	0.5
－3	0.6
－2	0.7
－1	0.8
0	1.0
1	1.2
2	1.4
3	1.6
4	1.8
5及以上	2.0

● **特别说明**

2020年9月19日对NCD因子系数进行调整，调整后的NCD因子系数值划分层级更多，对客户出险次数的限制有所放松，变相鼓励客户出险维修。并且对车辆出险次数的确定追溯到保险到期前三年。

1.首年投保，等级为0，对应系数为1；

2.非首年投保，考虑最近三年连续投保和赔付记录。最近三年连续投保$N(N \leqslant 3)$，NCD等级降N级；最近三年发生L次赔付，NCD等级升L级；NCD最高等级为5级。

最终NCD等级＝NCD等级升级数(L)－NCD等级降级数(N)

3.连续4年及以上投保且没有发生赔付，等级为－4，对应系数为0.5。无赔优待系数为0.5~2.0，对于北京、厦门地区连续5年没有发生赔款的，赔款优待系数仍沿用0.4。

● **特别提示**

首年投保：包括新车、过户车等情况首次投保。

连续投保年数：不含本年投保。

表 2-7　　　　　　　　　上海商业车险交通违法系数浮动方案

浮动性质	内容	判定规则	浮动系数
上浮	超速超过 50% 以上的	发生 1 次及以上	1.10
	违反交通信号灯指示通行的		
	逆向行驶的		
	饮酒后驾驶（营运）机动车的		
	醉酒后驾驶的		
	超速未达 50%（含）的	发生 2 次及以上	
	货车载物超过核定载重量 30% 以上的		
	公路客车载客超过核定载客人数 20% 以上的		
	车辆未经定期检验合格继续使用的		
	驾驶时拨打或接听手持电话的		
	违反让行规则的		
	变更车道影响他人行车安全的		
	超速未达 50%（含）的	发生 1 次	1.05
	货车载物超过核定载重量 30% 以上的		
	公路客车载客超过核定载客人数 20% 以上的		
	车辆未经定期检验合格继续使用的		
	驾驶时拨打或接听手持电话的		
	违反让行规则的		
	变更车道影响他人行车安全的		
	其他违章行为	发生 10 次及以上	
不浮动	其他违章行为	发生<10 次	1.00
下浮	无违章行为	—	0.90

（三）商业第三者责任险保费计算

根据被保险机动车的使用性质、被保险人单位性质、被保险机动车的种类、客车座位数/货车吨位数/特种车用途/摩托车排气量/拖拉机功率和投保责任限额在商业第三者责任险和机动车损失保险费率表中查出标准保费。各地区的费率表不完全相同。表 2-8 为广西机动车商业第三者责任险基准纯风险保费。

投保责任限额只能由投保人和保险人在签订保险合同时在保险监管部门批准的限额档次内协商确定。责任限额主要有 10 万元、15 万元、20 万元、30 万元、50 万元、100 万元、150 万元、200 万元、300 万元及 500 万元以上。如果责任限额为 200 万元以上且未在上表列示，则基准纯风险保费 $=(N-4)\times(A-B)\times(1-N\times 0.005)+A$，式中 A 指同档次限额为 200 万元时的基准纯风险保费，B 指同档次限额为 150 万元时的基准纯风险保费；$N=$ 限额/50 万元，限额必须是 50 万元的整数倍。按照费率表载明的公式计算保费。

● **特别提示**

当前保险公司都提高了商业第三者责任险的责任限额的档次,从10万元起步。

表2-8　　　　　机动车商业第三者责任险基准纯风险保费(广西)

车辆使用性质	车辆种类	第三者责任险									
		10万	15万	20万	30万	50万	100万	150万	200万	300万	500万
家庭自用汽车	6座以下	188.20	214.64	233.18	263.36	316.03	411.52	472.46	524.92	626.69	823.94
	6～10座	201.42	227.66	245.21	274.80	327.08	425.92	488.97	543.27	648.59	852.73
	10座以上	201.42	227.66	245.21	274.80	327.08	425.92	488.97	543.27	648.59	852.73
企业非营业客车	6座以下	232.82	263.16	283.88	317.71	378.37	492.71	551.52	608.72	719.69	934.76
	6～10座	241.33	273.63	295.89	332.54	396.91	517.15	578.56	638.56	754.96	980.56
	10～20座	263.37	298.94	323.82	364.18	435.32	567.11	634.54	700.35	828.01	1 075.45
	20座以上	275.37	316.18	345.85	392.55	473.94	617.30	690.84	762.49	901.48	1 170.86
党政机关、事业团体非营业客车	6座以下	104.95	118.63	127.96	143.23	170.58	222.10	248.64	274.43	324.45	421.41
	6～10座	100.50	113.65	122.45	137.29	163.37	212.67	238.13	262.83	310.74	403.60
	10～20座	119.80	135.49	146.09	163.69	194.86	253.69	284.03	313.49	370.63	481.38
	20座以上	140.05	158.39	170.79	191.25	227.72	296.52	331.94	366.36	433.14	562.58
非营业货车	2吨以下	429.70	486.18	523.96	586.92	698.74	910.15	1 112.39	1 257.91	1 540.22	2 087.36
	2～5吨	596.85	680.42	739.95	835.74	1 002.88	1 306.27	1 596.59	1 805.45	2 210.64	2 995.96
	5～10吨	680.42	772.01	836.12	939.54	1 123.09	1 462.35	1 787.97	2 021.85	2 475.60	3 355.02
	10吨以上	884.97	1 000.59	1 078.83	1 208.19	1 438.69	1 872.97	2 290.39	2 590.01	3 171.26	4 297.81
	低速载货汽车	365.21	413.29	445.34	498.39	594.17	773.53	945.92	1 069.67	1 309.73	1 775.00
出租、租赁营业客车	6座以下	772.87	898.55	983.14	1 140.69	1 445.96	1 901.64	2 314.01	2 617.22	3 205.43	4 345.48
	6～10座	728.49	846.73	926.85	1 075.59	1 362.57	1 792.34	2 180.56	2 466.28	3 020.57	4 094.88
	10～20座	783.00	914.93	1 006.37	1 173.57	1 495.11	1 966.57	2 392.66	2 706.16	3 314.36	4 493.14
	20～36座	1 084.40	1 278.88	1 419.76	1 670.23	2 146.16	2 822.83	3 434.56	3 884.58	4 757.63	6 449.73
	36座以上	1 306.28	1 529.95	1 686.61	1 971.34	2 516.66	3 310.38	4 027.48	4 555.20	5 578.97	7 563.19

(续表)

车辆使用性质	车辆种类	第三者责任险									
		10万	15万	20万	30万	50万	100万	150万	200万	300万	500万
城市公交营业客车	6～10座	598.32	695.59	760.93	882.89	1 119.08	1 471.99	1 790.89	2 025.55	2 480.79	3 363.11
	10～20座	666.66	774.65	847.73	983.65	1 246.53	1 639.59	1 994.84	2 256.23	2 763.32	3 746.12
	20～36座	941.50	1 100.87	1 211.61	1 414.13	1 802.45	2 371.09	2 884.50	3 262.46	3 995.69	5 416.81
	36座以上	1 024.56	1 208.37	1 341.30	1 578.23	2 027.91	2 667.64	3 245.32	3 670.55	4 495.50	6 094.37
公路客运营业客车	6～10座	739.45	859.39	940.29	1 091.08	1 382.26	1 818.57	2 212.07	2 501.92	3 064.22	4 154.05
	10～20座	823.50	957.29	1 047.32	1 215.11	1 539.66	2 025.71	2 463.96	2 786.81	3 413.13	4 627.05
	20～36座	1 211.65	1 408.39	1 541.24	1 787.72	2 265.89	2 980.16	3 626.17	4 101.30	5 023.06	6 809.55
	36座以上	1 394.23	1 620.56	1 773.24	2 057.19	2 607.45	3 429.69	4 172.76	4 719.51	5 780.22	7 836.02
营业货车	2吨以下	1 019.74	1 199.79	1 320.89	1 555.60	1 949.99	2 546.41	3 148.17	3 568.88	4 385.05	5 966.91
	2～5吨	1 641.34	1 930.70	2 125.76	2 503.00	3 138.00	4 098.26	5 066.14	5 743.16	7 056.57	9 602.13
	5～10吨	1 884.08	2 216.85	2 440.84	2 873.82	3 602.59	4 705.39	5 816.20	6 593.45	8 101.32	11 023.79
	10吨以上	2 581.77	3 037.25	3 344.30	3 937.50	4 935.81	6 446.93	7 968.62	9 033.50	11 099.38	15 103.35
低速载货汽车		866.49	1 019.74	1 122.63	1 321.43	1 656.88	2 164.34	2 674.95	3 032.42	3 725.90	5 069.99
备注	1.挂车根据实际的使用性质并按照对应吨位货车的30%计算。 2.如果责任限额为200万元以上且未在上表列示,则基准纯风险保费=$(N-4)\times(A-B)\times(1-N\times 0.005)+A$,式中 A 指同档次限额为 200 万元时的基准纯风险保费,B 指同档次限额为 150 万元时的基准纯风险保费;$N=$限额/50 万元,限额必须是 50 万元的整数倍。										

(四) 车上人员责任保险保费计算

车上人员责任保险费率根据被保险机动车的使用性质、被保险人单位性质和车辆种类分为 11 大类,大类分类方法同其他商业主险。客车,根据座位数细分,分类标准同其他主险;货车,根据使用性质分为营业用和非营业用,不再按吨位细分,具体见表 2-9;特种车、摩托车、拖拉机不再细分。

驾驶人基准纯风险保费 = 每次事故责任限额×纯风险费率

乘客基准纯风险保费 = 每次事故每人责任限额×纯风险费率×投保乘客座位数

投保的人数未达到投保机动车行驶证载明的核定载客人数时,费率上浮 50%。

投保人要求车上人员投保不同的责任限额时,首先要判定是否按核定载客人数投保,若按核定载客人数投保,费率为费率表上的数值,否则上浮 50%,每辆车的每人责任限额种类不得多于两种。

表 2-9　　部分机动车车上人员责任险基准纯风险保费（广西）

车辆使用性质	车辆种类	车上人员责任保险	
		驾驶人	乘客
家庭自用汽车	6 座以下	0.106 6%	0.067 6%
	6~10 座	0.101 4%	0.065 0%
	10 座以上	0.101 4%	0.065 0%
企业非营业客车	6 座以下	0.106 6%	0.065 0%
	6~10 座	0.098 8%	0.059 8%
	10~20 座	0.101 4%	0.059 8%
	20 座以上	0.104 0%	0.062 4%
党政机关、事业团体非营业客车	6 座以下	0.101 4%	0.062 4%
	6~10 座	0.093 6%	0.057 2%
	10~20 座	0.096 2%	0.057 2%
	20 座以上	0.101 4%	0.062 4%
非营业货车	2 吨以下	0.119 6%	0.072 8%
	2~5 吨	0.119 6%	0.072 8%
	5~10 吨	0.119 6%	0.072 8%
	10 吨以上	0.119 6%	0.072 8%
	低速载货汽车	0.119 6%	0.072 8%
出租、租赁营业客车	6 座以下	0.130 0%	0.080 6%
	6~10 座	0.104 0%	0.062 4%
	10~20 座	0.109 2%	0.065 0%
	20~36 座	0.109 2%	0.065 0%
	36 座以上	0.109 2%	0.065 0%
城市公交营业客车	6~10 座	0.362 9%	0.142 4%
	10~20 座	0.380 2%	0.147 8%
	20~36 座	0.432 1%	0.169 7%
	36 座以上	0.432 1%	0.169 7%

(续表)

车辆使用性质	车辆种类	车上人员责任保险	
		驾驶人	乘客
公路客运营业客车	6～10 座	0.109 2%	0.067 6%
	10～20 座	0.114 4%	0.070 2%
	20～36 座	0.130 0%	0.080 6%
	36 座以上	0.130 0%	0.080 6%
营业货车	2 吨以下	0.247 3%	0.119 6%
	2～5 吨	0.247 3%	0.119 6%
	5～10 吨	0.247 3%	0.119 6%
	10 吨以上	0.247 3%	0.119 6%
	低速载货汽车	0.247 3%	0.119 6%
备注		挂车根据实际的使用性质并按照对应吨位货车的 50% 计算	

（五）附加险保费计算

1.附加发动机进水损坏除外特约条款

(1)根据车辆使用性质、车辆种类查询纯风险费率。

(2)计算公式如下：

基准纯风险保费 ＝ 机动车损失保险基准纯风险保费 × 费率

● 特别说明

有的省份规定其费率为 5.0%。

2.新增加设备损失险

(1)根据车辆使用性质查询调整系数

(2)计算公式如下：

基准纯风险保费＝保险金额×机动车损失保险基准纯风险保费/机动车损失保险的保险金额/调整系数

3.车身划痕损失险

根据车辆使用年限、新车购置价、保险金额所属档次直接查询基准纯风险保费，见表 2-10。

表 2-10　　车身划痕损失险基准纯风险保费

车辆使用性质	保额/元	车辆使用年限					
		2年以下			2年及以上		
		新车购置价/元					
		30万以下	30～50万	50万以上	30万以下	30～50万	50万以上
家庭自用汽车	2 000	212.81	311.23	452.22	324.54	478.82	585.23
	5 000	303.25	478.82	585.23	452.22	718.23	798.04
	10 000	404.34	622.47	798.04	691.63	957.65	1 064.05
	20 000	606.51	947.00	1 197.06	1 010.85	1 383.27	1 596.08
企业非营业客车	2 000	200.43	293.13	425.92	305.66	450.98	551.19
	5 000	285.62	450.98	551.19	425.92	676.46	751.63
	10 000	380.82	586.27	751.63	651.41	901.95	1 002.17
	20 000	571.24	891.93	1 127.44	952.06	1 302.82	1 503.26
党政机关、事业团体非营业客车	2 000	175.21	256.25	372.33	267.20	394.23	481.84
	5 000	249.68	394.23	481.84	372.33	591.35	657.05
	10 000	332.91	512.50	657.05	569.45	788.46	876.07
	20 000	499.36	779.70	985.58	832.27	1 138.89	1 314.11
非营业货车	2 000	108.84	159.17	231.28	165.97	244.88	299.30
	5 000	155.09	244.88	299.30	231.28	367.32	408.14
	10 000	206.79	318.35	408.14	353.72	489.76	544.18
	20 000	310.18	484.32	612.20	516.97	707.43	816.27
出租、租赁营业客车	2 000	126.46	184.95	268.74	192.86	284.54	347.78
	5 000	180.21	284.54	347.78	268.74	426.82	474.24
	10 000	240.28	369.91	474.24	411.01	569.09	632.32
	20 000	360.42	562.76	711.36	600.70	822.02	948.48
城市公交营业客车	2 000	20.33	29.74	43.21	31.01	45.75	55.91
	5 000	28.97	45.75	55.91	43.21	68.62	76.25
	10 000	38.63	59.47	76.25	66.08	91.49	101.66
	20 000	57.95	90.48	114.37	96.58	132.16	152.49

(续表)

车辆使用性质	保额/元	车辆使用年限					
		2 年以下			2 年及以上		
		新车购置价/元					
		30 万以下	30~50 万	50 万以上	30 万以下	30~50 万	50 万以上
公路客运营业客车	2 000	65.16	95.29	138.46	99.36	146.60	179.18
	5 000	92.85	146.60	179.18	138.46	219.90	244.34
	10 000	123.80	190.58	244.34	211.76	293.20	325.78
	20 000	185.69	289.94	366.50	309.49	423.51	488.67
营业货车	2 000	60.58	88.60	128.73	92.38	136.31	166.60
	5 000	86.33	136.31	166.60	128.73	204.46	227.18
	10 000	115.10	177.20	227.18	196.89	272.61	302.90
	20 000	172.65	269.58	340.76	287.76	393.77	454.35

4. 修理期间费用补偿险

$$基准纯风险保费 = 约定的最高赔偿天数 \times 约定的最高日责任限额 \times 纯风险费率$$

● **特别说明**

此险的纯风险费率当前大部分保险公司采用的费率是固定的,确定为 6.50%,见表 2-11。

5. 精神损害抚慰金责任险

$$基准纯风险保费 = 每次事故责任限额 \times 纯风险费率$$

● **特别提示**

此险的纯风险费率当前大部分保险公司采用的费率是固定的,确定为 0.52%,见表 2-11。

表 2-11　　　　　　　　　　　　特种车种类

险别	保费计算		
修理期间费用补偿险	约定的最高赔偿天数×约定的最高日责任限额×6.50%		
精神损害抚慰金责任险	每次事故责任限额×0.52%		
车上货物责任险	车辆使用性质	非营业货车	营业货车
	费率	0.520 0%	1.774 5%
指定修理厂险	国产车	车损险基准纯风险保费的 10%~30%	
	进口车	车损险基准纯风险保费的 15%~60%	

6.指定修理厂险

(1)根据国产/进口车,对机动车损失保险基准纯风险保费进行相应的调整。
(2)计算公式如下:

$$基准纯风险保费 = 机动车损失保险基准纯风险保费 \times 费率$$

附加费用率由保险公司自主设定唯一值,并严格执行经中国保监会批准的附加费用率,不得上下浮动,具体见表2-11。

7.绝对免赔率特约条款

(1)根据绝对免赔率查询附加比例
(2)计算公式如下:

$$基准纯风险保费 = 机动车主险基准纯风险保费 \times 附加比例$$

8.车轮单独损失险

计算公式如下:

$$基准纯风险保费 = 保险金额 \times 纯风险费率$$

9.车上货物责任险

计算公式如下:

$$基准纯风险保费 = 责任限额 \times 纯风险费率$$

10.法定节假日限额翻倍险

根据被保险机动车车辆使用性质、车辆种类、基础责任限额、翻倍责任限额直接查询基准纯风险保费。

11.医保外医疗费用责任险

计算公式如下:

$$基准纯风险保费 = 主险基准纯风险保费 \times 附加比例$$

12.机动车增值服务特约条款

计算公式如下:

$$基准纯风险保费 = 基础纯风险保费 \times 客户分类系数$$

四、汽车保险核保

计算保险费率后,应进行核保工作。核保工作的主要依据是核保手册,它将在进行汽车保险业务过程中可能涉及的所有文件、条款、费率、规定、程序、权限等全部包含其中,把可能遇到的各种问题及其处理方法用书面文件的形式予以明确。三级核保人员主要负责常规业务的核保,即按照核保手册的有关规定对保单的各个要素进行形式上的审核。但是,在核保过程中还可能遇到一些核保手册没有明确规定的问题,例如,高价值车辆的核保、特殊车型业务的核保、车队业务的核保、投保人特别要求的业务的核保,以及下级核保人员无法核保的业务。在这些情况下,应由二级核保人员和一级核保人员来核保。二级核保人员和一级核保人员应运用保险的基本原理、相关的法律法规和自己的经验,通过研究分析来解决这些特殊的问题,必要时应请示上级核保部门。

公司二级核保主要内容:

①审核保单是否按照规定内容与要求填写,有无疏漏;审核保险价值与保险金额是否合理。对不符合要求的,退给业务人员指导投保人重新填写,进行相应的更正;

②审核业务人员或代理人是否在一级核保时验证和查验了车辆,是否按照要求向投保人履行了告知义务,对特别约定的事项是否在特约栏内注明;

③审核适用的费率标准和计收保险费是否正确;

④对于高保额和投保盗抢险的车辆,审核有关证件以及实际情况是否与投保单填写一致,是否按照规定拓印牌照存档;

⑤对高发事故和风险集中的投保单位,提出公司的限制性承保条件;

⑥对费率表中没有列明的车辆,包括高档车和其他专用车辆,可视风险情况提出特定费率的意见;

⑦审核其他相关情况。

审核完毕,核保人应在投保单上签订意见。对超出本级核保权限的,应上报上级公司核保。

公司的上级核保(一级核保)主要内容:

①根据掌握的情况,考虑是否接受投保人的投保;

②接受投保的险种、保险金额、赔偿限额是否需要限制和调整;

③是否需要增加特别的约定;

④协议投保的内容是否准确、完善,是否符合保险监管部门的有关规定。

核保岗位在保险公司里属于技术岗位,对核保人员要求很高。

上级公司核保完毕,应签订明确的意见并立即返回请示公司。

核保工作结束后,核保人将投保单、投保意见一并转给业务内勤部门,公司的内勤缮制保单证。

(一) 核保的含义

重要知识:在承保过程中,保险人对投保人的投保申请进行审核,就保险标的的各种风险情况进行审核和评估,以确定是否接受投保人的投保申请,与之签订保险合同的过程,即核保。

核保是保险公司做有效的客户筛选,使保险公司的经营达到最大安全、最低成本和最佳服务的过程。因此,要求核保工作要从保险公司的经营原则出发,对欲加入保险的个体进行分类、筛选,并各自赋予其适当的条件,使风险达到同质化,以维护保险的公平性。

核保的目的是避免风险的逆选择。逆选择就是指那些有较大风险的投保人试图以平均的保险费率购买保险。或者说,最容易遭受损失的风险就是最可能投保的风险,从保险人的角度来看这就是逆选择。核保活动包括选择被保险人、对风险活动进行分类、决定适当的承保范围、确定适当的费率或价格、为展业人员和客户提供服务等几个方面。

核保贯穿从受理投保到保单终止的车险业务流程的始终,是业务流程的核心,是保险公司经营管理的重点。作为承保的首要环节,要建立严密的核保制度,对可保风险进行严格的识别、衡量和控制,并提高对标的风险的评估能力以确定承保范围和保险责任,从而提高承保质量。具体来讲,展业人员应对标的风险状况有客观的认识和了解,并向被保险人或投保人说明如实告知义务,对有明显欺诈倾向的投保人予以警惕和拒保;同时围绕标的价值和风险状况展开评估调查工作,以确定是否承保和可保的费率条件;严格执行条款,不得任意放宽承保条件、扩大保额、降低费率;为了防止道德风险,对高风险标的和高额投保的标的尤其要严格核保和评估,必要时加费承保或拒保,尽量减少发生欺诈风险的可能性;应建立科学、完善的核保体系来控制风险。

(二) 核保的基本要求

1.加强核保和业务选择

如前所述,核保是指保险人对将要承保的新业务加以全面评价、估计和选择,以决定是否承保的过程。核保的必要性在于核保有利于合理分散风险,有利于促进被保险人防灾防损,减少实质性损失。

核保的主要内容包括:投保人资格,即审核投保人是否具有保险利益;保险标的;保险金额;适用费率是否正确、合理;被保险人的信誉等。

核保人员主要包括保险公司核保人、代理人及其他与核保有关的服务机构。

2.注意承保控制,避免道德风险

承保控制就是适当控制保险责任,以避免心理风险和道德风险。承保控制的措施通常包括:适当控制保险金额;规定一定的免赔额,规定被保险人自己承担一部分损失;限定责任范围,控制承保风险;实行无赔款优待,多赔款加费政策等。

3.严格制单手续,保证承保质量

制单质量的好坏,事关保险合同能否顺利履行。要加强制单管理,以保证承保质量。制单工作的具体要求:

(1)单证齐全。

(2)保险合同三要素明确。保险合同三要素是指保险合同的主体、客体和保险合同的内容。

(3)数字要准确。保险制单过程中,每一个数字都代表着保险人和被保险人的利益。数字准确主要包括三个方面的内容:确定的保险金额准确,适用费率准确,保证计算准确。

(4)字迹清楚、签单齐全。保险人签发的保单是保险合同权利和义务关系宣告成立的依据,其他各单证也是保险合同的重要组成部分。在制单过程中,一定要书写工整、字迹清楚,不涂改、清楚、真实地反映当事人双方的意向。

(三) 核保业务的分类

核保的具体方式应当根据公司的组织结构和经营情况进行选择和确定,通常将核保的方式分为标准业务核保和非标准业务核保、计算机智能核保和人工核保、集中核保和远程核保、事先核保和事后核保等。

1.标准业务核保和非标准业务核保

标准业务是指常规风险的汽车保险业务,是其基本符合汽车保险险种设计设定的风险情况,按照核保手册能够对其进行核保。而非标准业务是保险金额巨大等需有效控制的业务,核保手册没有明确的规定。

> **特别提示**
>
> 标准业务通常是由三级核保人完成标准业务的核保工作;而非标准业务则无法完全依据核保手册进行核保,应由二级或者一级核保人进行核保,必要时核保人应当向上级核保部门进行请示。

汽车保险非标准业务主要有:
①保险价值浮动超过核保手册规定的范围;
②特殊车型业务;
③军牌和外地牌业务;
④高档车辆的盗抢业务;
⑤统保协议;
⑥代理协议。

2.计算机智能核保和人工核保

计算机技术的飞速发展和广泛应用将给核保工作带来革命性的变化。从目前计算机发展的水平看,尤其是智能化计算机的发展和应用,计算机已经完全可以胜任对标准业务的核保工作。在核保过程中应用计算机技术可以大大缓解人工核保的工作压力,提高核保业务的效率和准确性,减少在核保过程中可能出现的人为负面因素。但是,在现在科技水平条件下计算机不可能解决所有的核保问题,至少在现阶段还需要人工核保的模式与之共存,解决计算机所无法解决的核保方面的问题。

3.集中核保和远程核保

从核保制度发展的过程分析,集中核保的模式代表了核保技术发展的趋势。集中核保可以有效地解决统一标准和规范业务的问题,实现技术和经验最大限度的利用。但是由于经营网点的分散,缺乏便捷和高效的沟通渠道使以往集中核保在实际工作中遇到困难。

计算机技术的出现和广泛应用,尤其是互联网技术的出现带动了核保领域的革命性进步,远程核保的模式应运而生。远程核保就是建立区域性的核保中心,利用互联网等现代通信技术,对辖区内的所有业务进行集中核保。这种核保的方式较以往任何一种核保模式均具有不可比拟的优势,它不仅可以利用核保中心的人员技术的优势,还可以利用中心庞大的数据库,实现资源的共享。同时,远程核保的模式还有利于对经营过程中的管理疏忽甚至道德风险实行有效的防范。

4. 事先核保和事后核保

事先核保指投保人提出申请后,核保人员在接受承保之前对标的风险进行评估和分析,决定是否接受承保。在决定接受承保的基础上,根据投保人的具体要求确定保险方案,包括确定适用的条款、附加条款、费率、保险金额、免赔额等承保条件。事先核保是在核保工作中广泛应用的模式。

事后核保主要是针对标的金额较小,风险较低,承保业务技术比较简单的业务。这些业务往往是由一些偏远的经营机构或者代理机构承办。保险公司从人力和经济的角度难以做到事先核保的,可以采用事后核保的方式。所以,事后核保是对事先核保的一种补救措施。

(四) 核保的运作

核保工作原则上采取两级核保体制。先由展业人员、保险代理人进行初步核保,然后由保险公司专业核保人员复核决定是否承保、承保条件及保险费率的适用等。汽车保险核保的程序一般包括审核投保单、查验车辆、核定保险费率、计算保险费、核保等步骤,具体核保运作流程如图2-9所示。

1. 审核投保单

业务人员在收到投保单以后,首先根据保险公司内部制定的承保办法决定是否接受此业务。如果不属于拒保业务应立即加盖公章,载明收件日期。审查投保单所填写的各项内容是否完整、清楚、准确。核保所要审核投保单的项目包括:

(1)投保人资格。对投保人资格进行审核的核心是认定投保人对保险标的拥有保险利益,汽车保险业务中主要是通过核对行驶证来完成的。

(2)投保人或被保险人的基本情况。投保人或被保险人的基本情况主要针对车队业务。通过了解企业的性质、是否设有安保部门、经营方式、运行主要线路等,分析投保人或被保险人对车辆管理的技术管理状况,保险公司及时发现其可能存在的经营风险,采取必要的措施降低和控制风险。

(3)投保人或被保险人的信誉。投保人与被保险人的信誉是核保工作的重点之一。投保人和被保险人的信誉调查和评估逐步成为汽车核保工作的重要内容。评估投保人与被保险人信誉的一个重要手段是对其以往损失和赔付情况进行了解,那些没有合理原因,却经常"跳槽"的被保险人往往存在道德风险。对保险车辆应尽可能采用"验车承保"的方式,即对车辆进行实际的检验,包括了解车辆的使用和管理情况,复印行驶证、购置车辆的完税费凭

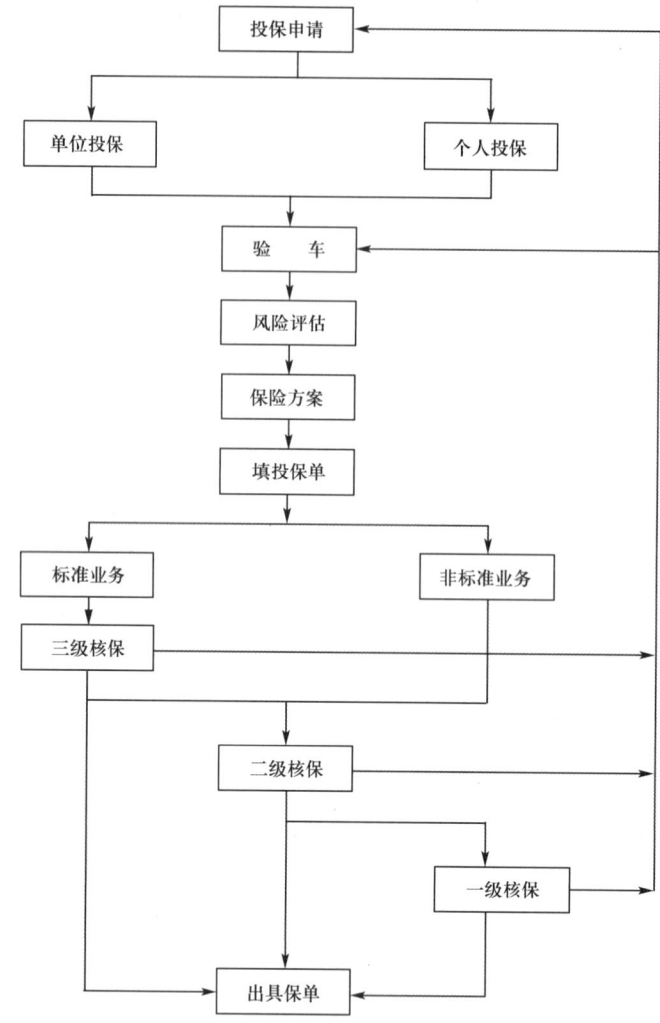

图 2-9 核保运作流程

证,拓印发动机与车架号码,对于一些高档车辆还应当建立车辆档案。

(4)保险金额。保险金额的确定涉及保险公司及被保险人的利益,往往是双方争议的焦点,因此保险金额的确定是汽车保险核保的一个重要内容。在具体的核保工作中,应当根据公司制定的汽车市场指导价格确定保险金额。投保人要求按照低于这一价格投保的,应当尽量劝说并将理赔时可能出现的问题进行说明和解释。投保人坚持己见的,应当向投保人说明后果并要求其对于自己的要求进行确认,同时在保单的批注栏上注明。

(5)保险费。核保人员对于保险费的审核主要分为费率适用的审核和计算的审核。

(6)附加条款。主险和标准条款提供的是适用汽车风险共性的保障,但是作为风险的个体是有其特性的。一个完善的保险方案不仅能解决共性的问题,更重要的是能解决个性问题,附加条款适用于解决风险的个性问题。特殊性往往意味着高风险,所以,在对附加条款的适用问题上更应当注意对风险的特别评估和分析,谨慎接受和制定条件。

2. 查验车辆

根据投保人提供的有关证件,如车辆行驶证、介绍信等,进行详细审核。首先,检验投保人称谓与其签章是否一致,如果不符合,则要求投保人提供其对投保车辆拥有可保利益的书面证明;其次,检验投保车辆的行驶证与保险车辆是否吻合,投保车辆是否年检合格,核实投保车辆的合法性及其使用性质,检验车辆的牌照号码、发动机号码是否与行驶证一致等。

查验车辆是指根据投保单、投保单附表和车辆行驶证,对投保车辆进行实际的查验。查验的具体内容包括:

(1)确定车辆是否存在和有无受损,是否有消防和防盗设备等;

(2)车辆本身的实际牌照号码、车型及发动机号码、车身颜色等是否与行驶证一致;

(3)检查发动机、车身、底盘、电气等部分的技术情况。

● **特别提示**

根据检验结果,确定整车的新旧成数。当前保险公司一般都要填具验车单,并附加照片,附于保单副本上。

3. 核定保险费率

根据投保单上所列的车辆情况和保险公司的机动车辆保险费率规章,确定投保车辆所应适用的保险费率。

(1)确定车辆使用性质

目前,各保险公司一般把车辆分为家庭自用车辆、非营业车辆、营业车辆三类。

①家庭自用车辆:用作个人家庭代步的车辆;

②非营业车辆:各级党政机关、社会团体、企事业单位自用的车辆或仅用于家庭生活的车辆;

③营业车辆:从事社会运输并收取运费的车辆。

对于兼有不同类使用性质的车辆,按高档费率计费。

(2)分清车辆种类

①国产与进口车辆的划分:从中国境外直接进口的或经香港、澳门、台湾地区转口的整车以及全部由进口零配件组装的车辆,按进口车辆计费;其余车辆按国产车辆计费。

②车种中"以下"二字,是指不含其本身的意思。例如,六座"以下"客车是指不含六座的客车。

③客车:客车的座位(包括驾驶人座位)以交通管理部门核发的行驶证载明的座位为准,不足标准座位的客车按同型号客车的标准座位计算。

④货车:所有通用载货车辆、厢式货车、集装箱牵引车、电瓶运输车、简易农用车、装有起重机械但以载重为主的起重运输车等,均按其载重量分档计费。客货两用车按客车或货车中相应的高档费率计费。

⑤挂车:适用于没有机动性能,需用机动车拖带的载重车、平板车、专用机械设备车、超长悬挂车等。

⑥油罐车、气罐车、液罐车、冷藏车:适用于各类装载油料、气体、液体等专用罐车,同时

适用于装有冷冻或加温设备的厢式车辆。普通载重货车加装罐体都按此档计费。

⑦起重车、装卸车、工程车、监测车、邮电车、消防车、清洁车、医疗车、救护车等：适用于各种有起重、装卸、升降、搅拌等工程设备或功能的专用车辆；同时适用于车内固定装有专用仪器设备，从事专业工作的监测、消防、清洁、医疗、救护、电视转播、雷达、X光检查等车辆；邮电车辆也按此档计费。

(3) 其他说明

①短期收费：基本险和附加险的保险期限不足一年的按短期费率表计算，不足一个月的按一个月计算。

②对其他特种型车辆，按本费率表中选择相应档次计费，如啤酒罐车按"罐车"档计费，大于0.5吨的载货三轮车按"2吨以下货车"档计费。

③机动车辆提车暂保单承保的机动车辆，通常按车辆购置价不同，收取不同数额的保险费。

(4) 保费的具体核定

分别对主险和附加险的保费进行核定。

五、收取保险费、出具保单证

(一) 缮制单证

缮制单证就是在接受业务后，填制保单或发放保险凭证以及办理批单手续。保单或保险凭证是载明保险合同关系双方当事人的权利与义务的书面凭证，是被保险人向保险人索赔和保险人处理赔款事项的主要依据。因此，缮制单证是承保工作的重要环节，其质量的好坏，直接关系到保险合同双方当事人的义务和权利能否正常履行与实现。业务内勤接到投保单及其附表以后，根据核保人员签订的意见，即可开展缮制保单工作。

1. 缮制单证的方式

保单原则上应由计算机出具，暂无计算机设备而只能由手工出具的营业单位，必须得到上级公司的书面同意。

计算机制单的，将投保单有关内容输入保单对应栏目内，在保单"被保险人"和"厂牌型号"栏内登录统一规定的代码。录入完毕检查无误后，打印出保单。

手工填写的保单，必须是银保监会统一监制的保单，保单上的印制流水号码即保单号码。将投保单的有关内容填写在保单对应栏内，要求字迹清晰、单面整洁。如有涂改，涂改处必须有制单人签章，但涂改不能超过三处。制单完毕，制单人应在"制单"处签章。

● **特别提示**

目前很多保险公司出具的是电子保单。

2.缮制保单时应注意的事项

(1)双方协商并在投保单上填写的特别约定内容,应完整地载明到保单对应栏目内,如果核保有新的意见,应该根据核保意见修改或增加。

(2)无论是主车和挂车一起进行投保,还是挂车单独投保,挂车都必须出具具有独立保单号码的保单。在填制挂车的保单时,"发动机号码"栏统一填写"无"。当主车和挂车一起投保时,可以按照多车承保方式处理给予一个合同号,以方便调阅。

(3)特约条款和附加条款应印在或贴在保单正本背面,贴的条款应加盖骑缝章。应注意,责任免除、被保险人义务和免赔等规定的印刷字体,应该与其他内容的字体不同,以提醒被保险人注意。

> **特别提示**
>
> 保单缮制完毕,制单人应将保单、投保单及其附表一起送复核人员复核。

(二) 复核签单

单证复核是承保工作的一道重要程序,也是确保承保质量的关键环节,因此,必须配备具有较高政治和业务素质的人员来担此重任。复核时应注意审查投保单、验险报告、保单、批单、明细表及其他各种单证是否齐全,内容是否完整符合要求,字迹是否清楚,计算是否正确,并与原始凭证相对照,力求无差错。一切复核无误后,要加盖公章及负责人、复核员签名,然后对外发送。

(三) 归档、装订、保管

各种保单证和附属材料,均是重要的档案,必须按规定编号、登记、装订牢固,实行专柜专人管理,并符合防火、防盗、防潮和防蛀的要求。

(四) 复核保单

复核人员接到保单、投保单及其附表后应认真对照复核。复核无误后,复核人员在保单"复核"处签章。

(五) 收取保险费

核保通过后,由业务人员或远程出单点代理人员根据核保通过信息向投保人收取保险费。

1.交强险

根据《机动车交通事故责任强制保险条例》第十二条"签订机动车交通事故责任交强险合同时,投保人应当一次支付全部保险费"的规定,业务人员或远程出单点代理人员不得接受投保人分期交费的请求,必须一次性全额收取强制险保险费。

2. 商业保险

原则上,对来源于直接业务和个人代理人业务的定额保单业务、提车暂保单业务、法定保险业务和其他产品的单车业务不允许产生应收保费,必须一次全额收取保费。分期付费的业务要符合《公司授信管理办法》。对于分期付费的业务,要按约定方式收取分期保险费。

(六) 签发保险单证

汽车保险合同实行一车一单(保单)和一车一证(保险证)制度。投保人交纳保险费后,业务人员必须在保单上注明公司名称、详细地址、邮政编码及联系电话,加盖保险公司业务专用章。根据保单填写汽车保险单证并加盖业务专用章,所填内容应与保单有关内容一致。"险种"一栏填写总险种代码,电话应填写公司报案电话,所填内容不得涂改。

签发单证时,交由被保险人收执保存的单证有保险单证正本、保险费收据(保户留存联)、汽车保险单证。

对已经同时投保车辆损失险、第三者责任险、车上人员责任险、不计免赔特约条款的投保人,还应签发事故伤员抢救费用担保卡,并做好登记。

(七) 单证的清分

(1)业务人员应对投保单、保单、保费发票、保险标志、保险证等进行清分归类。投保单的附表要粘贴在投保单背面,并在投保单及其附表上加盖骑缝章。

(2)清分时按下列要求进行

①清分给投保人的单证:交强险、商业险保单正本及条款、交强险公安交管部门留存联、保费发票(保户留存联)、保险证、保险标志,有保单附表、特别约定清单、新增设备明细表时需同时提供;

②计财部门留存的单证:保单副本(财务留存联)、保险费发票(财务留存联);

③业务部门留存的单证:保单副本(业务留存联)、投保单、保费发票(业务留存联)等。

六、续保、批改与退保

(一) 续保

汽车保险的期限一般为一年,保险期满后,投保人在同一保险人处重新办理汽车保险的事宜称为续保。

在汽车续保实务中,续保业务一般在原保险到期前的一个月开始办理。为防止续保以后至原保单到期这段时间发生保险责任事故,在续保通知书内应注明:"出单前,如有保险责任事故发生,应重新计算保险费;全年无保险责任事故发生,可享受无赔款优待"等字样。

在办理续保时，投保人应提供下列单据：

(1)提供上一年度的机动车辆保单；

(2)保险车辆经交通管理部门核发并检验合格的行驶证和车牌号；

(3)所需的保险费，保险金额和保险费需要重新确定。

投保人办理续保业务应到上一年度机动车辆保单的出单地点办理；保险公司分公司或支公司，代办点不能出单。另外，如果投保车辆在上一年保险期限内无赔款，续保时可享受减收保险费优待，通常情况下，优待金额为本年度续保险种应交保险费的10%。

被保险人投保车辆不止一辆的，无赔款优待分别按车辆计算。上年度投保的车辆损失险、第三者责任险、附加险中任何一项发生赔款，续保时均不能享受无赔款优待。不续保者不享受无赔款优待。

上年度无赔款的机动车辆，如果续保的险种与上年度不完全相同，无赔款优待则以险种相同的部分为计算基础；如果续保的险种与上年相同，但投保金额不同，无赔款优待则以本年度保险金额对应的应交保险费为计算基础。

(二) 批改

批改是指在保单签发以后，在保险合同有效期限内，如保险事项发生变更，经保险双方当事人同意办理变更合同内容的手续。

保险合同签订之后，保险合同的双方当事人都应严格遵守并履行合同所规定的内容，任何一方都无权擅自变更合同。但是，在保险合同有效期限内，由于实际情况的变化，对合同内容所规定的有关事项会产生变更的要求，如被保险人名称、保险财产占用性质、保险财产所在地址、保险财产危险程度等事项的变更和投保科目(或投保项目)、保险金额的增减，以及单位撤并、中途加保附加险等。若不及时办理变更的批改手续，在保险财产遭受保险责任范围内的灾害事故损失时，因与合同规定不符，会影响到保险的赔偿处理。因此，在保险合同有效期内，保险等事项如有变更，被保险人应当及时向保险人申请办理批改手续。保险合同内容变更的批改手续，一般由被保险人提出申请，填写固定形式的"批改申请书"，经保险人同意后出具"批单"(也称"背书")。

批改的主要内容包括：保险金额增减；保险险种增减或变更；保险期间的变更。根据机动车保险条款，在保险合同有效期限内，保险车辆转卖、转让、赠送他人，变更用途或增加危险程度，被保险人应当事先书面通知保险人并申请办理批改。

保险车辆转卖、转让、赠送他人可分不同情况办理：在保险合同有效期内，保险车辆合法转卖、转让与赠送他人，被保险人应该事先通知保险人；否则，由于危险程度增加而造成损失，保险公司不承担赔偿责任；保险车辆转让和赠送他人，在向交通部门办理异动手续后，应向保险人申请办理批改被保险人称谓。

变更用途：在保险合同有效期限内，保险车辆改变使用性质或改装车型，被保险人应事先通知保险人，并申请批改车辆使用性质或车型。

增加危险程度：指订立合同未曾预料和未予估计的危险程度可能性的增加，直接影响保险人在承保当时是否增收保险费或接受承保。在保险合同有效期限内，保险车辆增加危险程度,被保险人应事先书面通知保险人,并申请办理批改,按规定补交保险费。

(三) 退保

投保人在保险合同成立后,可以书面通知保险人要求解除保险合同。保险公司在接到解除合同申请书之日起,接受退保申请,保险责任终止。

汽车保险退保一般出于以下几种原因:

(1)汽车按规定报废。

(2)汽车转卖他人。

(3)重复保险,为同一辆汽车投保了两份相同的保险。

(4)对保险公司不满,想换保险公司。

办理退保的车辆必须符合下述条件:

(1)车辆的保单必须在有效期内。

(2)在保单有效期内,该车辆没有向保险公司报案或索赔过可退保,从保险公司得到过赔偿的车辆不能退保;仅向保险公司报案而未得到赔偿的车辆也不能退保。

退保时被保险人需提供的证件:

(1)退保申请书:写明退保原因和时间,车主是单位的需盖章,车主是个人的需签字。

(2)保单原件(正本):若保单丢失,则需事先补办。

(3)保险费发票:一般需要原件,有时复印件也可以。

(4)被保险人的身份证明:车主是单位的需单位的营业执照,车主是个人的需身份证。

● 特别提示

退保时,要向保险公司递交退保申请书,说明退保的原因和从什么时间开始退保,签字或盖章,交给保险公司的业务管理部门。保险公司业务管理部门对退保申请进行审核后,出具退保批单,批单上注明退保时间及应退保费金额,同时收回汽车保单。退保人持退保批单和身份证,到保险公司的财务部门领取应退的保险费。

保险公司计算应退保费是用投保时实缴的保险费金额,减去保险已生效的时间内保险公司应收取的保费,剩下的余额就是应退的保险费。计算公式如下:

$$应退保险费 = 实缴保险费 - 应收取保险费$$

退保的关键在于应收取保险费的计算。一般按月计算,保险每生效一个月,收 10% 的保险费,不足一个月的按一个月计算。

专项训练

选择某一家保险公司的汽车保险投保单(机动车辆保险投保单),要求学生根据自己在项目一的任务三中专项训练所设计的投保方案来填写投保单。

拓展学习

学生课下收集汽车保险投保注意事项及汽车保险承保要求。

实务操作

一、制订汽车保险核保方案

1.核保前的准备

(1)依照《中华人民共和国保险法》及监管部门的有关要求,严格按照条款向投保人告知投保险种的保障范围,特别要明示责任免除及被保险人义务等条款内容。

(2)对车险基本险和附加险条款解释容易产生置疑的地方加以说明。

(3)应主动提醒投保人履行如实告知的义务。

(4)应对投保人详细解释拖拉机和摩托车保险采用定额保单和采用普通保单承保的差异。

(5)在客户投保险种选择与本公司因风险合理控制、有条件限制的承保险种之间有差别时,应耐心做好宣传解释工作。

2.检验行驶证和车辆

重点检验以下车辆:

(1)第一次投保的车辆。

(2)未按期续保的车辆。

(3)单保三者险后申请加保车损险的车辆。

(4)申请增加投保盗抢险、自燃损失险及玻璃单独破碎险的车辆。

(5)使用年限超过7年的或接近报废的车损险。

(6)特种车辆或发生重大车损事故后修复的车辆。

3.填具投保单

投保人、厂牌号、车辆种类、号牌号码等。

4.计算保费

(1)核定填写费率

①依据投保人填具的车辆情况,业务人员根据《机动车辆保险费率规章》的有关规定,按照车辆的种类、车辆使用性质、是否对车上责任险选择投保等因素确定费率。

②费率的确定应注意以下几点:

a.投保车辆兼有两类使用性质的,按高一类的费率档次确定。

b.费率表中未列明且无法归类的投保车辆,或价值过高、风险集中的投保车辆,应特约承保,另定费率。

c.当同一车辆根据费率表规定享有多项费率调整时,上浮部分应积累计算。

(2)计算填写保费

①一年期保费,根据费率表查定的费率及相应的固定保费、机动车辆保险费率使用说明规定,按公式计算保费。

②短期保险费计算。保险期限不足一年,按短期费率计算。短期费率分为两类:按日计算保费和按月计算保费。

5.提车暂保单、摩托车或拖拉机定额保单

6.核保

(1)核保管理

各分公司可在省公司授权范围内,根据经营状况制定具体的核保基本原则,确定各级核保权限。对于风险小、标准化程度高的保险标的,可以采取全险种业务系统自动核保。

①省公司核保权限

车辆损失险:单车保险金额 500 万元以下。

第三者责任险:单车责任限额 500 万元以下。

②分公司核保权限

车辆损失险保险金额或第三者责任险责任限额:一级权限公司 260 万元以下(含 260 万元,下同),二级权限公司 180 万元以下,三级权限公司 100 万元以下。

附加险承保权限:车上责任险每座责任限额 20 万元以下,其他附加险保险金额或责任限额 150 万元以下。

(2)核保人员工作流程

①宣传核保政策

②负责投保单的初核

a.手续完备。

b.内容完整。

c.文字清楚。

d.新车购置价、实际价值确定合理。

e.条款选用准确。

f.投保险种是否符合公司规定。

g.费率应用准确。

③执行验车承保

a.审核是否按公司的验车规定验车。

b.对验车人工作质量监督、考核。

④核对投保单录入内容与投保单填写内容是否一致,录入准确,并且初步审核同意按照投保单项目承保时,在投保单"复核意见"栏签字。

(3)核保基本内容
①投保要素是否齐全。
②被保险人的性质确定、选择的条款种类、费率表选择是否正确。
③险种组合、各险种的保险金额(责任限额)确定是否符合规定。
④新车购置价确定是否准确。
⑤折旧率是否符合规定,实际价值是否确定合理。
⑥续保保费调整、保费折扣是否计算准确。
⑦短期保险是否按照规定采用月费率、日费率。
⑧是否符合本公司的核保规定。

7.缮制和签发保单证

(1)缮制保单:根据核保人员签订的意见制定。
(2)复核保单:复核人员接到投保单、保单及其副表应认真核对。
(3)开具保费收据:财务人员开收据。
(4)收取保险费:投保人凭保险费收据办理交费手续。
(5)签发保单、保险证(担保卡)。

8.保单证补录

手工出单的机动车辆保单、批单、提车暂保单、定额保单,必须逐笔补录到公司计算机动车辆保险业务数据库中,补录应在出单后10个工作日内完成。
单证补录前应经专人审核、检查,并录入专门的系统内。

9.单证的清分与归档

(1)单证的清分
①对已填具的投保单、保单、保费收据、保险证,业务人员应进行清理归类,投保单的附表要粘贴在投保单背面,并加盖骑缝章。
②按照给被保险人的单证、送计财的单证、业务部门留存的单证分别清分。
(2)归档统计
①登记:业务部门应建立承保登记簿,将承保情况逐笔登记,并编制承保日报表。
②归档:每一套承保证的整理顺序为保费收据、保单副本、投保单及其附表。
按保单号码顺序排列,装订成册,封面及装订要按档案规定办理,并标明档案保存期限。

二、投保单相关规定

1.填写投保单的注意事项

投保单应当认真填写,因为投保单是投保人向保险公司申请投保的申请书,是保险公司核保的依据。在正式保单上,不再需要投保人的签字,也不再需要投保人将详细情况复述一遍。填写投保单时一定要注意下列事项:
(1)用钢笔或签字笔填写。

(2)由客户亲自填写,且由投保人及被保险人亲笔签字认可。

(3)应如实填写各项内容,如有不实填写,而被保险公司承保,保险公司亦可依不实告知解除保险合同。

(4)应详细填写各项内容,不准空项,包括通信地址、邮编及各种通信方式,以便保险公司随时与客户联系。

2.投保单式样

以中国人民保险公司车辆险投保单为例,说明汽车投保单式样,具体如图2-1所示。

3.投保单的项目

(1)需客户提供行驶证的复印件。

(2)所填项目说明

①＊自然人:个人或私人车主。

②＊身份证:个人。

③＊法人:单位或投保单位。

④统一社会信用代码:单位营业执照上标有统一社会信用代码。

⑤＊行驶证车主:见行驶证复印件。

⑥＊号牌号码:见行驶证复印件。

⑦＊发动机号:见行驶证复印件。

⑧＊厂牌型号:见行驶证复印件。

⑨＊车架号:见行驶证复印件。

⑩＊核定载客:见行驶证复印件。

⑪＊车辆初次登记日期:见行驶证复印件。

⑫已行驶里程:汽车的里程表。

⑬＊车身颜色:见行驶证照片。

⑭＊车辆种类:见行驶证复印件。

⑮＊车辆使用性质:出租车和运输公司的车为营业,私人车和非运输公司的单位车为非营业。

⑯＊保险期限:一般按上年的保单的延续,新车按签单第二天开始。

⑰＊车辆损失险:保险金额的确定按市场的车价。

⑱＊第三者责任险:保险金额的确定有5万元、10万元、15万元、20万元、30万元、50万元、100万元、100万元以上(客户可以自由选择,此险种在部分地区为强制投保项)。

⑲＊不计免赔险:一年中最多3次。

⑳＊玻璃险:自然坏或太阳暴晒坏,保险公司赔,一般不需要证明,但需拍照片。

㉑其他附加险:按各保险公司的条款为准。

㉒帮客户选择保险公司投保。

注:以上带＊号的是必填项目。

拓展实训

实务操作考核

汽车保险销售项目实务操作考核

姓名：　　　　　学号：　　　　　班级：　　　　　组别：
成绩：　　　　　　　　　　　　　　　年　　月　　日

序号	考核项目	考核要点和标准	考核方式	分数
1	核保前的准备	1.是否熟悉《中华人民共和国保险法》的相关规定； 2.是否掌握保险原则； 3.是否了解汽车保险条款的相关规定； 4.是否掌握汽车保险核保知识	1.以抽签的形式——要求学生回答相关的知识点； 2.以学习者进行核保实际业务的熟练情况来考核	20分
2	查验车辆	审核验车照片及记录，主要从以下要点进行考核： 1.标的车使用性质 2.标的车所属性质 3.标的车厂商车型 4.标的车型上市年份 5.标的车辆种类 6.标的车是否为微型客车 7.标的车装备质量 8.标的车里程数 9.标的车功率（千瓦） 10.标的车核定座位数 11.标的车核定载质量 12.标的车排气量 13.标的车牌照号码 14.标的车发动机号 15.标的车车架号 16.标的车防盗装置 17.标的车车身颜色 18.标的车行驶区域 19.标的车改装说明 20.标的车验车情况 21.验车人 22.验车时间 23.验车记录	1.主要以教师和学生观察的形式进行考核；考核是否按照要求审核验车照片及验车记录；是否真实按照考核点来查验车辆。 2.对学习者填写的查验车辆单证进行考核	25分

(续表)

序号	考核项目	考核要点和标准	考核方式	分数
3	审核投保单	审核投保单验证，主要从以下要点进行考核： 1.被投保人姓名 2.被投保人邮编 3.被投保人通信地址 4.被投保人性别 5.被投保人证件类别及证件号码 6.被投保人出生日期 7.被投保人家庭电话 8.被投保人工作电话 9.被投保人 Email 10.被投保人学历 11.被投保人职业 12.被投保人婚否 13.客户类型 14.投保人姓名 15.投保人出生日期 16.投保人证件类型 17.投保人证件号码 18.投保人通信地址 19.投保人邮编 20.投保人移动电话 21.投保人办公电话 22.投保人家庭电话 23.投保人 Email 24.投保人性别 25.投保人是否同意投保声明 26.行驶证车主 27.行驶证有效截止日期 28.被保人驾驶证有效起始日期 29.被保人驾驶证有效截止日期 30.是否指定驾驶人	1.以情景模拟的形式进行考核，主要以教师和学生观察学习者操作情况进行考核；是否按照要求审核投保单； 2.以核对学习者填写的保险投保单是否正确的方式进行考核	30分
4	核定保费费率	1.车辆的使用性质 2.车辆种类 3.交强险费率浮动因素：与道路交通事故相联系的浮动	1.以情景模拟的形式进行考核，观察学习者业务操作情况； 2.是否正确地审核保险费率	5分
5	审核年费率、月费率与日费率的使用标准	1.保险期限为一年的保费费率计算是否正确 2.保险期限不足一年的保费费率计算是否正确	1.以情景模拟的形式进行考核，观察学习者业务操作情况； 2.以学习者填写的真实单证形式进行考核	5分
6	审核保费	1.承保的险种 2.商业险保费 3.核损意见	1.以情景模拟的形式进行考核，观察学习者业务操作情况； 2.保费审核是否正确	5分
7	核保	1.本级核保 2.上级核保	1.以情景模拟的形式进行考核，观察学习者业务操作情况； 2.核保意见是否填写清晰	10分
总分合计		100分		

汽车保险承保小百科

一、汽车保险电子保单

所谓电子保单,是指由保险公司向汽车保险消费者签发的以数据电文形式存在的证明汽车保险合同关系的电子文件。将传统纸质保险合同以具备同等法律效力的数据电文形式予以体现。

目前涉及的电子单证包括车险电子投保单、电子保险单、电子批单和电子交强险标志,设定为PDF格式。投保人完成投保后可随时、随地完成保单信息的查询及下载,同时电子保单还具备交互应用的能力,实现保险行业和交警执法服务等多场景的全覆盖。

汽车保险电子保单的优点主要有:

1.防止丢失,便于保存

采用电子保单形式后,车主投保可不再面对厚厚的一叠纸质保险合同,所有的汽车保险投保和承保的信息都可以用电子的形式保存,并且不再担心纸质保单丢失。

2.方便快捷,便于查找

汽车驾驶人在道路行驶时,公安机关交通管理部门在路面执勤执法、处理交通事故等情况下,交警可自动进行交强险数据的查验。同时车主在办理机动车注册登记和申请机动车检验合格标志时,车主凭交强险电子保单信息即可办理,大部分地区都不再要求车主提交和查验收存交强险纸质凭证。

二、汽车保险电子保单的查询方法

1.邮箱查询

汽车保险投保成功后,保险公司会把生成的电子保单以短信的形式发送到车主的手机上,或者以邮件的形式发送至投保人预留的电子邮箱中,车主可直接点击短信中的链接或者在自己的邮箱中查询以及下载电子保单。

2.保险公司官网查询

保险公司官网一般都会提供车险电子保单查询业务,车主可以登录保险公司的官方网站进行注册并登录,点击保单服务,即可查询及下载电子保单。

3.微信公众号查询

在微信上查询承保公司的官网微信公众号,进入个人中心,使用手机号码注册并登录,进入保单查询界面,按照指引操作即可查询到自己的电子保单。

4.手机App查询

大部分保险公司都有自己专属的App,可帮助客户完成投保、查询、理赔等服务,例如平安保险的平安好车主App。

三、汽车保险六大优先原则

购买汽车保险是为了保障事故发生时,自己有充足的资金来支付可能的赔偿损失,同时也保障了家庭的资金稳定,不至于造成家庭财务的负担,影响家庭的幸福生活。

据业内资深理赔人士总结,很多重大事故中,由于保险没有买好,保险险种没有搭配科学,在发生巨大损失时,车主只能是后悔与埋怨,但是为时已晚。

很多车主会质问理赔人员:"我的车在保险公司投了全险,你们都应该赔偿我呀?"

但是保险理赔就是按照合同办事,车主应该在事前仔细研究保险合同,争取通过各种方式,做好各险种的保障搭配。

以下是前述资深车险理赔人员的从业经验,他从汽车风险管理的角度,给准备购买汽车保险的车主几条原则和忠告。

原则一:优先购买足额的第三者责任险

所有的汽车保险险种第三者责任险最为重要。毕竟,汽车毁了可以不开车,但是,他人的赔偿是免除不了的,购买汽车保险时应该将保持赔偿他人损失的能力放在第一位。

原则二:第三者责任险的责任限额要参考所在地的赔偿标准

全国各个地方的赔偿标准是不一样的,据汽车保险赔偿的最高标准计算,不同地区的年均收入不同,消费水平不同,死亡和伤残的赔偿标准不同,这样在确定第三者责任险的责任限额时也就完全不同。

举例来说:2020年发生交通事故,死亡一人,如果此人属北京地区城镇居民,具体赔偿为:

1.丧葬费:59 460元(丧葬费为6个月的北京市2019年职工月平均工资,即9 910元/月×6个月)

2.死亡赔偿金:1 476 980元(即73 849元/年×20年,死亡赔偿金按北京市2019年城镇居民人均可支配收入标准,按20年计算。但六十周岁以上的,年龄每增加一岁减少一年;七十五周岁以上的,按五年计算)

3.精神抚慰金:5万~10万元(这是北京市一般的赔偿,并不绝对)。

上述三项合计为:最低1 586 440元,最高1 636 440元。

原则三:买足车上人员险后,再购买车损险

开车的人是你,如果没有其他意外保险和医疗保险的车主,建议给自己上个10万的司机险,作为医疗费用。

如果乘客乘坐概率大,乘客险可以投保金额多些,一般5万~10万每座。如果乘客乘坐概率小,每座保1万就比较经济。

原则四:购买车损险后再买其他险种

交通事故往往造成汽车损坏,因此,车损险应优先购买。

原则五:购买第三者责任险、司机乘客座位责任险

原则六:其他险种结合自己的需求购买

车主是否选择其他险种,主要看自己的需求情况,在汽车风险中,相对于上述一~五的风险,不会对家庭幸福和财务造成严重的影响。因此,建议根据需求来购买。应该在保证前面原则一～五满足的情况下再考虑原则六中的险种。

四、汽车保险的几个陷阱

陷阱一:强行搭售险种

在目前的车险种类中,只有交强险是每位车主必须要买的。此外,车损险和第三者责任险等险种都是可供选择的险种,并非必须购买。但是,有的保险公司常将几种车险捆绑在一起违规销售,车主不能自由选择。

陷阱二:误导车主入保

车主一般更关注第三者责任险和车损险,大多数车主比较愿意购买这两种商业汽车保险产品。而对于一些附加险车主可以不买但有的汽车保险代理人为了争揽业务,要么不给车主解释清楚,要么误导车主入保,使一些没有经验的车主买了可以不买的保险。

陷阱三:定损维修以次充好

有个别的汽车维修企业在定损维修过程中以次充好,即使定损点为4S店,车主也不能掉以轻心。如果定损4S店主修的不是出险车辆的品牌,有可能不储备出险车辆的零配件。最常见的情况是出去采购一些非原厂生产的配件为车主的车辆进行维修。所以,车主应该尽量在本品牌的4S店维修,这样正常情况下是可以保障配件为原厂原件。

陷阱四:保险销售人员"身兼多职"

有的保险销售人员身兼多职,既是汽车保险的销售人员,同时又是车辆定损员,还是修理厂的合伙人,和修理厂捆绑为一体。车主若不幸通过这类人员购买车险,表面上看服务很好,而实际上利益受损还蒙在鼓里。

模块 3

汽车保险理赔

> **学习目标**
>
> ◎ 能够制定理赔调查工作规划、短期工作计划和反理赔欺诈工作的相关办法和规定；
> ◎ 能够处理汽车保险理赔业务；
> ◎ 能够确定理赔欺诈案件管理范围和权限，拟定案件调查处理流程；
> ◎ 对存在疑点的理赔案件按管理权限及时调查或由指定机构处理，解答机构的政策咨询；
> ◎ 能够制定信访工作制度，及时处理理赔信访案件，对上访案件进行复查和裁定；
> ◎ 对全系统理赔调查工作进行监督、检查和指导；
> ◎ 能够独立分析、思考和解决问题，具备良好的沟通能力，具有很强的责任心和法律意识。

> **学习内容**
>
> ◎ 汽车保险理赔的流程、原则和注意事项；
> ◎ 接报案与查勘调度、现场查勘与立案、定损与核损、理赔与结案等业务流程；
> ◎ 汽车保险特殊理赔案件的处理。

学习任务描述

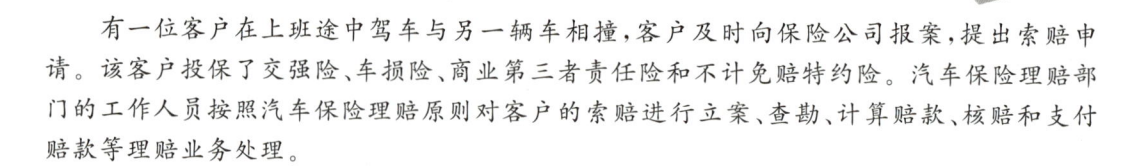

有一位客户在上班途中驾车与另一辆车相撞，客户及时向保险公司报案，提出索赔申请。该客户投保了交强险、车损险、商业第三者责任险和不计免赔特约险。汽车保险理赔部门的工作人员按照汽车保险理赔原则对客户的索赔进行立案、查勘、计算赔款、核赔和支付赔款等理赔业务处理。

学习任务分析

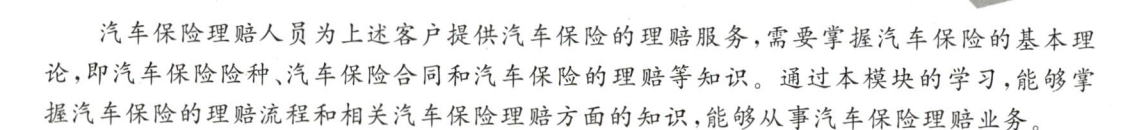

汽车保险理赔人员为上述客户提供汽车保险的理赔服务，需要掌握汽车保险的基本理论，即汽车保险险种、汽车保险合同和汽车保险的理赔等知识。通过本模块的学习，能够掌握汽车保险的理赔流程和相关汽车保险理赔方面的知识，能够从事汽车保险理赔业务。

汽车保险理赔流程及所需知识和技能

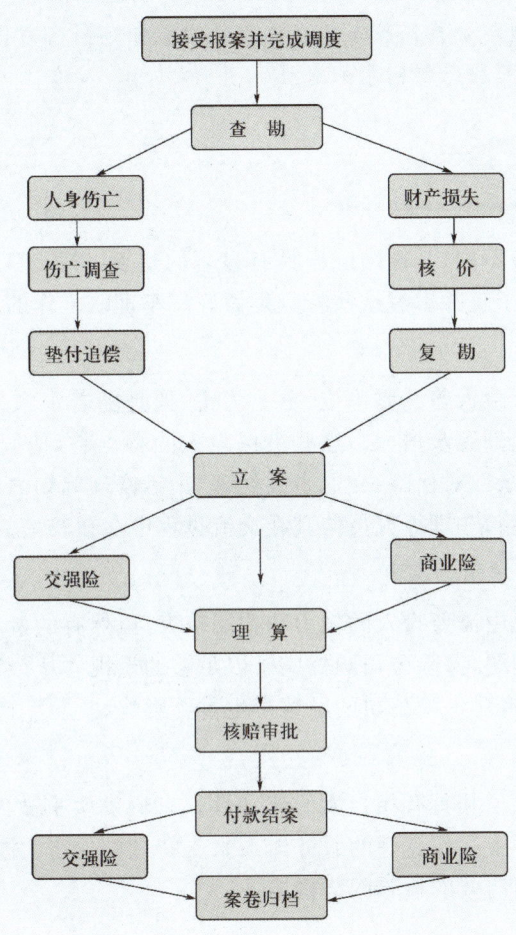

3.1 认识汽车保险理赔

> **通过本单元学习,可以完成下列事项:**
>
> 1. 能够认识保险企业做好理赔工作的重要性;
> 2. 能够了解汽车保险理赔从业人员应具备的素质;
> 3. 能够辨析不同的汽车保险理赔服务模式的利弊。

汽车保险理赔的含义、理赔流程和内容

一、汽车保险理赔概述

> 重要知识：汽车保险理赔是指保险车辆在发生保险责任范围内的损失后，保险人依据汽车保险合同的约定解决赔偿问题的过程。

（一）特点

汽车保险与其他保险不同，其理赔工作具有显著的特点。理赔工作人员必须对这些特点有明确、系统的认识。了解并掌握这些特点是做好汽车理赔工作的前提和关键。

1. 被保险人的公众性

我国汽车保险的被保险人曾经以单位、企业为主，但是随着个人拥有车辆数量的增加，被保险人中单一车主的比例逐步增大。这些被保险人的特点是，他们购买保险具有较大的被动色彩，被保险人的公众性对保险、交通事故处理、车辆修理等知之甚少。此外，在理赔过程中，由于利益的驱动，检验和理算人员与其在交流过程中存在较大的分歧。

2. 事故损失金额小但发生频率高

保险公司在经营过程中需要投入的精力和费用较大，虽然有的事故金额不大，但是涉及对被保险人的服务质量问题，保险公司同样应予以足够的重视。从个案的角度看，赔偿的金额不大，但是积少成多也将对保险公司的经营产生重要影响。

3. 标的流动性大

汽车的功能特点决定了其具有相当大的流动性。车辆发生事故的地点和时间不确定，要求保险公司必须拥有一个运作良好的服务体系来支持理赔服务，主体必须由一个全天候的报案受理机制和庞大而高效的检验网络构成。

4. 受制于修理厂

修理厂在汽车保险的理赔中扮演重要角色，其修理价格、工期和质量均直接影响汽车保险的服务。大多数被保险人在发生事故之后，均认为有了保险，保险公司就必须负责将车辆修复，所以在车辆交给修理厂之后就很少过问，认为一旦因车辆修理质量或工期甚至价格等出现问题时都由保险公司负责。而事实上，保险公司在保险合同项下承担的仅仅是经济补偿义务，对于事故车辆的修理以及相关的事宜并没有负责义务。

5. 道德风险普遍存在

在财产保险业务中，汽车保险是道德风险的"重灾区"。汽车保险具有标的流动性强、户籍管理中存在缺陷、保险信息不对称等特点，同时又由于汽车保险条款不完善，相关的法律环境不健全及汽车保险经营中的特点和管理中存在的一些问题和漏洞，这些问题都给了不法之徒可乘之机，使得汽车保险欺诈案件时有发生。

（二） 应遵循的基本原则

汽车保险理赔工作涉及面广，情况比较复杂。在赔偿处理过程中，特别是在对汽车事故进行查勘工作的过程中，必须有统一的原则和较高的职业道德。

1. 树立为保户服务的指导思想，坚持实事求是原则

在整个理赔工作过程中，体现了保险的经济补偿职能。当发生汽车保险事故后，保险人要急被保险人之所急，避免扩大损失，尽量减轻因灾害事故造成的影响，及时安排事故车辆修复，并保证基本恢复车辆的原有技术性能，使其尽快投入生产运营。及时处理理赔案件，支付赔款，以保证运输生产单位（含个体运输户）生产、经营的持续进行。

在现场查勘、事故车辆修复定损以及理赔案件处理方面，要坚持实事求是原则，在尊重客观事实的基础上，具体问题具体分析，既要严格按条款办事，又要结合实际情况灵活处理，提供各方都满意的服务。

2. 重合同，守信用，依法办事

保险人是否履行合同，就看其是否严格履行经济补偿义务。因此，保险方在处理理赔案件时，必须加强法制观念，严格按条款办事，不惜赔，而且要按照赔偿标准及规定进行赔偿；不属于保险责任范围的损失，不滥赔，同时还要向被保险人讲明道理，拒赔部分要讲事实、重证据。只有这样，才能树立保险的信誉，扩大保险的积极影响。

3. 坚决贯彻"八字"理赔原则

"主动、迅速、准确、合理"是保险理赔人员在长期的工作实践中总结出的经验，是保险理赔工作优质服务的最基本要求。

主动：要求保险理赔人员对出险的案件，积极、主动地进行调查、了解和勘查现场，掌握出险情况，进行事故分析并确定保险责任。

迅速：要求保险理赔人员查勘、定损处理迅速、不拖沓、抓紧理赔案件处理，对理赔案件要核得准，赔款计算案卷缮制快，复核、审批快，使被保险人及时得到赔款。

准确：要求从查勘、定损到赔款计算，都要做到准确无误，不错赔、不滥赔、不惜赔。

合理：要求在理赔工作过程中，要本着实事求是的精神，坚持按条款办事。在许多情况下，要结合具体案情准确定性，尤其是在对事故车辆进行定损过程中，要合理确定事故车辆维修方案。

理赔工作的"八字"原则是辩证的统一体，不可偏废。如果片面追求速度，不深入调查了解，盲目下结论，或者计算不准确，草率处理，则可能发生错案，甚至引起法律诉讼纠纷。当然，如果只追求准确、合理，忽视速度，不讲工作效率，则可能造成极坏的社会影响，损害保险公司的形象。因此，总的要求是从实际出发，为保户着想，既要讲速度，又要讲质量。

二、汽车保险理赔的工作模式

(一) 国际成熟保险市场汽车保险理赔服务的模式及特点

国外专业从事车险理赔服务的机构数量较多,而且分工很细。保险公司与外部机构基于各自的利益,为达到使客户满意这一共同目的,特别重视相互之间的合作。它们既各司其职,又特别注重信息、资源的共享,主要体现在以下几个方面:

1. 查勘、定损环节的合作

查勘、定损工作作为理赔服务的第一环,实际上也是保险公司对案件是否赔偿、赔偿多少的第一关,它直接关系到保险公司的理赔案件数量、结案速度、社会影响、品牌效应等诸多方面,所以,保险公司都非常重视这一环节。为了应付大量烦琐的查勘、定损工作,发达国家和地区的保险公司普遍采用了与外部专业机构合作的模式。

2. 信息技术开发环节的合作

(1) 提高查勘调度的合理性和时效性

美国汽车保险公司 Progressive,采用 GPS 定位技术确定查勘人员位置,通过智能排班系统,查勘人员在很短时间内被派到出险现场,另外,通过网络,查询修理厂的排班情况,及时为客户提供送修服务。

(2) 提高查勘定损的准确性和高效性

德国安联集团一直使用 Audatex 系统(现属于美国 ADP 公司),近期还使用 Glassmatix 估损系统,保证了车险理赔的规范、透明。在我国的台湾地区,车险理赔已经开始启用远程定损系统,通过互联网传送,实现保险公司定损员既可以当场定损,又可以网上远程定损,客户和修理厂还可以上网查询定损结果和配件价格、甚至购买配件等。

(3) 提高接报案的及时性和方便性

日本安田火灾海上保险公司在车险理赔中使用 24 小时工作的事故受理报告系统,该系统与全国各地理赔中心及理赔终端的远程计算机系统对应,客户从任何理赔终端都能得到保险公司的处理结果,并可在 7 日内得到赔款。

3. 提供多样化服务环节的合作

为客户提供全方位、多层次的服务是现代车险理赔的一大特点,其中,衍生服务已成为竞争的主要手段。作为全球最大的保险市场,美国保险公司与银行、电信、医院、警署、维修厂、玻璃店、救援公司、急救中心等外部机构的合作非常普遍。自 20 世纪 90 年代初开始,美国还出现了一种专门为汽车保险公司做损余处理的公司。大量专业机构的出现不仅提高了保险业的总体水平,而且促进了保险保障质量的提高和保险服务成本的降低。

(二) 当前我国保险市场汽车理赔服务模式及其利弊分析

1. 我国的理赔服务模式

机动车辆的流动性要求保险公司在经营,特别是在提供服务方面要建立和完善与机动车辆特点相适应的服务体系或服务机制,做好机动车辆出险后的处理工作。这种服务体系或机制主要应用在保险车辆出险后及时的援救、查勘、定损和修复方面,同时,还包括处理涉及第三者责任的案件。目前,我国较为成熟和流行的模式是以保险公司自主理赔为主导的理赔服务模式,其特点为:

(1)各自建立自己的服务热线,提供全天候、全方位的服务,通过热线接受报案。

(2)各自建立自己的查勘队伍,自身配备齐全的查勘车辆和相应设备,接受自身客户服务中心的调度和现场查勘定损。

(3)各自建立自己的车辆零配件报价中心,针对车险赔付项目所占比例高、赔付率大和对经营利润影响大,同时又是最容易产生暴利的零配件赔款,各家保险公司都非常重视,组织专人从事汽车配件价格的收集、报价和核价工作。

(4)查勘定损的某个环节或服务辐射不到的领域才交由公估公司、物价部门、修理厂、调查公司等外部机构去完成。

2.目前我国汽车保险理赔服务模式的利弊分析

(1)自主理赔

自主理赔即由保险公司的理赔部门负责事故的检验和损失核算。这种方式在我国保险业发展初期曾发挥了积极作用,同时也明显带有一系列特定历史时期的烙印。随着中国社会的改革开放和市场的发展变化,特别是加入"WTO"以后,全球经济一体化对中国产生了巨大影响,国际上先进的理赔估损方法和理念不断传入国内,被保险人的保险消费意识也不断提高,这种模式的弊端便日益凸现出来,主要表现在:

①资金投入大、工作效率低、经济效益差。对于保险公司自身来说,从拓展业务到承保,从定损到核赔,每个环节都抓在手里,大而全的模式造成效率低下。庞大的理赔队伍,加上查勘车辆、设备的相应配置,大量的人力、物力处理烦琐的估损理赔事务,导致其内部管理和经营核算的经济效益差,还常常出现业务人员查勘看不过来、估损定不过来、材料交不过来的现象。这种资源配置的不合理性与我国保险公司要做大做强、参与国际竞争,培养核心竞争力、走专业化经营道路的要求相比,是不相适应的。

②理赔业务透明度差,有失公正。汽车保险的定损理赔不同于其他社会生产项目,其涉及的利益面广、专业性强,理算类别多,这就要求理赔业务公开、透明。保险公司自己定损,就好比保险公司既做"运动员",又当"裁判员",这对于被保险人来说,意味着定损结果违背了公正的基本原则和要求。对于这种矛盾,即使保险公司的定损结论是合理的,也往往难以令被保险人信服,致使理赔工作中易产生纠纷。尤其是在信息不对称的市场中,这种弊端就愈加突出。

(2)物价评估

物价评估即公安交通管理部门委托物价部门强制定损。这种方式用得比较少,因为保险双方当事人都不认可。原中国保监会也曾发文予以抵制。

(3)保险公估

保险公估即由专业的保险公估公司接受保险当事人的委托,负责汽车的损失检验和理算工作,这是国际上通行的做法。这种做法的好处有:

①可以减少理赔纠纷。由没有利益关系的公估人负责查勘、定损工作,能够更好地体现保险公司合同公平的特点,使理赔过程公开、透明,避免了可能出现的争议和纠纷,防止以权

谋私。

②完善了保险市场结构。由专业公司负责查勘、定损工作,能够更好地体现社会分工的专业化,同时可以促进保险公估业的发展,进一步完善保险市场结构。

③可以促进保险公司优化内部结构,节省大量的人力、物力、财力。由于保险公司是按实际发生的检验工作量向公估公司支付检验费用的,因此能更如实地反映经营的真实情况,避免保险公司配备固定的检验人员和相关设备可能产生的不必要的费用开支和增加的固定经营成本。

三、对理赔工作人员的特殊要求

汽车保险业务经营的质量,不仅事关保险公司自身的经济效益和发展,也影响到保险职能作用的发挥及社会效益的实现,对保障社会稳定和人民的安居乐业发挥着重要作用。如何借鉴国际上成熟的保险市场汽车保险理赔服务的先进经验来改进我国传统的汽车保险理赔服务模式,提高工作效率,已成为摆在我国汽车保险从业人员面前亟待解决的问题。

所以要对从事车险理赔的工作人员做如下要求:

①熟悉保险条款和有关业务规定。

②懂得相关专业知识。从事理赔的工作人员,除了要具备保险方面的专业知识外,还必须懂得相关法律、法规方面的知识,财务会计知识和标的估算方面的知识,建筑、设备等方面的知识。

③必须具备深入群众、联系实际和实事求是的工作态度。

④树立廉洁奉公、以身作则的工作作风。

四、汽车保险理赔业务流程

(一)理赔工作的基本流程

理赔工作的基本流程包括:报案→查勘定损→签收审核索赔单证→理算核赔→赔付结案等步骤。如图 3-1 所示为汽车保险理赔业务基本流程。

1. 受理案件

受理案件这一环节包括两方面内容,即被保险人报案和保险人接受报案。在车辆发生事故后,被保险人应及时向保险公司报案进行索赔。保险人接到被保险人的报案时,要认真受理索赔申请。

2. 现场查勘

现场查勘是了解出险情况、掌握"第一手"材料和处理赔案的重要依据。现场查勘的主要内容包括:查明出险地点、出险时间、出险原因与事故经过。现场查勘的其他任务包括:施救整理受损失的财产、妥善处理损余物资、索取出险证明、核实损失数额。现场查勘总的要

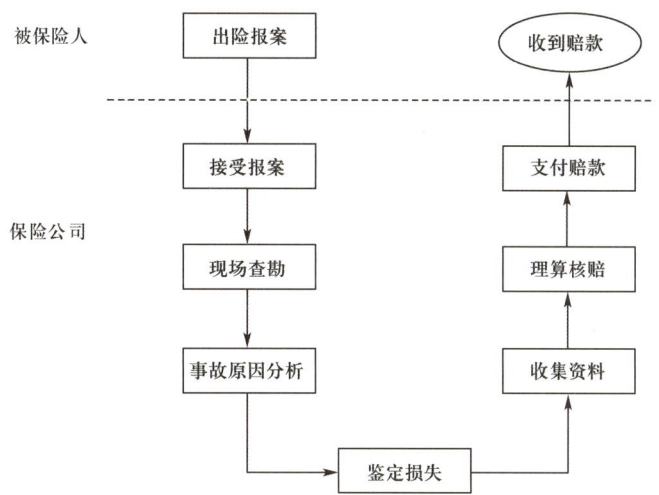

图 3-1　汽车保险理赔业务基本流程

求准备充分,及时深入事故现场,按照保险合同规定和尊重事实的原则,依靠地方政府和企业主管部门及广大人民群众的支持和协助,认真调查分析,做到"现场情况明、原因清、责任准、损失实"。

3. 责任审核(事故原因分析)

保险理赔人员根据现场查勘报告和有关证明材料,分析保险事故发生的原因,确立事故是否属于保险责任范围,对保险责任进行审核。从而进一步确认是否立案。

责任审核的内容包括:

①审定保险责任。

②明确赔偿范围。

③核定施救整理费用。划清已发生和未发生的灾害事故界限;分清必要与不必要的抢救费用;分清直接与非直接用于保险财产的费用;分清正常支付与额外支付的费用;分清费用支出是否取得实效。

④妥善处理疑难案件。

⑤第三者责任追偿处理。

⑥拒赔处理。

4. 鉴定损失(定损核损)

保险理赔人员确定保险责任后,对于属于保险赔偿范围内的损失进行核定,核定的内容包括:

(1)车辆损失的核定

车辆损失的核定包括车辆的直接损失和车辆的施救费。保险事故造成保险车辆的其他间接损失不在保险赔偿范围之内。

(2)财产损失的核定

第三者责任险的财产和附加车上货物责任险承运货物的损失,应同被保险人和有关人员逐项清理,确定损失数量、损失程度和损失金额。同时,要求被保险人提供有关货物、财产的原始发票。定损人员审核后,制作"机动车辆保险财产损失确认书",由被保险人签字确认。

(3) 人员伤亡损失的核定

人员伤亡费用包括保险车辆和第三者的人员伤亡费用,两者都按照《道路交通事故处理办法》的有关规定确认医疗费及其相关费、残疾补助费、死亡补偿费、抚养费和其他有关的费用。医疗费用的认定按照治疗期间发生的实际医疗费(限公费医疗的药品范围)为准;被保险人应该承担的其他人员伤亡赔偿费用按照国家和事故发生地有关标准和规则核定。

5. 赔款理算

(1) 损余物资的处理

损余物资即残值。通常的处理办法是折价归被保险人所有。与被保险人协商不成的,可以将损余物资收回,通过其他方式处理,处理所得款项应当冲减赔款。

(2) 保险赔款的计算

以我国财产保险的赔款为例,其计算方式主要有三种:

①第一损失赔偿方式。该方式将保险财产的价值分为两部分:一部分为保额,也就是保险人应该负责的第一部分损失;而超过保额的另一部分,则为第二损失部分,它与保险赔偿责任无关。

②比例赔偿方式。在该方式下,当发生保险事故造成损失后,按照保险金额与出险时保险财产的实际价值(或重置价值)的比例来计算赔款。

③限额赔偿方式。限额赔偿方式通常分为两种:一是超过一定限额赔偿;二是不足限额赔偿。

6. 核赔

经过赔款理算之后,转入下一个理赔环节,即核赔。核赔人接到案件后,主要对案卷的文件进行形式审核、实质审核和赔款计算的审核,确认赔款金额。另外,作为核赔人,还应对赔案进行分析,发现问题,为以后承保工作提供方向和依据。

7. 支付赔款

在完成赔款理算和核赔工作之后,就进入了向被保险人支付赔款的程序,保险人应及时把赔偿金支付给被保险人,如涉及权益转让问题,则要求被保险人将其在保险事故中拥有的权益转让给保险公司。

(二) 不同性质的车险事故理赔程序

1. 单方事故

报案:直接向保险公司报案,如损失较大可由保险公司确认是否向当地公安机关报案或由保险公司现场查勘。

定损:由当事人配合保险公司索赔人员查勘、确认损失。如在修理过程中发现还有其他损失,则马上报请保险人复查。

索赔:尽快收集索赔单证,十五天内向保险公司申请索赔。一般所需单证如下:出险通知书,要求信息填写完整并加盖公章(私车需签字);交通事故仲裁机关出具的调解书、责任认定书或有关政府职能部门的证明;保险公司的定损单;车辆的修理发票及维修清单、施救费;肇事车辆的行驶证正、副本及司机驾驶执照正、副本复印件(私车还要提供被保险人身份证复印件);保单复印件;赔款通知书上加盖公章及公司账号(私车由被保险人签字);如所汇款单位或个人与被保险人不符,还需提供被保险人的委托书。

2. 多方事故

报案:及时向交警报案,并在48小时内向保险公司报案,并尽量减少损失。

定损:由当事人配合保险公司索赔人员查勘、确认损失。尽早确认本车在事故中所承担的责任,并报请保险公司进行查勘。如在修理过程中发现还有其他损失的,马上报请保险人复查。

索赔:尽快收集索赔单证,十五天内向保险公司申请索赔。一般所需单证如下:出险通知书,填写信息并加盖公章(私车需盖私章);交通事故仲裁机关出具的调解书、责任认定书或有关政府职能部门的证明;保险公司的定损单;车辆的修理发票及维修清单、施救费;第三者车损修理发票及维修清单、施救费、物损发票;如有一次性赔偿的,需提供一次性赔偿凭证;肇事车辆的行驶证正、副本及司机驾驶执照正、副本复印件(私车还要提供被保险人身份证复印件);保单复印件;赔款通知书上加盖公章及公司账号(私车由被保险人签字);如所汇款单位或个人与被保险人不符,还需提供被保险人的委托书。

3. 伤亡事故

报案:立即向警方报案,并抢救伤者。同时在48小时内向保险公司报案,尽量减少损失。

定损:向保险公司咨询有关第三者或车上人员的伤残或死亡赔偿标准,如有必要可与保险公司调查员到医院了解伤者情况。到事故处理部门进行责任认定和事故调解。当事人不必垫付过多的医疗费用,以免被动,可在核实责任后向保险人咨询后认可。

索赔:尽快收集索赔单证,十五天内向保险公司申请索赔。一般所需单证如下:出险通知书,填写信息并加盖公章(私车需盖私章);交通事故仲裁机关出具的调解书、责任认定书或有关政府职能部门的证明;对于伤残事故,需要伤者诊断证明、伤残鉴定报告、出院小结、医疗病历、一次性赔偿凭证;对于死亡事故,需要死亡证明、一次性赔偿凭证、被抚养人的户籍证明仅限直系亲属(残疾或死亡事故所需);医疗费、家属的交通费、住宿费;肇事车辆的行驶证正、副本及司机驾驶执照正、副本复印件(私车还要提供被保险人身份证复印件);保单复印件;赔款通知书上加盖公章及公司账号(私车由被保险人签字);如所汇款单位或个人与被保险人不符,还需提供被保险人委托书。

4. 盗抢险

报案:立即向当地公安刑侦部门报案,保留现场并立即向保险公司报案(出险48小时以内)。

定损:尽快在当地市级以上报社发布寻车启事,索取并保存该期报刊以备索赔使用;3个月后到当地公安刑侦部门开具丢失证明,同时到车辆所属车管部门办理失窃车辆牌证注销手续。

索赔:尽快收集索赔单证,十五天内向保险公司申请索赔(保险公司一般在报案3个月后受理),一般所需单证如下:出险通知书,填写信息并加盖公章(私车需盖私章);车钥匙两把;行驶证及副卡原件、驾驶执照正、副本复印件;购车发票;登报寻车启事、公安报案受理单、公安刑侦部门3个月未破案证明;停车场证明、停车费收据正本;权益转让书;保单复印件;失窃车辆牌证注销登记表;单位营业执照复印件(私车提供身份证复印件);赔款通知书上加盖公章及公司账号(私车由被保险人签字);如所汇款单位或个人与被保险人不符,还需要提供被保险人委托书。

拓展实训

专项训练

学生以小组对抗赛的形式来辨析哪种汽车保险理赔的工作模式更适合我国汽车保险业现状。

3.2 接报案、查勘调度、立案与报案注销

通过本单元学习,可以完成下列事项:

1. 能够独立处理接报案工作;
2. 能够做好查勘调度工作。

一、接报案

1. 客户报案

出险报案是被保险人必须履行的义务,也可以由被保险人的代理人或经纪人报案。保险合同规定,发生保险责任事故后,被保险人要立即通知保险人。报案时间是有严格限制的。保险合同规定,被保险人遇到保险责任事故后,必须在规定的时间内通知保险人。

在车辆发生事故后,被保险人向保险公司索赔,必须按一定程序向保险公司提供规定的凭据。首先必须清楚保险索赔的条件。事故车辆必须同时具备以下四个条件:①属于投保车辆的损失;②属于保险责任范围内的损失;③不属于除外责任;④属于必要的合理费用。

车主在索赔时的基本流程:①出示保单证;②出示行驶证;③出示驾驶证;④出示被保险人身份证;⑤填写出险报案表;⑥详细填写出险经过;⑦详细填写报案人、驾驶人和联系电话;⑧协助理赔员对事故车辆外观进行检查;⑨审查保险公司定损单,若无异议签字认可;⑩拿走车辆上贵重物品;⑪确认维修时间;⑫车主将车辆交于维修站进行维修。如图3-2所示为接报案工作流程。

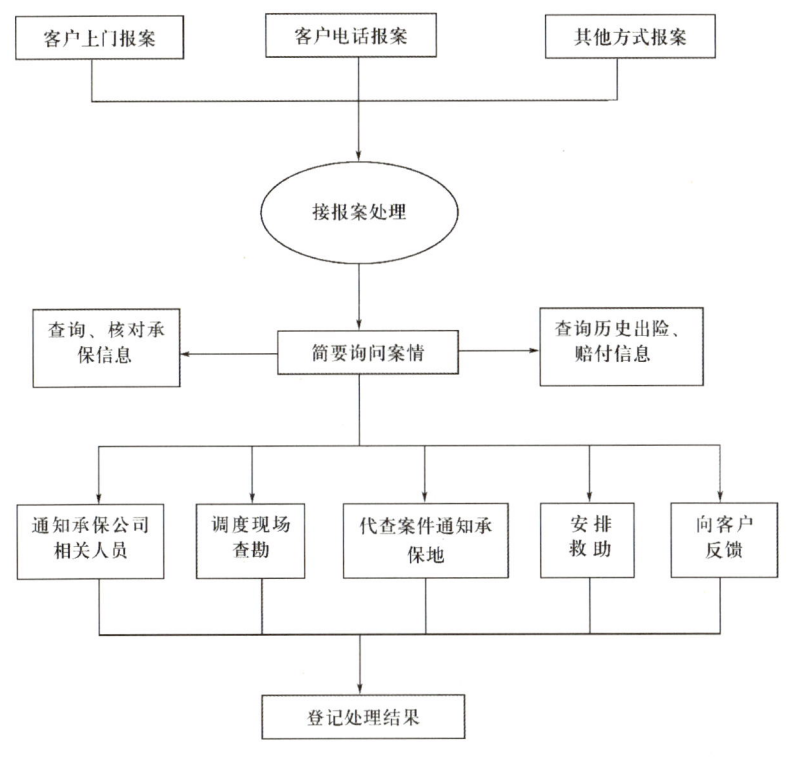

图 3-2　接报案工作流程

出险报案可采取三种形式：

①上门报案：由申请人直接到保险公司报案。

②电话（传真）报案：客户因故无法上门报案的，也可以通过电话、传真等现代通信工具向保险公司报案。

③业务员转达报案：随着业务员服务理念的不断提升，在客户发生保险事故后，业务员可以在慰问客户时了解客户出险情况，在得到客户认可后向保险公司转达报案。

报案时需填写出险通知书，出险通知书的内容一般包括被保险人的姓名、地址，保单号码，出险的时间、地点、原因，受损人身的部位以及联系地址和联系方式等。

● 特别提示

保险事故发生后，应在24小时内通知派出所或者刑警队，在48小时内通知保险公司。

《中华人民共和国保险法》第二十二条规定："保险事故发生后，按照保险合同请求保险人赔偿或者给付保险金时，投保人、被保险人或者受益人应当向保险人提供其所能提供的与确认保险事故的性质、原因、损失程度等有关的证明和资料。保险人按照合同的约定，认为有关的证明和资料不完整的，应当及时一次性通知投保人、被保险人或者受益人补充提供。"

被保险人自保险车辆修复或事故处理结案之日起，3个月内不向保险公司提出理赔申请，或自保险公司通知被保险人领取保险赔款之日起1年内不领取应得的赔款，即视为自动放弃权益。车辆发生撞墙、台阶、水泥柱及树等不涉及向他人赔偿的事故时，可以不向交警等部门报案，但应及时直接向保险公司报案。在事故现场附近等候保险公司来人查勘，或将车开到保险公司报案、验车。

2. 接报案

客户报案,保险企业要对客户信息进行记录,报案记录工作主要有以下几项内容:

(1)询问案情

接报案人员要对客户进行询问,主要询问以下信息:

①保险车辆的有关信息:保单号码、被保险人名称、车牌号码、牌照底色和厂牌型号等。

②出险信息:出险时间、出险地点、出险原因、驾驶人姓名、事故经过、事故涉及的损失等。

● 特别提示

事故涉及的损失按"本车车损""本车车上财产损失""本车车上人员伤亡""第三者车辆损失""第三者人员伤亡""第三者车上财产损失""第三者其他财产损失""其他"的分类方式进行询问。

③报案人信息:报案人姓名、联系电话等。

④第三者车辆信息:对于涉及第三者车辆的事故,应询问第三者车辆的车型、车牌号码、牌照底色以及保险情况(提醒报案人查看第三者车辆是否投保了交强险)等信息。如果第三者车辆也是本公司承保且在事故中负有一定责任,则一并登记,进行报案处理。

(2)查询承保信息

根据报案人提供的保单号码、车牌号码、牌照底色、车型、发动机号等关键信息,查询出险车辆的承保情况。特别注意承保险别、保险期间以及是否通过可选免赔额特约条款约定了免赔额。

无承保记录的,按无保单报案处理。

(3)查询历史出险、赔付信息

查询出险车辆的历史出险、报案信息(包括作为第三者车辆的出险信息),核实是否存在重复报案。

对两次事故出险时间相近的案件,应认真进行核查,并将有关情况通知查勘人员进一步调查。

(4)生成报案记录

根据出险车辆的承保情况生成报案记录,报案记录与保单号一一对应。

①出险车辆的交强险和商业机动车辆保险在一个保单号下承保的,生成一条报案记录;

②出险车辆的交强险和商业机动车辆保险在多个保单号下承保的,在各保单项下生成对应的报案记录,并在各报案记录之间建立关联关系。

二、查勘调度

接报案人员应根据报案通知和保险底单内容,及时向本部门负责人报告,经负责人审视案情后,安排外勤人员进行现场查勘或委托代理查勘。根据被保险人的口头或书面出险通知,理赔内勤应及时从电脑存档中打印保单副本,由业务内勤抄录或复印保单副本和批单一份,并在所抄单底上注明抄单日期,加盖私章或签名,经复核人员复核盖章。理赔人员收到抄录的或复印的保单后,要与报案记录内容详细核对。

具体的工作内容:

(1) 及时调度查勘人员进行现场查勘

对属于保险责任范围内的事故和不能明确确定拒赔的案件,应立即调度查勘人员进行查勘。

① 调度原则:就近调度、一次调度。同一保险车辆的一起事故,不论生成几条报案记录,只生成一项查勘任务,进行一次查勘调度。

② 打印或传送"机动车辆保险报案记录(代抄单)"给查勘人员。同一保险车辆的一起事故存在多个报案记录的,应将所有报案记录和承保信息完整告知查勘人员。

(2) 事故涉及人员伤亡的,应及时通知医疗跟踪人员

(3) 需要通知承保公司的,应及时通知承保公司有关人员

(4) 需要提供救助服务的案件,应立即安排救助

对于客户需要提供救助服务的案件,确认其加保了相应救助服务特约条款的,应立即实施救助调度,并记入"机动车辆特约救助书",按救助案件处理。

对于未加保相应救助服务特约条款的客户,可以协助其与救助单位取得联系。在客户同意支付相关费用的前提下,可以调度救助协助单位赶赴现场实施救助。但必须在"机动车辆特约救助书"付费方式一栏,选择"现场收费救助"项目。

(5) "双代"案件转报案

① 保险车辆在外地出险,应按"双代"实务规定,及时向出险地公司转报案并发送承保信息。

② 外地承保车辆在本地出险的,应按"双代"实务规定,及时向承保地公司转报案。

三、立案与报案注销

1. 立案

在查抄底单并向本部门负责人报告案情后,凡属可以受理的案件,理赔人员均应及时在"出险立案登记簿"上编号立案。编号立案后,应建立未决赔案档案,并将定损单、查勘报告等资料一同交给理算人员。本公司承保车辆异地出险的,要向代勘公司及时了解车辆及其他损失的查勘定损情况,并做好代勘案件的立案登记管理。本公司代勘外地的案件,要将查勘情况及时反馈给承保机构,并做好反馈记录,便于承保公司及时立案。

2. 报案注销

根据"未决赔案管理规定",符合报案注销条件的,可进行报案注销处理。满足以下条件之一方可进行报案注销:

(1) 重复报案。

(2) 接报案或查勘时,当场能够拒赔的案件。

拓展实训

3.3 现场查勘与立案

 通过本单元学习,可以完成下列事项:

1. 能够完成现场查勘准备工作;
2. 能够完成查勘工作;
3. 能够完成对属于保险责任的事故立案工作。

一、现场查勘

如图 3-3 所示为现场查勘业务流程。

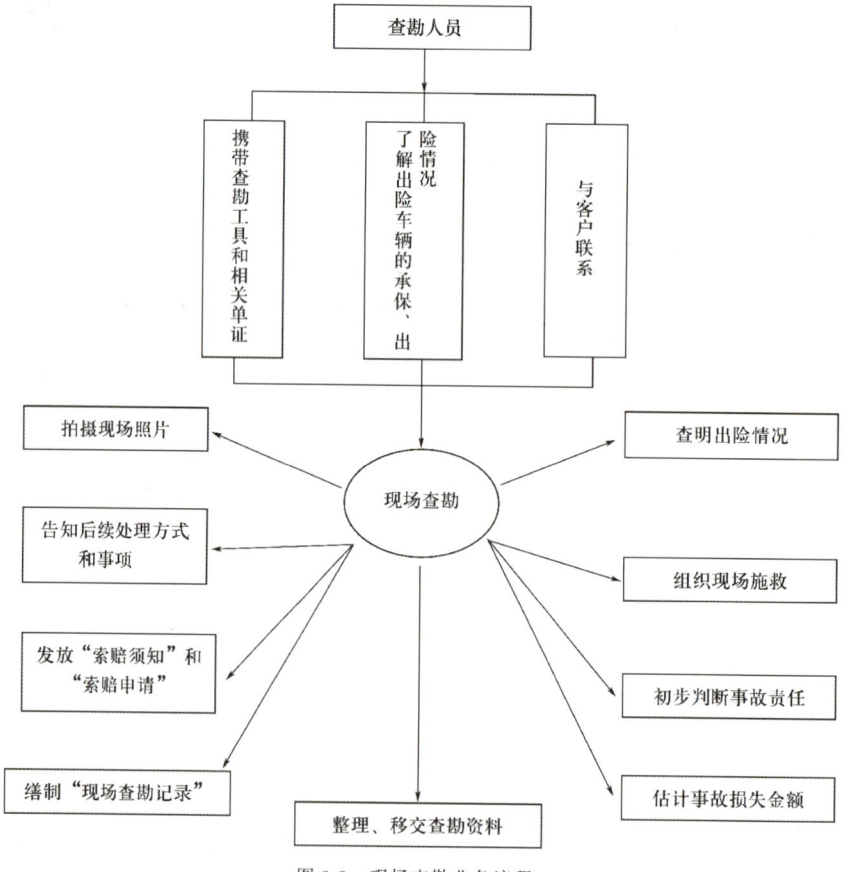

图 3-3 现场查勘业务流程

（一）查勘前的准备

查勘人员接到查勘调度指令后，应立即做好以下准备工作：

(1) 及时与报案人取得联系，进一步核实地点，告知预计到达时间。因特殊原因不能按约定时间到达现场的，应及时与客户联系并向所在公司报告原因和补救措施。

(2) 根据《机动车辆保险报案记录（代抄单）》了解出险车辆的承保、出险情况。

(3) 携带相机、电脑等设备和相关单证赶赴查勘地点。

● **特别提示**

需携带的单证："索赔申请书""机动车辆保险索赔须知""机动车辆保险快捷案件处理单""机动车辆保险事故现场查勘记录"及附表、"机动车辆保险事故现场查勘草图""机动车辆保险事故现场查勘询问笔录"及附页等。具体的单证样本如图3-4～图3-8所示。

（二）查勘工作的主要内容

查勘人员应对事故经过和涉及的损失进行详细勘查，并认真做好记录。

1. 查明肇事驾驶人、报案人情况

(1) 确认肇事驾驶人和报案人身份

① 查验肇事驾驶人的驾驶证或身份证，或通过交通管理部门对肇事驾驶人的身份进行确认。

② 核实报案人、驾驶人与被保险人的关系。

(2) 查验肇事驾驶人的驾驶证

① 驾驶证是否有效。

② 驾驶的车辆是否与准驾车型相符。

③ 驾驶人是否是被保险人或其允许的驾驶人。

④ 驾驶人是否为保险合同中约定的驾驶人。

⑤ 特种车驾驶人是否具备国家有关部门核发的有效操作证。

⑥ 营业性客车的驾驶人是否具有国家有关行政管理部门核发的有效资格证书。

(3) 准确记录被保险人或驾驶人的联系方式

温馨提示 查勘人员接受任务后在5分钟内致电客户，联系客户，简要地自我介绍。

2. 查验出险车辆情况

(1) 查验保险车辆信息

查验保险车辆的保险情况，车牌号码、牌照底色、发动机号、VIN码/车架号、车型、车辆颜色等信息，并与保单、证（批单）以及行驶证所载内容进行核对。

(2) 查验第三者车辆信息

涉及第三者车辆的，应查验并记录第三者车辆的车牌号码、车型，以及第三者车辆的交强险保单号、驾驶人姓名、联系方式等信息。

温馨提示 安慰与指导客户，急客户之所急，给客户送去关怀，提醒客户注意安全。

中国人民财产保险股份有限公司
机动车辆保险报案记录（代抄单）

保险单号：				报案编号：	
被保险人：		号牌号码：			牌照底色：
厂牌型号：		报案方式：□ 95518 □ 传真 □ 上门 □ 其他			
报案人：	报案时间：	联系人：		联系电话：	
出险时间：	出险原因：	是否第一现场报案： □是 □否			
出险地点：		驾驶员姓名：		准驾车型：	
驾驶证初次领证日期：		驾驶证号：□□□□□□□□□□□□□□□□□□			
处理部门：□交警 □其他事故处理部门 □保险公司 □自行处理			承保公司：	客户类别：	
VIN码：		发动机号：		车架号：	
被保险人单位性质：		车辆初次登记日期：		已使用年限：	
新车购置价：		车辆使用性质：		核定载客 人 核定载质量 千克	
保险期限：		车辆行驶区域：		车辆种类：	
基本条款类别：	争议解决方式：	保险费：			
约定驾驶人员	主驾驶员姓名：	驾驶证号码：		初次领证日期：	
	从驾驶员姓名：	驾驶证号码：		初次领证日期：	

序号	承保险别（代码）	保险金额/责任限额	序号	承保险别（代码）	保险金额/责任限额
1			7		
2			8		
3			9		
4			10		
5			11		
6			12		

特别约定	
事故经过	
保险单批改信息	
保险出险信息	

涉及损失类别	□本车车损	□本车车上财产损失	□本车车上人员伤亡	□第三者其他财产损失
	□第三者车辆损失	□第三者人员伤亡	□第三者车上财产损失	□其他
本单批改次数：		车辆出险次数：	赔款次数：	赔款总计：
被保险人住址：			邮政编码：	
联系人：		固定电话：	移动电话：	
签单人：		经办人：	核保人：	
抄单人：		抄单日期： 年 月 日		

图 3-4 中国人民财产保险股份有限公司机动车辆保险报案记录（代抄单）

中国人民财产保险股份有限公司
机动车辆保险索赔申请书

保险单号：　　　　　　　　　　　　　　报案编号：

重要提示：请您如实填写以下内容，任何虚假、欺诈行为，均可能成为保险人拒绝赔偿的依据。	

被保险人：	号牌号码：	号牌底色：
厂牌型号：	发动机号：	车架号（VIN）：
报案人：	报案时间：	是否第一现场报案：□ 是　□ 否

中国人民财产保险股份有限公司＿＿＿＿＿＿公司：

　　＿＿＿＿年＿＿＿月＿＿＿日＿＿＿时，驾驶人员＿＿＿＿＿＿（姓名），

驾驶证号□□□□□□□□□□□□□□□□□□，初次领证日期＿＿年＿＿月＿＿日，

驾驶机动车＿＿＿＿＿＿（号牌号码），行至＿＿＿＿＿＿＿＿＿＿（出险地点），

因＿＿＿＿＿＿＿＿＿＿＿＿＿＿＿＿＿＿＿＿＿＿＿（出险原因），发生

＿＿＿＿＿＿＿＿＿＿＿＿＿＿＿＿＿＿＿＿＿＿＿＿＿＿＿＿＿＿＿

＿＿＿＿＿＿＿＿＿＿＿＿＿＿＿＿＿＿＿＿＿＿＿＿＿＿＿＿＿

的事故，造成＿＿＿＿＿＿＿＿＿＿＿＿＿＿＿＿＿＿＿＿损失。

　　你公司已将有关索赔的注意事项对我进行了告知。现按照保险合同的约定，向你公司提出索赔申请。

　　本被保险人声明：以上所填写的内容和向你公司提交的索赔材料真实、可靠，没有任何虚假和隐瞒。如有虚假、欺诈行为，愿意承担由此产生的所有法律责任。

被保险人（法人）签章：

年　　　月　　　日

身份证号：□□□□□□□□□□□□□□□□□□

联系电话：	地址：	邮政编码：

图 3-5　中国人民财产保险股份有限公司机动车辆保险索赔申请书

中国人民财产保险股份有限公司
机动车辆保险索赔须知

_____（被保险人名称/姓名）：

为确保您的合法权益得到充分保障，请您认真阅读本索赔须知，并按保险人的要求提供相关索赔单证和材料。

索赔提示：
（一）按照我国交通事故处理相关法律法规，对于事故造成的损失，应当通过机动车交通事故责任强制保险进行赔偿处理；超过机动车交通事故责任强制保险各分项赔偿限额的部分，保险人根据商业机动车辆保险合同的约定进行赔偿处理。
（二）我公司自收到您提供的证明和资料之日起5日内，对是否属于保险责任做出核定；属于保险责任的，我公司在与您达成赔偿保险金的协议后10日内，赔偿保险金。
（三）我公司将按照国家有关法律法规和保险合同的约定，根据交通事故人员创伤临床诊疗指南和国家基本医疗保险标准，核定人身伤亡的赔偿金额。

请您尽快提交下列经保险人确认的单证，以便于您及时获得保险赔偿。

理赔单证：
1. □《机动车辆保险索赔申请书》
2. □ 商业机动车辆保险单正本 □ 机动车交通事故责任强制保险单正本 □ 交通事故自行协商处理协议书
3. 事故处理部门出具的：□ 交通事故责任认定书 □ 调解书 □ 简易事故处理书 □ 其他事故证明（_____）
4. 法院、仲裁机构出具的：□ 裁定书 □ 裁决书 □ 调解书 □ 判决书 □ 仲裁书
5. 涉及车辆损失还需提供：□《机动车辆保险车辆损失情况确认书》及《修理项目清单》和《零部件更换项目清单》
   □ 车辆修理的正式发票（即"汽车维修业专用发票"） □ 修理材料清单 □ 结算清单 □ 施救费用发票
6. 涉及财产损失还需提供：□《机动车辆保险财产损失确认书》 □ 设备总体造价及损失程度证明 □ 设备恢复的工程预算
   □ 财产损失清单 □ 购置、修复受损财产的有关费用单据
7. 涉及人身伤、残、亡损失还需提供：
   □ 县级以上医院诊断证明 □ 出院通知书 □ 需要护理人员证明 □ 医疗费报销凭证（需附处方及治疗、用药明细单据）
   □ 伤、残、亡人员误工证明及收入情况证明（收入超过纳税金额的应提交纳税证明）
   □ 护理人员误工证明及收入情况证明（收入超过纳税金额的应提交纳税证明）
   □ 残者需提供法医伤残鉴定书 □ 亡者需提供死亡证明
   □ 被扶养人证明材料 □ 户籍派出所出具的受害者家庭情况证明 □ 户口 □ 丧失劳动能力证明
   □ 交通费报销凭证 □ 住宿费报销凭证 □ 参加事故处理人员工资证明
   □ 向第三方支付赔偿费用的过款凭证（需由事故处理部门签章确认）
8. 涉及车辆盗抢案件还需提供：
   □ 机动车行驶证（原件） □ 出险地县级以上公安刑侦部门出具的盗抢案件立案证明 □ 已登报声明的证明
   □ 车辆购置附加费缴费凭证和收据（原件）或车辆购置税完税证明和代征车辆购置税缴税收据（原件）或免税证明（原件）
   □ 机动车登记证书（原件） □ 车辆停驶手续证明 □ 机动车来历凭证 □ 全套车钥匙
9. 被保险人索赔时，还需提供以下证件原件，经保险公司验证后留存复印件：
   □ 保险车辆《机动车行驶证》 □ 肇事驾驶人员的《机动车驾驶证》

领取赔款所需单证：
10. 被保险人领取赔款时，需提供以下材料和证件，经保险人验证后留存复印件：
    □ 领取赔款授权书 □ 被保险人身份证明 □ 领取赔款人员身份证明
11. 需要提供的其他索赔证明和单据：
    (1) (2)
    (3) (4)

敬请注意：为确保您能够获得更加全面、合理的保险赔偿，我公司在理赔过程中，可能需要您进一步提供上述所列单证以外的其他证明材料。届时，我公司将及时通知您。感谢您对我们工作的理解与支持！   服务专线电话：95518

被保险人：	保险公司：
领到《索赔须知》日期：　年　月　日	交付《索赔须知》日期：　年　月　日
确认签字：	经办人签字：
提交索赔材料日期：　年　月　日	收到索赔材料日期：　年　月　日
确认签字：	经办人签字：

图 3-6　中国人民财产保险股份有限公司机动车辆保险索赔须知

中国人民财产保险股份有限公司
机动车辆保险事故现场查勘记录

保险单号：					报案编号：		
出险时间：	年 月 日 时		出险地点：	省 市 县		案件性质（□自赔□本代□外代）	
查勘时间：	年 月 日 时		查勘地点：			是否第一现场：□是 □否	

保险车辆	厂牌型号：		发动机号：		号牌底色：	
	号牌号码：		车架号（VIN）：		初次登记日期：	
	驾驶人姓名：		驾驶证号：□□□□□□□□□□□□□□□□□□		准驾车型：	
	初次领证日期： 年 月 日		性别：□男 □女	联系方式：		

三者车辆	厂牌型号：		号牌号码：		交强险保单号：	
	驾驶人姓名：		驾驶证号：□□□□□□□□□□□□□□□□□□		起保日期：	
	初次领证日期： 年 月 日		性别：□男 □女	准驾车型：		联系方式：

事故信息	出险原因	□碰撞 □倾覆 □坠落 □火灾 □爆炸 □自燃 □外界物体坠落、倒塌 □雷击 □暴风 □暴雨 □洪水 □雹灾 □玻璃单独破碎 □其他（　　　）
	事故类型	□单方肇事 □双方事故 □多方事故 □仅涉及财产损失 □涉及人员伤亡
	事故涉及的第三方机动车数：	第三者伤亡人数：伤　人，亡　人　　车上人员伤亡人数：伤　人，亡　人
	事故处理方式：□交警 □自行协商 □保险公司 □其他（　）	是否需要施救：□是 □否
	预计事故责任划分：□全部 □主要 □同等 □次要 □无责	核定施救费金额：

查勘信息	被保险机动车出险时的使用性质	□家庭自用 □营业 □非营业
	被保险机动车驾驶人是否持有有效驾驶证	□是 □否
	被保险机动车驾驶人准驾车型与实际驾驶车辆是否相符	□是 □否
	驾驶专用机械车、特种车及营业性客车的人员是否有相应的有效操作证、资格证	□是 □否
	被保险机动车驾驶人是否为酒后驾车	□是 □否
	被保险机动车驾驶人是否为醉酒驾车	□是 □否
	被保险机动发生事故时的驾驶人是否为合同约定的驾驶人	□是 □否
	出险地点是否发生在合同约定的行驶区域以外	□是 □否
	是否存在其他条款规定的责任免除或增加免赔率的情形（如存在应进一步说明）：	□是 □否
	查勘意见（事故经过、施救过程、查勘情况简单描述和初步责任判断）：	
	案件处理等级： 理算顺序： 询问笔录　张，现场草图　张，事故照片　张	

责任判断及损失估计	涉及险种	□交通事故责任强制保险 □商业车损险 □商业三者险 □车上人员责任险 □自燃损失险 □盗抢险 □玻璃单独破碎险 □车上货物责任险 □其他（　　　　）
	立案建议	交强险： □立案 □不立案（注销/拒赔） □待确定（原因：　　　）
		商业保险： □立案 □不立案（注销/拒赔） □待确定（原因：　　　）
	事故估损金额	总计： □本车车损 □第三者车辆损失 □本车车上人员伤亡 □第三者人员伤亡 □本车车上财产损失 □第三者车上财产损失 □第三者其他财产损失 □其他

查勘人员签字：	被保险人（当事人）签字：

图 3-7　中国人民财产保险股份有限公司机动车辆保险事故现场查勘记录

中国人民财产保险股份有限公司机动车辆保险现场查勘记录附表

保险单号：　　　　　　　　　　　　　　　　　　报案编号：

三者车辆	1	厂牌型号：		号牌号码：	交强险保单号：	
		驾驶人姓名：		驾驶证号：□□□□□□□□□□□□□□□□□□		起保日期：
		初次领证日期：　年　月　日		性别：□男　□女	准驾车型：	联系方式：
		估计损失：		核定施救费：	其他情况：	
	2	厂牌型号：		号牌号码：	交强险保单号：	
		驾驶人姓名：		驾驶证号：□□□□□□□□□□□□□□□□□□		起保日期：
		初次领证日期：　年　月　日		性别：□男　□女	准驾车型：	联系方式：
		估计损失：		核定施救费：	其他情况：	
	3	厂牌型号：		号牌号码：	交强险保单号：	
		驾驶人姓名：		驾驶证号：□□□□□□□□□□□□□□□□□□		起保日期：
		初次领证日期：　年　月　日		性别：□男　□女	准驾车型：	联系方式：
		估计损失：		核定施救费：	其他情况：	
三者车上财产	损失情况及施救过程描述					
本车车上财产	损失情况及施救过程描述					
三者其他财产	损失情况及施救过程描述					
备注						

说明：第三方车辆多于一辆，或涉及损失类别较多、情况复杂的案件，应使用《机动车辆现场查勘记录附表》。

图 3-8　中国人民财产保险股份有限公司机动车辆保险现场查勘记录附表

(3)查验保险车辆的使用性质

①车辆出险时使用性质与保单载明的是否相符。

②是否运载危险品。

③车辆结构有无改装或加装,是否有车辆标准配置以外的新增设备。

3. 查明出险经过

(1)核实出险时间

①对出险时间是否在保险有效期限内进行判断,对接近保险起讫期出险的案件,应特别慎重,认真查实。

②将出险时间和报案时间进行比对,是否超过 48 小时。

③了解车辆启程或返回的时间、行驶路线、委托运输单位的装卸货物时间、伤者住院治疗的时间等,以核实出险时间。

(2)核实出险地点

①查验出险地点与保单约定的行驶区域范围是否相符。

②对擅自移动现场或谎报出险地点的,要进一步调查。

(3)查明出险原因

①结合车辆的损失状况对报案人所陈述的出险经过的合理性、可能性进行分析判断,积极索取证明、搜集证据。

②注意驾驶人是否存在饮酒、醉酒、吸食或注射毒品、被药物麻醉后使用保险车辆的情况;是否存在超载情况;是否存在故意行为;必要时应协同公安交管部门获取相应证人证言和检验证明。

③对存在疑点的案件,应对事故真实性和出险经过进一步调查,必要时向相关人员进行笔录询问。

④如被保险人未按条款规定协助保险人勘验事故各方车辆,证明事故原因,应在查勘记录中注明。

⑤对于单方事故,应认真核对事故痕迹、做好询问笔录;没有事故现场又缺乏充分证据证明事故经过的,按找不到第三者处理。

⑥对于出险时间接近的两起案件,须认真核查两起报案中事故车辆的损失部位、损失痕迹、事故现场、修理情况等,确定是否属于重复索赔。

4. 查明事故损失情况

(1)确定损失类型

按"本车车损""本车车上财产损失""本车车上人员伤亡""第三者车辆损失""第三者人员伤亡""第三者车上财产损失""第三者其他财产损失""其他"分类记录事故涉及的损失。

(2)估计事故损失金额

①查明受损车辆、货物及其他财产的损失程度,及各方人员伤亡情况。

②估计事故涉及的各类损失金额,并逐项在查勘记录中填写。

事故损失金额指事故造成的直接损失金额,即不考虑事故责任比例、免赔率、免赔额、赔偿比例、分保等因素。

(3)记录、核定施救情况

①机动车、其他财产需要施救的,应记录被施救财产的名称、数量、施救方式、施救过程。

②被施救财产已经施救的,应在查勘记录中记录已发生的施救费用。

③与被保险人或其代理人当场协商确定施救费用的,应在查勘记录中注明。

5.初步判断保险责任

(1)对事故是否属于保险责任进行初步判断

应结合承保情况和查勘情况,分别判断事故是否属于机动车交通事故责任强制保险或商业机动车辆保险的保险责任,对是否立案提出建议。

①对不属于保险责任或存在条款列明的责任免除、免赔情形的,应收集好相关证据,并在查勘记录中注明。

②暂时不能对保险责任进行判断的,应在查勘记录中写明理由。

(2)初步判断事故涉及的险别

查勘人员应根据事故涉及的损失类别、各损失类别的估计损失金额和出险车辆的承保险别,初步判断事故涉及的险别。

(3)初步判断责任划分情况

①交警部门介入事故处理的,依据交警部门认定的责任划分。

②当事人根据"交通事故处理程序规定"和当地有关交通事故处理法规自行协商处理交通事故的,应协助事故双方协商确定事故责任并填写"协议书"。

③当事人自行协商处理的交通事故,应根据协议书内容,结合当地有关交通事故处理法规核实事故责任;发现明显与实际情况不符,缩小或扩大责任的协议,应要求被保险人重新协商或由交警出具"交通事故认定书"。

6.拍摄事故现场、受损标的照片

(1)凡涉及车辆和财产损失的案件,必须进行拍照

①第一现场查勘的,要有现场方位照、现场概貌照、现场中心照、现场细目照、痕迹勘验照。

②非第一现场查勘的,事故照片应重点反映受损车辆车牌号码,车辆、财产损失部位、损失程度的近景照片。

(2)拍摄相关证件及资料

①保险车辆的行驶证(客运车辆准运证)、驾驶人的驾驶证(驾驶客运车辆驾驶人准驾证,特种车辆驾驶人操作资格证)。

②必要时拓印或拍摄保险车辆的发动机号和车架号。

7.缮制查勘记录

(1)根据查勘内容认真填写"查勘记录",并争取报案人签字确认。

①涉及人员伤亡的,要分别登记保险车辆车上人员和车辆、车外人员的死亡、受伤人数。

②对于多车互碰的案件,应对所有第三者车辆的基本情况在"查勘记录附表"中逐车进行登记。

③对于损失情况较为复杂的案件,应在"查勘记录附表"中进行登记。

(2)重大、复杂或有疑点的案件,应在询问有关当事人、证明人后,在"机动车辆保险车辆事故现场查勘询问笔录"中记录,并由被询问人签字确认。

(3)重大、出险原因较为复杂的赔案应缮制"机动车辆保险车辆事故现场查勘草图",现场草图要反映出事故车方位、道路情况及外界影响因素。

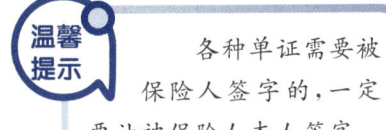

各种单证需要被保险人签字的,一定要让被保险人本人签字。

(4)对VIP客户案件或小额赔案制定优先处理制度的,应在查勘记录中注明案件处理等级。

(三) 指导报案人进行后续处理

1. 告知赔偿顺序

发生机动车之间的碰撞事故的,应告知客户先通过交强险进行赔偿处理,超过交强险责任限额的部分,由商业保险进行赔偿。

2. 出具"机动车辆保险索赔须知"

(1)在"索赔须知"中完整勾选被保险人索赔时需要提供的单证。

①查勘人员查勘第一现场的单方事故和责任明确、当事人自行协商处理的双方事故,可不要求交警出具的事故证明;

②交强险未在本保险公司投保的,应要求客户提供交强险保单正本。

(2)双方确认签字后交被保险人或报案人。

3. 向报案人提供"机动车辆保险索赔申请书"

指导报案人进行填写"索赔申请书",告知报案人让被保险人签名或盖章后与提交索赔单证一并提供给保险人。

4. 约定定损时间和地点

(1)查勘时不能当场定损的,查勘人员应与被保险人或其代理人约定定损的时间、地点。

(2)对于事故车辆损失较重,需拆检后方能定损的案件,应安排车辆到拆检定损点集中拆检定损。

二、立 案

保险企业在查勘结束后24小时内立案,最晚于接报案后5日内,进行立案或注销处理;查勘所涉及的单证可在立案同时或之后收集。接收的查勘资料主要包括查勘记录及附表、查勘照片、询问笔录,以及驾驶证、行驶证照片或复印件等,确保立案人员充分掌握查勘信息。

(一) 判断保险责任

(1)结合保险车辆的查勘信息、承保信息以及历史赔案信息,分别判断事故是否属于商业机动车辆保险和机动车交通事故责任强制保险的保险责任。

（2）经查勘人员核实的重复报案、无效报案、明显不属于保险责任的报案，应提交保险公司专线进行报案注销处理。

（二）估计保险损失

应区分交强险、商业车损险、商业第三者险和车上人员责任险，分别录入或调整估损金额。

（1）属于交强险保险责任的，录入或调整交强险项下的保险损失估计金额。

（2）属于商业保险责任的，分别在对应的主险险别项下录入或调整保险损失估计金额。

（三）立案状态调整和立案注销

拓展实训

1.立案状态调整

（1）立案时，应对交强险和商业险的案件状态分别进行标记。

（2）立案后，应根据案情对交强险或商业保险的立案有效性进行调整，对于不涉及赔偿的险别应加注无效标志。

加注无效标志的条件与立案注销的条件相同，不得随意调整立案状态。

2.立案注销

立案后，如交强险和商业险均不涉及赔偿，应对立案进行注销。立案注销必须满足以下条件之一：

（1）不属于保险责任。

（2）属于保险责任，但客户放弃索赔。

（3）无效数据（垃圾数据）。

（4）客户已报案，但两年内未提交索赔申请书及相关理赔单证的案件。

> **温馨提示**：立案注销时一定要和当事人确认。

3.4 车辆定损与核损

> **通过本单元学习，可以完成下列事项：**
> 1.能够与相关人员共同完成定损工作；
> 2.能够配合相关人员完成核损工作。

一、定　损

保险车辆定损是理赔工作的重要环节,主要包括车辆损失、人身伤亡和其他财产损失的确定,以及施救费用、损余处理等内容。

(一) 定损原则及方法

1. 基本定损原则

被保险车辆因保险事故受损或致使第三者财产损坏,应当尽量修复。修理前被保险人须会同保险人检验,确定修理项目、方式和费用。保险车辆出险后在定损时应遵循以下原则:

(1) 尽量修复原则:能修理的零部件,尽量修复,不得随意更新零部件。

(2) 不扩大损失原则:能局部修复的不能扩大到整体修理。

(3) 协商定价原则:如果未经协商或协商不成,保险人有权核定或拒绝赔偿。因此,与保险人协商定损是解决问题的基本方法。

2. 定损方法

(1) 修理范围的鉴别:区分事故损失与机械损失的界限;区分新旧碰撞损失的界限。

(2) 估损定价的技术依据:了解出险车辆的总体结构及整体性能;熟悉受损零部件拆装难易程度及相关拆装作业量;掌握零部件的检测技术并了解修理工艺及所需工具;掌握修复过程的辅助材料;掌握事故车辆修复后的鉴定技术标准。

(3) 基本方法步骤:弄清受损部位并判断和确定因肇事部位的撞击、震动可能引起其他部位的损伤;根据确定的修复部位和方案确定工时费用;根据需要更换或修复的汽车配件的价格确定材料费用。

(4) 几种典型情况的处理方法

① 确定工时费用要处理好与修理厂的矛盾。

② 确定更换配件方面处理好与保户的关系。

③ 重大事故及特殊车型定损问题要慎重,尽量安排在保险公司的定损中心和指定修理厂进行。

④ 外地出险的车辆可委派当地的分支机构进行查勘并及时反馈查勘信息。

⑤ 车上货损的处理要灵活,如对于易腐烂、易变质的货物要征得领导同意后尽快在现场变价处理;对机电设备损坏程度的确定应联系有关部门进行严格的技术鉴定,对确认报废的要计算残值并折算给被保险人。

⑥ 施救中新损失的处理办法,区分不合理的施救表现:对倾覆车辆在吊装中未合理固定,造成二次倾覆;在使用吊车时未对车身合理保护,致使车身大面积受损;移动车辆未进行检查,导致车辆机械损坏;在分解施救过程中,造成零件损坏或丢失的。

(二) 确定车辆损失

确定车辆损失时应会同被保险人和修理厂进行损失确定工作；对于涉及第三者责任的，必要时还应有第三者或者其保险人参与损失确定工作。在确定车辆的损失之前，对于损失情况严重和复杂的，在可能的条件下，应对受损车辆进行必要的解体，以保证检验工作能够全面反映损失情况；车辆的损失是由其修复的费用具体体现的，对不经过保险人定损而被保险人自行修理的车辆，保险人在重新核定修理费用时，被保险人应当如实向保险人提供车损情况、修理情况、证明材料等，如不属实，保险人会部分或全部拒赔。

1. 车辆损失的定损内容

（1）核实保险标的。核实车辆的车牌号码、厂牌型号、生产厂家、发动机号、车架号或车辆识别编码，确认出险车辆是否为承保标的，拓印、拍摄发动机号和车架号。

（2）检查车辆损失。根据"查看报告"记录的案情内容，认真检查受损车辆，拍摄车辆损失照片，确定受损部位、损失项目、损失程度，投保车辆有严重隐蔽待查项目的，应该等待车辆解体后或修复过程中试车再确认待查项目的损失。对没有进行现场勘查的案件，定损人员均应采集证据，根据当事人所写事故经过判断是否有异议，如有异议应同当事人复勘第一现场，有必要的应到相关处理部门调查了解情况。

（3）制订修理方案。与客户协商确定修理方案，包括换件项目和数量、修复项目和数量、检修项目和数量以及修理工时；应该积极协助被保险人处理换件的残值，并合理作价，在定损金额中扣除。若协商不成，应将车辆的旧件收回后，按公司相关规定处理。

（4）上报审核，及时获取技术指导。根据换件项目、修理项目的有关内容，出具"机动车辆保险车辆损失情况确认书"（含零部件更换项目清单和修理项目清单，一式两份），对规定需要审核的定损单，上报核价核损岗位审核。定损后发现超出自己定损权限的案件及时上报给核损人员审核，核损人员对案件有异议的应及时与被保险人进行解释、沟通。对损失金额较大，双方协商难以定损的，或受损车辆技术要求高，难以确定损失的，可聘请有关专家或委托公估机构进行定损。

（5）出险现场查勘记录。详细核定事故造成的车辆损失部件和修理项目，逐项列明修理所需的工时、工时的定额（单价）、需要更换的零配件项目；对于必须更换的零部件应进行询价、报价；确定修复所需要的全部费用，并与被保险人和可能涉及的第三者协商，最后共同签订"机动车辆保险定损确认书"。

2. 车辆定损应注意的几个问题

（1）应注意区分本次事故和非本次事故造成的损失，事故损失与正常维修的界限，尤其在检验地点不是第一现场的情况下更应当注意区分。对确定本次事故损失的部分应坚持尽量修复的原则，如车主提出扩大修理或应修理却要求更换部件时，其超过部分的费用应由被保险人自行承担，并在"机动车辆保险定损确认书"中明确注明。

（2）应尽可能地一次性完成确定损失的工作，避免二次定损。但是，对于损失状况严重而且复杂的，可能在受损车辆解体后发现尚有属于本次事故造成的损失，应要求修理人及时通知检验人员进行二次检验，在核实后，可追加修理项目和费用，但也必须签订"机动车辆保险定损确认书"。

(3)受损车辆在检验人员检验之前,已经由被保险人自行送修的,根据保险条款有关规定,保险人有权重新核定修理费用或拒绝赔偿。在重新核定损失时,应对照查勘记录,逐项核对修理项目和费用,剔除其扩大修理和其他不合理的项目费用。

(4)注意对更换零配件工作的控制和管理。

(5)经保险公司事先书面同意,对保险车辆损失原因进行鉴定和损失评估的费用可以负责赔偿。对于不合理的鉴定和评估,应当要求被保险人拒绝,而其相应的费用也不属于保险责任的范围。

(6)检验定损人员应随时掌握最新的零配件价格,了解机动车辆修理工艺和技术,以避免一味压低理赔价格,造成修理厂无法按常规修复的错误或被骗保。

(7)车损照片的拍摄要求。对受损车辆的照片要从远到近拍摄;全车照片应与车辆中心线呈45°拍摄,并能够反映出事故车的全貌、车牌号码、受损部位;车牌脱离车体的,用粉笔标记车号,严禁单独拍摄车牌及损失部位。车损超过1万元的全车照片要求至少前、后两张,超过2万元的全车照片要求至少前、后四张,以便对车辆总体损失有直观了解。尽量避免使用立式拍摄,严禁使用对角拍摄方式;损失部位不明显的,应做标记或只在损失处拍摄。拍摄玻璃照片时,注意玻璃的光线反光;玻璃单独破碎险中若玻璃损坏不严重时,先拍一张照片,再击打玻璃受损处,损失扩大明显后,再拍一张照片。受损金额较大的零部件、总成件应单独拍摄;需拆检的,拆卸损坏部件单独拍摄,并配上车牌或用粉笔注明车号。根据拍摄部位的不同(如车架号、缸体损坏的细小裂纹等),要灵活调整相机焦距、曝光,以保证拍摄的照片能清晰准确地反映损失情况。

> **特别提示**
>
> 受损车辆原则上采取一次性定损,定损完毕后,可以由被保险人自行选择修理厂修理,或应被保险人要求推荐、招标修理厂修理。推荐、招标的修理厂应尽量选择资质为一类的汽车修理厂或专业汽车维修站;对重大车辆损失案件,可采取修复中抽检,修复后复查的形式,跟踪事故车辆修理全过程。

3.维修费用的确定

在机动车辆保险的经营成本中,事故车辆的维修费用是一个重要部分;同时,维修质量在一定程度上体现了机动车辆保险产品的服务质量。为此,保险公司应当加强对事故车辆修复工作的管理。

目前,我国汽车维修行业的价格属于管制价格。由于各地的物价指数差异较大,采用的是由各省交通厅和物价委员会根据当地市场和物价指数情况,联合制定并颁布的《机动车辆维修行业工时定额和收费标准》,作为机动车辆维修行业的定价依据。通常,每两年更新一次定价标准。

事故车辆的维修价格主要由三部分构成:修理的工时费、材料费和其他费用。

(1)工时费

$$工时费 = 定额工时 \times 工时单价$$

式中,定额工时是指实际维修作业项目核定的结算工时数;工时单价是指在生产过程中单位工时的收费标准。

(2) 材料费

$$材料费 = 外购配件费(配件、漆料、油料等) + 自制配件费 + 辅助材料费$$

式中,外购配件费按实际购进的价格结算;漆料、油料费按实际消耗量计算,其价格按实际进价计算;自制配件费按实际制造成本结算;辅助材料费是指在维修过程中使用的辅助材料的费用。但是,在计价标准中已经包含辅助材料的不得再次收取。

(3) 其他费用

$$其他费用 = 外加工费 + 材料管理费$$

式中,外加工费是指在汽车维修过程中,实际发生在场外加工的费用。但是,凡是维修项目范围内的外加工费,不得另行收取。材料管理费是指在材料的采购过程中发生的采购、装卸、运输、保管、损耗等费用。

4. 零配件及报价

在保险车辆事故修理费的构成中,零配件所占的比例相当大,在轿车的维修中零配件所占成本的比例能够达到70%。由于零配件的生产厂家众多,市场上不但有原厂或正规厂家生产的零配件,还有许多其他小厂家生产的零配件,因此,在零配件市场上,即使同样的零配件,其价格也不一样。另外,由于生产厂家的生产调整、市场供求变化、地域的差别等多种原因也造成零配件价格不稳定。特别是进口汽车零部件没有统一的价格标准,而且变化范围较大,使其价格差异很大。

为此,保险公司必须建立一个完整、准确、动态的询报价结合的报价体系。在这方面,大的保险公司,如人寿保险、平安保险都建立了独立的报价系统,而中小公司则采用与专业机构合作的方式。例如,人保通过在保险公司内部建立零配件报价体系——事故车辆定损系统,一方面能够利用自身的业务员,形成较大的购买力,继而获得一个较为优惠的供应价格;另一方面,能够给予系统内的所有经营机构以支持,使得经营机构在定损的过程中能够争取主动,保证定出的零配件价格做到"有价有市"。这不但对于降低赔付率,加快理赔速度有明显的成效,而且对于保险公司经营管理的规范化和科学化,乃至廉政建设均起到了积极的作用。

● **特别提示**

对于更换下来的受损零配件应由查看检验人员回收管理,以免被少数不法分子经过简单的修复后继续使用,留下事故隐患。

(三) 确定人身伤亡的费用

1. 人身伤亡费用的确定

事故常常会造成人员伤亡,从而可能构成第三者责任险、车上责任险等险种的赔偿对象。检验人员应根据保险合同的规定和有关法律、法规,妥善处理。

(1) 对于保险事故中出现人身伤亡的,应当立即将受伤人员送往医院急救,以抢救生命和控制伤情。目前,我国的大多数保险公司在承保了第三者责任险或车上责任险的情况下均向被保险人提供"医疗急救费用担保卡",有的还与有关的医院签订了协议建立保险事故受伤人员急救"绿色通道",以确保保险事故受伤人员能够得到及时治疗。

(2)按照《道路交通事故处理办法》的规定,人身伤亡可以赔偿的合理费用主要包括以下内容:

①受伤人员的医疗费用:指受伤人员在治疗期间发生的由本次事故造成的损失的医疗费用(限公费医疗的药品范围)。

②与医疗相关的费用:指在医疗期间发生的误工费、护理费、就医交通费、住院伙食补助费等。

③残疾赔偿费用:指残疾者生活补助费和残疾补助费。

④死亡人员的赔偿:指死亡补偿费。

⑤与死亡相关的处理费用:指丧葬费。

⑥抚养费用:指死亡人员的被抚养人的生活费。

⑦其他费用:指伤亡者的直系亲属及合法代理人参加交通事故调解处理的误工费、交通费和住宿费。

(3)被保险人在向保险人提出索赔前应对所有费用先行支付,而后将所得的单证以及相关资料提交给检验人员作为索赔依据,检验人员应及时审核被保险人提供的事故责任的认定书、事故调解书和伤残证明以及各种有关费用单证。费用清单应分别列明受害人姓名及费用项目、金额以及发生的日期。

收到被保险人提供的上述单证后,检验人员应认真审核,根据保险条款和《道路交通事故处理办法》,对不属于保险责任范围内的损失和不合理的费用,如精神损失补偿费、请客送礼费等给予剔除,并在人员伤亡费用清单上"保险人的意见"栏内注明剔除项目及金额。

(4)人员伤亡赔偿标准的计算,保险公司是根据《道路交通事故处理办法》以及机动车辆保险条款的有关规定进行逐项计算的。根据规定,交通事故损害赔偿共计以下十三项,这十三项赔偿项目是法定赔偿项目,也是保险公司依法赔偿的项目,除此以外的其他项目保险公司不予赔付。这十三项赔偿项目如下:

①医疗费。医疗费是指在交通事故中受伤人员的医疗费用。医疗费根据医疗机构出具的医药费、住院费等收款凭证,结合病例和诊断证明等相关证据确定。赔偿义务人对治疗的必要性和合理性有异议的,应当承担相应的举证责任。

医疗费的赔偿数额,按照一审法庭辩论终结前实际发生的数额确定。器官功能恢复训练所必需的康复费、适当的整容费以及其他后续治疗费,赔偿权利人可以待实际发生后另行起诉,但根据医疗证明或鉴定结论确定必然发生的费用,可以与已经发生的医疗费一并予以赔偿。

②误工费。误工费根据受害人的误工工时和收入状况决定。务工时间根据受害人接受治疗的医疗机构出具的证明确定。受害人因伤致残持续误工的,务工时间可以计算至定残日期前一天。受害人有固定收入的,误工费按照实际减少的收入计算。受害人无固定收入的按照其最近三年的平均收入计算;受害人不能举证证明其最近三年的平均收入状况的,可以参照受诉法院所在地相同或者相近行业上一年度职工的平均工资计算。

③护理费。护理费是指伤者、残者或者死者生前,在医院抢救治疗期间或者康复过程中所必需的陪护人员的误工费或工资。

> **特别提示**

护理费根据护理人员的收入状况和护理人数及护理期限确定。护理人员有收入的,参照误工费的规定计算;护理人员没有收入或者雇佣护工的,参照当地护工从事同等级别护理的劳务报酬标准计算。护理人员原则上为一人,但医疗机构或者鉴定机构有明确意见的,可以参照确定护理人员人数。

护理期限应计算至受害人恢复生活自理能力时止。受害人因残疾不能恢复生活自理能力的可以根据其年龄、健康状况等因素确定合理的护理期限,但最长不超过 20 年。受害人定残后的护理,应当根据其护理依赖程度并结合配置残疾辅助器具的情况确定护理级别。超过确定的护理期限,赔偿权利人向人民法院起诉请求继续给付护理费的,人民法院应予受理。赔偿权利人的确需护理的,人民法院应当判令赔偿义务人继续给付相关费用 5~10 年。

④交通费。交通费根据受害人及其必要的陪护人员因就医或者转院治疗实际发生的费用计算。交通费用包括四种费用:受害人上医院就医时的交通费用;受害人转院就医时的交通费用;护理人员(陪护人员)的交通费用;受害人死亡后,其亲属办理丧葬事宜时的交通费用。

交通费用应当以正式票据为凭据,有关凭据应当与就医地点、时间、人数、次数相符合。

⑤住宿费。住宿费是指受害人有必要到外地治疗,因客观原因不能住院,受害人本人及其陪护人员实际发生的住宿费用。住宿费的合理部分保险人应予赔偿。住宿费凭住宿发票计算赔款。

⑥住院伙食补助费。住院伙食补助费是指对受害人住院治疗期间的伙食费用的一定补助。只对在住院期间给予补助,未住院者不予以补助。

受害人确有必要到外地治疗,因客观原因不能住院,受害人本人及其陪护人员实际发生的住宿费和伙食费,其合理部分应予以赔偿。住院伙食费补助费可以参照当地国家机关一般工作人员的出差伙食补助标准予以确定。

⑦营养费。营养费是指受害人通过平时的食品摄入尚不能达到受损前身体康复的要求,而需要增加营养品作为对身体补充所支出的费用。营养费根据受害人伤残情况,参照医疗机构的意见确定。

⑧残疾赔偿金。残疾赔偿金根据受害人丧失劳动力程度或者伤残等级,按照受诉法院所在地上一年度城镇居民人均可支配收入或者农村居民人均纯收入标准,自定残之日起按 20 年计算。但 60 周岁以上的,年龄每增加 1 岁减少 1 年;75 周岁以上的,按 5 年计算。

受害人因伤残但实际收入没有减少,或者伤残等级较轻但造成职业妨碍严重影响其劳动就业的,可以对残疾赔偿金做相应调整。超过确定的残疾赔偿金给付期限,赔偿权利人向人民法院起诉请求继续给付残疾赔偿金的,人民法院应予以受理。赔偿权利人确实没有劳动能力和生活来源的,人民法院应当判定赔偿义务人继续给付相关费用5~10 年。

赔偿权利人举证证明其所在地或经常居住地城镇居民人均可支配收入或者农村居民人均纯收入高于受诉法院所在地标准的,残疾赔偿金可按照其住所所在地或者经常居住地的相关标准计算。

按伤残鉴定机构出具的伤残鉴定书,并对照国家质量监督检疫总局发布的国家标准《道路交通事故受伤人员伤残评定》确定伤残等级,见表 3-1。

表 3-1　　　　　　　　　　　伤残等级与赔偿比例

伤残等级	1	2	3	4	5	6	7	8	9	10
赔偿比例/%	100	90	80	70	60	50	40	30	20	10

⑨残疾辅助器具费。残疾辅助器具费按照普通适用器具的合理费用标准计算。伤情有特殊需要的,可以参照辅助器具配置机构的意见确定相应的合理费用标准。

辅助器具的更换周期和赔偿期限参照配制机构的意见确定。超过确定的残疾辅助器具费给付期限,赔偿权利人向人民法院起诉请求继续给付辅助器具费的,人民法院应予受理。赔偿权利人确需继续配置辅助器具的,人民法院应当判令赔偿义务人继续给付相关费用 5~10 年。

⑩丧葬费。丧葬费为在交通事故中死亡人员的有关丧葬费用,包括整容、寄存尸体、火化、骨灰盒、搬运尸体等必需的费用。丧葬费按照受诉法院所在地上一年度职工月平均工资标准,以六个月总额计算。

⑪被抚养人生活费。被抚养人生活费是指死者生前或残者丧失劳动能力前实际抚养的未成年子女或没有其他生活来源的配偶、父母等亲属在物质和生活上提供辅助与供养的费用。

被抚养人是指受害人依法应当承担抚养义务的未成年人或者丧失劳动能力又无其他生活来源的成年近亲属。被抚养人还有其他抚养人的,赔偿义务人只赔偿受害人依法应当负担的部分。被抚养人有数人的,年赔偿总额累计不超过上一年度城镇居民人均消费性支出额或者农村居民人均年生活消费支出额。

● **特别提示**

被抚养人生活费根据抚养人丧失劳动能力程度,按照受诉法院所在地上一年度城镇居民人均消费性支出和农村居民人均年生活消费支出标准计算。被抚养人为未成年人的,计算至 18 周岁;被抚养人无劳动能力又无其他生活来源的,计算 20 年。但 60 周岁以上的,年龄每增加 1 岁减少 1 年;75 周岁以上的,按 5 年计算。

赔偿权利人举证证明其所在地或经常居住地城镇居民人均可支配收入或者农村居民人均纯收入高于受诉法院所在地标准的,被抚养人生活费可按照其住所所在地或者经常居住地的相关标准计算。

⑫死亡补偿费。死亡补偿费是指对于在交通事故中死亡人员的一次性补偿,具体的死亡补偿费计算公式为:

$$死亡补偿费 = 年平均生活费 \times 补偿年限 \times 事故责任比例 \times (1 - 免赔率)$$

死亡补偿费按照受诉法院所在地上一年度城镇居民人均可支配收入或者农村居民人均纯收入标准,按 20 年计算。但 60 周岁以上的,年龄每增加 1 岁减少 1 年;75 周岁以上的,按 5 年计算。

> **特别提示**

赔偿权利人举证证明其住所所在地或经常居住地城镇居民人均可支配收入或者农村居民人均纯收入高于受诉法院所在地标准的,死亡补偿费可按照其住所地或者经常居住地的相关标准计算。

⑬后续治疗费。后续治疗费是指对损伤经治疗后而遗留功能障碍需再次治疗的或伤情尚未恢复需二次治疗所需的费用。后续治疗费可待实际发生后予以赔偿。但根据医疗证明或鉴定结论确定必然发生的费用,可与已经发生的医疗费一并赔偿。

2. 注意事项

(1)医疗费需严格控制。在受害者送医院时就开始此过程的介入,全面了解受害者受伤和治疗的情况、各类检查和用药情况。对于一些疑难的案件,可以委托专业医务人员协助。

(2)伤者住院期间经医院确定要带护理人员的,护理人员最多不超过2人。伤者要转医赴外地治疗时,需由所在医院出具证明并经事故处理部门同意,伤残鉴定费经过保险人员同意,方可负责。

(3)抚养费用也需要认真核实。

(4)被保险人和受害者提供的索赔支持材料,如被抚养人的情况及生活费、医疗费、伤残鉴定证明等是否缺乏真实性、合法性、合理性。

(5)交通警察在事故处理过程中出具的交通事故经济赔偿调解协议书,是在其主持下由双方根据有关规定进行协商的结果,这种结果如果明显违背了相关规定,可以视同被保险人对自己合法权益的不当放弃,则保险人应当赔偿的金额可以根据有关规定进行二次计算,并以此作为保险赔偿的依据。

(四) 其他财产损失的确定——第三者财产损失、车上货物损失的确定

保险事故导致的财产损失,除了车辆本身的损失之外,还可能造成第三者的精神损失、财产损失和车上承运货物的损失,从而可能构成交通事故精神损失损害赔偿金、第三者责任险、车上责任险赔偿对象。

交通事故精神损害赔偿险责任是基于保险车辆发生交通事故,致使第三者或车上人员受到伤害,受害方据此提出精神损失赔偿要求,应根据法院的判决中确定的应由被保险人承担的法律责任,按合同约定,在赔偿限额内予以赔偿。对于车上承运货物的损失,应当会同被保险人和有关人员对受损的货物进行逐项清理,以确定损失数量、损失程度和损失金额。

第三者财产损失赔偿责任是基于被保险人的侵权行为产生的,应根据《中华人民共和国民法典》有关规定按照被损坏财产的实际损失予以赔偿。可以采用与受害人协商的方式,若协商不成可以采用仲裁或者诉讼的方式。

非车辆财产损失的定损:

(1)财产损失应同被保险人和有关人员逐项清理,拍摄损失照片,确定损失数量、损失程度和损失金额,同时要求被保险人提供有关货物、财产的原始发票。定损人员核实修复费用或重置价格后,制定"财产损失责任书",由被保险人签字认可。

(2)对受损财产技术性强、定损难度大的物品,如较难掌握赔偿标准可聘请技术监督部

门或专业维修部门鉴定,严禁盲目定价,必要时请生产厂家进行鉴定。

(3)根据车险条款规定,损失残值应尽可能协商折价归被保险人,并在赔款中扣除。

(4)其他物资查勘定损

①市政和道路交通设施:如广告牌、电线杆、防护栏、隔离柱、绿化带等,在定损中按损坏物产的制作费用及当地市政、路政、交通部门的赔偿标准定损。

②房屋建筑:了解房屋结构、材料、损失状况,然后确定维修方案,最后请当地专家、建筑施工单位对损失部分及维修方案进行预算招标,确定最低修复费用。

③农田庄稼:对青苗按青苗费用加上一定的补贴即可,成熟期的庄稼可按当地同类农作物平均产量预算定损。

④牲畜:牲畜受伤以治疗为主,受伤后失去使用价值或死亡的,凭畜牧部门证明或协商折价赔偿。

⑤车上货物及其他货品:对于车上载运货物的损失,应会同被保险人和有关人员对受损的货物进行逐项清理,以确定损失数量、损失程度和损失金额;在损失金额的确定方面应坚持从保险利益原则出发,注意掌握在出险时的标准,或者已经实现的价值,确保体现补偿原则。

⑥应根据不同的物品分别定损,对一些精密仪器、家电、高档物品等应核实具体数量、规格、生产厂家,可向市场或生产厂家了解物品的价格;另外,对于车上货物还应取得运单、装箱单、发票,核对装载货物情况,防止虚报损失。

(五) 施救费用的确定和残值处理

1.施救费用的确定

施救费用指的是当被保险标的遭遇保险责任范围内的意外灾害事故时,被保险人或其代理人、雇佣人员等采取必要抢救措施以防止损失扩大,其中因采取必要施救措施而支出的合理费用。合理的费用是指施救行为支出的费用,是直接的、必要的,并符合国家有关政策的规定。

施救费用的确定要严格按照条款规定事项并要注意以下几点:

(1)被保险人使用他人(非专业消防单位)的消防设备,施救保险车辆所消耗的费用及设备损失可以赔偿。

(2)保险车辆出险后,雇佣吊车和其他车辆进行抢救的费用,以及将出险车辆托运到修理厂的运输费用,按当地物价部门颁布的收费标准予以赔偿。

(3)在抢救过程中,因抢救而损坏他人的财产,如果应由被保险人承担赔偿责任的,可酌情予以赔偿;但在抢救时,抢救人员个人物品的丢失,身体受到的伤害不予赔偿。

(4)抢救车辆在托运受损保险车辆途中发生意外事故造成的损失和费用支出,如果该抢救车辆是被保险人自己或他人义务派来抢救的,应予以赔偿;如果抢救车辆是有偿的,则不予赔偿。

(5)出险后,被保险人赶赴肇事现场处理所支出的费用,不予负责。

(6)保险公司只对保险车辆的施救费用负责,保险车辆发生保险事故后,涉及两辆车以上应按负责分摊施救费用;受损保险车辆与其所装货物(或其拖带其他保险公司承担的挂车)同时被施救,按其施救货物(或其他保险公司承保的挂车)的实际价值进行比例分摊赔偿。

(7)保险车辆为进口车或特种车,发生保险责任范围的事故后,当地确实不能修理,经保险公司同意去外地修理的移送费,可予以负责赔偿;但护送车辆者的工资和差旅费,不予负责。

(8)交强险中受害人财产损失需要施救的,财产损失赔款与施救费用累计不超过财产损失赔偿限额。

(9)商业保险的施救费用与修理费用应分别核定和理算。

2.损余处理(残值处理)

损余处理是指保险公司根据保险合同履行了赔偿并取得对于受损标的所有权,对尚存一部分经济价值的受损标的进行的处理。

● **特别提示**

在通常情况下,对于残值的处理均采用协商作价归还被保险人的方法,并在保险赔款中做相应的扣除。如果保险双方协商不成,保险公司可以将已经赔偿的受损物资收回。这些受损物资可以委托有关部门进行拍卖处理,处理所得款项应当冲减赔款。一时无法处理的,则应由保险公司的损余物资管理部门收回。

(六) 车辆常见设备或部件的定损

1.发动机的定损

(1)发动机的基本结构

发动机是一种由许多机构和系统组成的复杂机器。在定损时,要根据具体的构造来确定价格。

(2)曲柄连杆机构的定损

一般事故不会造成发动机曲柄连杆机构的损坏,但是严重的碰撞事故以及倾覆事故,则可能造成发动机曲柄连杆机构中的零部件损坏。碰撞事故相对倾覆事故更容易造成发动机的损坏;在碰撞事故中,轿车类车辆相对货车类(含旅行车、大客车)更容易造成发动机的损坏。

碰撞事故可能造成以下主要零部件的损坏:

①气缸体。常见的损坏形式有气缸体螺孔处损伤、气缸体裂纹或破裂、缸盖局部破损或破裂。

②气缸盖。在碰撞事故中,常见的气缸盖损坏有气缸盖外部的部件固定螺栓孔撞裂、螺孔内螺纹损坏、缸盖内局部破损或破裂。对于固定螺栓孔撞裂以及螺孔内螺纹损坏可采取修复方法进行处理,但对缸盖有破损、掉块的则很难采取焊补方法进行处理,一般情况下应予以更换。

③油底壳。在碰撞事故中,有时油底壳会有不同程度的变形或破裂。对于一般变形或有裂纹的,可采取整形或焊补修复处理;对于铝合金铸造形成的因其较脆,受碰撞撞击后多

为破裂,若碰撞破损碎块未遗失则可采取修焊处理,但受碰撞破损后碎块遗失则一般很难焊补处理。

④连杆。连杆轻微变形可进行矫正修复,严重变形的则无法修复,应予以更换。

⑤曲轴。在严重碰撞事故中,将可能造成曲轴前端皮带轮破碎,对于曲轴弯曲变形不大的可进行校正处理。

⑥飞轮。汽车发动机的飞轮大都是铸铁制成的,其断面尺寸较大,且外部受飞轮壳保护,一般很少见到因碰撞而受损的现象。

⑦轮壳。汽车发动机和变速器是通过飞轮壳连接成一个整体的,发动机的缸体以及变速箱壳体一般都是方箱式铸件,而飞轮壳则是薄壳式铸件,在这三个铸件中飞轮壳的刚度最差,也就是在碰撞(或倾覆)事故中飞轮壳相对于发动机缸体和变速箱壳体最容易受到损坏。飞轮壳一般是由铸铁或铝合金制成的,断裂后修复焊接工艺比较复杂,且飞轮壳起支撑连接作用,受力较大,修焊后的飞轮壳很难保证能够使用,一般情况下都采取更换处理。

● **特别提示**

定损时应注意区分损坏部分属于使用过程中的机械损坏,还是由保险责任事故所造成的损坏。区分方法:根据碰撞部位和接触点,判断撞击力能否使该处产生损坏(主要指裂纹);检查裂纹的新、旧程度,新的裂纹无油污和锈痕,而旧有的裂纹则有油污和锈痕。

(3)配气机构的定损

主要区分运行过程中的正常损坏和碰撞事故中的损坏。

①运行过程中的正常损坏

a.气门磨损、弯曲和歪斜。气门和气门座圈因受高温高压气体的冲击和承受工作过程中的机械负荷,所以容易烧蚀和磨损。

b.气门弹簧折断。弹簧材质不佳或热处理不当;弹簧长期在高速、过热的状态下工作,金属材料因疲劳而折断;发动机转速急剧变化,使气门弹簧压缩和伸张的频率突然猛增,从而加速金属疲劳而折断;不等距弹簧由于安装颠倒造成惯性力和振动大大增加,容易使弹簧折断。

c.气门挺杆磨损。气门挺杆与挺杆导管经过长期相对运动而产生自然磨损,当自然磨损过大,配合有松动时,挺杆的上下运动将发生偏斜摇摆,导孔不能起导向作用,从而加速磨损。

d.摇臂推杆组磨损和折断。由于摇臂推杆经常在高速冲击负荷下工作,加之润滑不良,在使用过程中容易磨损、折断。

e.凸轮轴、凸轮磨损和弯曲。凸轮轴经过长期使用,或其他部位发生故障,将使凸轮轴产生弯曲、扭转变形、凸轮工作表面磨损等故障。

f.正时齿轮损伤。正时齿轮经长期使用而磨损,啮合齿隙增大,并发出声响;齿轮牙齿碰伤或损坏掉牙,或个别齿轮牙齿不合规格时也会发生声响。

②碰撞事故中的损坏

a.正时齿轮盖产生裂纹或变形。

b.正时齿轮牙齿损伤,齿轮毂部裂纹或振动。

c.凸轮轴弯曲或轴承座损坏。

d.置顶式配气机构还可能使气门室破裂变形。

e.摇臂轴及摇臂弯曲,摇臂支座断裂。

凡发生上述损坏,考虑到发动机运转的要求,通常情况下都采取更换的办法进行定损处理。

(4)润滑系统的定损

①运行中的正常损坏

a.机油滤清器的损坏。滤网被油污遮盖不通,或滤网损坏;浮筒凹陷或破裂下沉,浮筒内油污过多或滤网机油过多而堵塞,使吸油量减少,引起机油压力下降,油管阻塞。

b.润滑油道损坏。油道被油污、杂物所堵塞,使得润滑油流动受阻,甚至不能通往任务油路;各油道因裂纹或损坏而渗油、漏油,将造成运动机件严重磨损或烧损事故。

c.机油泵的磨损。机油泵经长期使用后会造成齿轮磨损,啮合间隙增大,从而使泵油量减少和供油压力降低。

d.机油滤清器和散热器损坏。机油滤清器的常见故障是阻塞不通,旁通阀压力差调整不当;机油滤清器旁通阀弹簧张力不足,使球阀关闭不严,机油压力不稳;机油散热器常见的故障是管道阻塞不通,管道破裂,散热器重叠变形。

②碰撞事故中的损坏

当车辆发生碰撞或倾覆事故时,润滑系统零件的损坏有以下几种情况:

a.正面碰撞。机油散热器装在冷却水散热器的前面,车辆发生碰撞时,机油散热器容易变形、损坏、发生漏油;装在正时齿轮盖上的限压阀,因正面严重碰撞,会因齿轮盖的变形而损坏;通往散热器的机油管因碰撞可能折断,造成螺栓(母)变形、螺纹损坏。

b.侧面碰撞。机油组、细滤清器会因撞击使外壳凹陷、变形,滤芯损坏;空气滤清器与曲轴箱连接的通气管、机油管与空气滤清器的连接管以及机油管因碰撞会变形、断裂。

● **特别提示**

对于机油组、细滤清器外壳轻微凹陷、变形可予以加热校正处理,但一般情况下都采取更换方式处理。对于各通气管、机油管变形、断裂的一般都应更换。

(5)燃料供给系统的定损

①损坏表现

汽油箱、汽油滤清器、汽油泵、化油器、空气滤清器、消声器及进、排气气管等都会在正常工作运行中出现损坏。在车辆碰撞事故中的损坏主要表现在以下两个方面:

a.侧面碰撞。载重车油箱大多装在载车架外侧,车辆交会或车辆向油箱一侧倾覆时,油箱容易碰撞凹陷、变形、破漏。尤其油箱侧面的加油管,容易刮碰使其变形或与油箱结合处裂开;油箱的前部与外侧面容易碰撞凹陷,结合处易裂开;碰撞严重时装在加油管内的延伸管及滤网也可能变形损坏。汽油滤清器一般固定在车架外侧,在车辆碰撞或倾覆事故中一般不易破坏,但有时可能因撞击油管,使油管接头及滤清器盖损坏。汽油泵安装在发动机体侧面,只有当侧面严重碰撞或倾覆,其他零件变形或位移时,才有可能撞击汽油泵。

b.正面或车头前部侧面碰撞。空气滤清器碰撞凹陷、变形;化油器损坏;进、排气气管断裂;排气管和消音器碰撞凹陷。

②定损处理

油箱:对于加油管与油箱连接处开裂或油箱焊接开裂的可以焊修处理,但焊修时必须遵守操作规程,对于油箱因大面积碰撞变形或破裂的则予以更换。

汽油泵:汽油泵壳体损坏的一般可更换总成件。

化油器:对于中体及上体因碰撞断裂的可予更换,下体断裂的可焊接处理。对于化油器外部部分附件损坏的可设法配附件,尽量避免更换化油器总成件。

排气管和消音器:若轻微碰撞、凹陷不影响使用时可不必修复;若碰撞严重,则应予更换。

(6)冷却系统的定损

①损坏表现

冷却系统的损坏主要表现在以下两方面:

a.运行中的正常损坏:散热器的损坏、水泵的损坏、调温器的损坏。

b.碰撞事故中的损坏:冷却系统主要零部件(散热器、水泵)是装在发动机的前部,车辆发生碰撞事故时,这些零部件容易受到损坏。

②定损处理

散热器:严重凹陷、冷却水管多处折断、扭曲的可予以更换;轻微扭曲的可以修焊处理;能修复的尽量避免更换。

空调:能修复就修复,不能修复就更换。

水泵:水泵壳体是由铸铁制成的,若碰撞产生裂纹不在轴承座时,可焊接修复;若泵壳破碎则应更换壳体;水泵轴弯曲的可施压校正,叶轮破裂的应更换。

2.底盘的定损

(1)传动系统的定损

汽车传动系统的作用是将发动机发出的动力可靠地传给汽车的驱动车轮。目前轿车类通常采用后轮驱动及前轮驱动两种形式,大货车则基本上都采用后轮驱动形式。传动系统由离合器、变速器、万向传动装置及驱动桥等组成。

①离合器

离合器绝大多数事故表现为操纵机构受损、踏板拉杆及踏板轴弯曲变形、分离叉弯曲变形、分离油缸破裂。只有当车架前部的飞轮发生位移时,才可能造成离合器内部机件损坏。

● **特别提示**

对于离合器外部操纵构架变形的可以采取校正方法处理。一般不分解检查,对于严重的倾覆造成发动机或变速器损坏的,可视情况分解检查。对于事故性损失的离合器零件则必须采取更换办法处理,工时费用的确定可以按照当地维修行业项目工时定额。

②变速器

变速器各零部件的损坏一般情况下无法修复都需要更换,在更换时原则上哪部分零件损坏更换哪部分(如变速箱壳体、操纵机构),但前提是配件市场可提供该类配件。轻易不得更换变速器总成件。若更换变速器壳体,其工时费用按变速器三保作业范围工时定额确定。

变速器壳体局部裂纹,可采取修焊处理。对于严重碰撞造成变速器壳体严重受损需要更换壳体时,对变速器内部的齿轮、轴、轴承等可能造成损坏,应对此零件重点检查。

③万向传动装置

在一般碰撞或倾覆事故中,万向传动装置基本上都不会损坏。只有当车辆遭受严重碰撞时,才会有可能导致万向传动装置的损坏。

对于前轮驱动的,当汽车前侧部受到碰撞,左前轮向后位移,若位移量过大,使半轴轴线摆角超出万向节允许摆角限度时,球笼万向节可能受到损伤,或者造成传动轴弯曲。当球笼变形损坏或发卡发响时,一般应予以更换。对于传动轴轻微变形的可进行校正处理,但其校正后的径向跳动量应满足技术要求;对于传动轴变形稍严重的,因其属于旋转运动件,校正后很难满足技术要求,一般情况下应予更换。

对于后轮驱动的,当后桥严重位移时,则会使主传动轴弯曲及两端的万向节损坏;车架严重变形,安装中间支承的横梁严重变形,会造成中间支承的支架断裂,轴承损坏,甚至可能使中间传动轴弯曲、主传动轴伸缩节套及花键损坏;当汽车在倾覆过程中,外界物体直接撞击传动轴,则有可能使传动轴局部凹陷、弯曲变形或者造成平衡块脱落。因传动轴大多属薄壁管式,当凹陷变形或严重弯曲变形时,很难修复。轻微变形可进行校正处理,但校正后应进行平衡试验(大多数修理厂都无此设备),无条件进行平衡试验的亦可考虑采取更换方法处理。

④驱动桥

驱动桥主要由减速器、差速器、半轴和驱动桥壳等组成。在汽车使用过程中,驱动桥除内部零件磨损之外,其损坏主要表现在:半轴弯曲或断裂、驱动桥弯曲变形或断裂。当驱动桥壳直接遭受碰撞时可能使桥壳损坏,一般情况都不可能使桥壳及其内部零件损坏。当车轮直接遭受猛烈撞击时,则有可能导致半轴套管弯曲变形或断裂;当撞击力通过轮毂传给半轴时,如果撞击力的方向与半轴轴线成一定夹角,半轴则有可能弯曲或断裂,严重时可能还会使差速器半轴齿轮及十字轴损坏。

● 特别提示

后桥壳轻微变形的可进行液压校正处理,一般情况下不得轻易更换桥壳;若弯曲变形较大或桥壳的刚度大,允许加温校正,但温度不得超过 700 ℃,以免桥壳强度下降;对于半轴套管弯曲不严重的可进行冷压校正,有裂纹的则应更换;半轴弯曲可拆下冷压校正,半轴断裂或有裂纹的则应更换。

(2)行驶系统的定损

汽车行驶系统一般由车架、车桥、车轮和悬架等机构组成。

①车架的定损

车架是一个受力情况很复杂的构件,在使用中最容易发生变形、裂纹及铆钉松动;而在车辆碰撞、倾覆事故中也极易造成车架损坏变形。在日常定损过程中需正确处理使用损坏与事故损坏的区别。在确定是否因事故损坏方面,除需掌握根据车辆碰撞的方向、部位以及撞击力能否使车架该部位变形、裂纹外,还要了解车架的受力情况,从理论上帮助被保险人分析车架损坏原因。另外,还应掌握车架的检测方法。

车辆碰撞(倾覆)对车架造成的损坏有以下几个方面:正面碰撞首先会碰撞到保险杠,造成保险杠弯曲。侧面碰撞一般是在车辆交会、雨雪天行驶路面侧滑或为避让行人时所采取的紧急避让措施所致,损坏部位一般情况在前钢板后吊耳向前的部位,并向车架中心线方向弯曲,总梁有时还会产生局部扭曲。车辆中部被撞、轻度碰撞一般情况是被撞车辆只会损坏油箱、车厢。车辆后部被撞通常是在行驶途中或停车不当的所致,被撞车辆一般情况下车架不易变形;如果被撞车辆是重载停放在路边,并拉紧制动,碰撞严重时会导致拖钩损坏,后尾梁撕裂,纵梁轻度弯曲。车辆倾覆对车架也有一定影响。车辆火灾对车架的损坏要视火灾的大小而定,如果火已烧到车架,车架表面油漆层烧毁,车架呈暗红色,表面有氧化物,应视燃烧部位及车架受力点而定;如果硬度、抗拉强度达不到标准的技术要求,该车架已不能使用,应更换新件。

> **特别提示**
>
> 一般情况下,车架的变形多采取校正处理,除非变形特别严重,否则不得轻易更换。

②车桥和悬架的定损

车桥通过悬梁和车架相连,两端安装汽车车轮。悬架是车架与车桥或车轮之间的一切传力连接装置的总称。它能缓和与吸收车轮在不平道路上所遭受的冲击和振动,并传递力和力矩。悬架装置因车辆碰撞、倾覆容易受损,尤其当车辆正面碰撞时,前悬架更易损坏。由于车辆底盘高度不同,碰撞接触的部位也不同,悬架装置因碰撞受到撞击力的大小不一样,因而受损程度也不同。

a.车辆倾覆的损坏:车辆一般倾覆会导致钢板错位,中心固定螺栓变形,钢板弹簧夹箍及螺栓变形或折断等;车辆严重倾覆会导致钢板支架裂纹,中心螺栓折断,U形螺栓变形折断等。

b.车辆碰撞的损坏:车辆正面碰撞会导致钢板前支架铆钉松动或折断,支架断裂,钢板错位或断裂,中心固定螺栓折断,钢板弹簧夹箍及螺栓严重变形或折断;车辆前侧面碰撞的损坏会造成前悬架的损坏,与正面碰撞损坏部件基本相同,只是一侧受损,损坏的程度一般会比正面碰撞稍轻,因为侧面碰撞时,首先撞击车轮、翼子板,因此撞击力有所减弱。

> **特别提示**
>
> 独立悬架的上、下摆臂有变形或裂纹的一定要更换,不允许整形或焊接,否则会影响前轮定位的准确性,造成方向不稳。减振器工作缸筒变形,凹陷或活塞杆弯曲变形的一般应更换,而防尘罩和储油缸筒凹陷的可校正修复。但是,车辆倾覆不严重时,减振器活塞杆也容易拉出,定损时不要因为活塞杆拉出而误认为损坏,如果防尘罩无碰撞凹陷变形,只有活塞杆拉出,这是正常现象,不需要更换;若被保险人提出更换,可进行检查。其方法如下:推拉减振器上的吊环,应有一定的阻力,且阻力均匀无刮擦声为性能良好。钢板单片断裂的一般更换单片。

（3）转向系统的定损

转向系统一般由转向器和转向传动装置组成。事故损坏分析及处理：汽车正面碰撞或侧面碰撞，将会造成转向系统部分零件的损坏。

①碰撞转向轴套管

当驾驶室因碰撞而发生位移或前围板变形时，由于转向轴下端与转向机连接，转向轴套管固定在驾驶室仪表板下支架上，碰撞造成驾驶室移位，一般情况是支架变形，但也有可能造成套管和方向盘转向轴的变形，此种情况下可采用校正修复。对于分段式转向轴，一般不可能造成转向轴弯曲。

②在碰撞事故中，若未直接碰撞到转向器，一般不会造成损坏，极个别情况会造成转向器固定支架和铆钉断裂。当直接碰撞到转向器，造成转向器外壳裂纹或转向垂臂轴的变形时，才应列入定损范围。转向器壳裂纹可采用焊修，若裂纹在轴承孔处，可换新件。

③转向垂臂在碰撞外力作用下扭曲，可校正，若花键损坏，应换新件。

④横拉杆如果在碰撞中造成弯扭变形，可进行冷压校正，若断裂，则应更换新件。横拉杆在事故碰撞中损坏现象较多，但因事故造成球头销、球头碗的损坏较少，当被保险人提出更换要求时，应注意区分正常磨损和事故损坏。

转向轴弯曲要根据弯曲的部位确定是否属于保险责任范围。横、直拉杆球节松旷，方向盘游动间隙大，转向臂轴轴向间隙大均属正常使用中的磨损。转向机壳用铆钉固定在车架上。若事故造成壳体裂纹，绝大多数是固定螺栓处破裂，应尽量焊修。

（4）制动系统的定损

现代汽车上大都设有两套独立的制动装置：脚制动装置和手制动装置。

前部碰撞造成损坏时，对于气压式制动系统的空气压缩机的皮带轮、气缸盖和气缸体变形或断裂损坏，可采用换零件修理的方法，一般不允许总成报废。裂纹的修理方法可参见发动机缸体的修理方法。曲轴材料为优质碳素钢，机械性能优于铸铁，弯曲的可能性较小。液压式制动装置总泵与进口轿车的真空加力室都安装在引擎盖内，严重正面碰撞，会造成引擎盖内部机件移位，从而挤压制动总泵、连接油管接头和真空加力室，造成变形和断裂损坏。总泵泵壳变形和断裂应更换。因真空加力室是薄板冲压制成，故外壳变形可拆下采取钣金校正方法修复，若变形较大，则应更换。当碰撞致使驾驶室后移时，将会造成制动拉杆变形，可校正修复。

3.电器设备与空调系统的定损

（1）电器设备的定损

汽车电器设备包括电源部分和用电部分。电源部分有蓄电池、发电机和调节器；用电部分有发动机、点火系统、照明装置和辅助设备等。车辆碰撞直接撞击电器设备零件，造成电器零件壳体变形、断裂等直接损坏。正确判定电器部件的事故损坏范围，对可修复和报废的界限是定损的关键。

①蓄电池定损

外壳裂纹或破裂，可根据裂缝的部位和程度，确定对壳体进行修补或单独更换外壳；连接板断裂，可进行焊接；极柱折断，可焊接；极板组因碰撞而变形，活性物质脱落，可更换单个极板组。蓄电池所损坏的各部件均可单独更换以修复处理，定损中不得轻易更换。只有当外壳破碎，极板组栅架弯曲、变形，活性物质脱落无法修复时方可更换。

②发电机定损

发电机一般安装在发动机机体前部的侧面,当车辆发生碰撞时容易造成发电机损坏。一般做如下定损:皮带盘破裂的一般应予更换;壳体破裂的一般应予更换;电枢轴弯曲的可进行校正;前、后盖支臂螺孔处断裂的可进行焊修处理。

③发动机定损

一般事故发动机不会受损,只有当车辆严重碰撞造成飞轮壳受损或发动机本身遭直接撞击时,才可能造成发动机部分零件损坏。驱动齿轮变形、牙齿断裂可更换驱动齿轮;后端盖因碰撞断裂应更换;电枢轴弯曲可进行校正处理。

④照明装置的定损

照明装置极易损坏,对灯罩破裂的,如有灯罩配件可更换灯罩,无灯罩但有总成件的可更换总成件。对于灯具底座(或称后壳)破裂的,可采取塑焊修补方法处理。

⑤仪表板(亦称仪表台)定损

在碰撞事故中极易造成仪表台面挤压弯折及破裂。因仪表台面大多是塑料件,对于台面轻微弯折或破裂,可采取塑工处理;对台面内支架破裂的,可进行塑焊处理;对有组合部件的,可更换部件部分组件;对于仪表损坏的,可单独更换仪表;对于仪表未损坏而仪表台面严重损坏的,可单独更换仪表台面;对于高档轿车仪表总成,一般轻易不得更换。

(2)空调系统的定损

汽车空调系统包括制冷压缩机、冷凝器、干燥瓶、蒸发箱、鼓风机等。

①制冷压缩机的定损

制冷压缩机的损坏一般表现为皮带盘变形、压缩机轴弯曲变形、压缩机壳体破裂、压缩机空压管接头损坏等。皮带盘的轻微变形可校正,严重变形的需更换;压缩机轴弯曲变形可校正处理;壳体破裂的一般应予更换;空接管接头损坏可更换。制冷压缩机技术要求高、价格高,一般不要轻易更换。

②冷凝器的定损

一般的正面碰撞极易造成冷凝器的损坏,轻度弯扭变形可校正;严重变形或破漏应更换。对于冷凝器外部连接的空调管道连接撞击弯折、破裂的一般都要更换。

③干燥瓶的定损

干燥瓶遭受碰撞损坏时一般采取更换办法处理。但干燥瓶连接管道损坏时,只需要换连接管,不必更换干燥瓶总成。

④蒸发箱、鼓风机等的定损

碰撞过程中极易挤压蒸发箱和鼓风机的壳体并导致其破碎。一般局部破碎都可采取塑焊方法处理,如遇壳体大面积破碎需要更换壳体。

4.机动车辆水灾、火灾及第三者责任险的定损

(1)水灾对车辆损坏情况的定损

①水灾对车辆损坏情况的分析

机动车辆遇到水灾时,在不知水深涉水而过时,可能会造成积水由空气滤清器吸入发动机气缸内,造成发动机内部机件的损坏和变形,严重时会造成缸体破裂;山洪暴发造成车辆翻滚可能导致车辆车身、车架严重变形,车内也会有严重损失;大面积的、突发性的水灾会使车辆来不及转移,造成车辆长时间浸泡在泥水中,可能会造成发动机内部进入大量淤泥,汽车各部位零配件及装饰件都会遭受锈蚀、失效和损坏。

②定损处理方法

水灾时车辆不可在水中浸泡太久,要快速高效、合理定损。

a.水灾造成车辆损失不允许在现场发动车辆,以避免扩大发动机损失;必须用牵引的方式把车拖回修理厂定损。

b.运动状态下突遭水灾,应重点检查发动机部分。因液体不可以压缩,一旦进入气缸破坏性很大。如果明显发现有液体进入气缸,应分解检查。解体后发现活塞破碎、气缸套裂、连杆弯扭、曲轴变形等,应属水灾损坏范围。对于水灾造成发动机气缸内机件损坏的,定损应掌握如下原则:缸筒拉伤时可采用镗缸方法解决;活塞破碎的应更换;连杆弯扭轻度变形可校正,重度变形可更换;曲轴弯曲变形可校正,曲轴轴颈拉伤的可采取磨轴的方法处理。工时费用的核定,可对比发动机大修工时费用,解体发动机若未发现机件损坏则应按保养工时考虑,并考虑给予适当辅料。

c.车辆遭受严重水灾泡损的,定损时应注意重点掌握如下几点:对机械运动件部分进行清洗、除锈、分解、润滑处理,工时费用按车辆正常二级保养工时费用计算;对电器、仪表部分应进行干燥处理后,用仪器检测,对确实因水灾损坏的应予更换;车内装饰件应进行清洁整理,对已损坏部分应考虑予以更换;对车体表面漆有损伤的应考虑重新喷漆处理。

d.对在洪水中冲走并翻滚的车辆,除考虑上述②和③外,还要参照碰撞定损处理。

(2)火灾对车辆损坏情况的定损

①火灾对车辆损坏情况的分析及着火原因

火灾损坏一般分为整体燃烧和局部燃烧。整体燃烧损坏比较严重,机舱内线路、电器、发动机附件、仪表台、内装饰件、座椅烧损、机械件壳体烧熔变形,车体金属(钣金件)脱碳,表面漆层大面积烧损。局部烧毁表现在机舱着火造成发动机前部线路、发动机附件、部分电器、塑料件烧损;轿壳或驾驶室着火造成仪表部分电器、装饰件烧损;货运车辆货箱内着火。

②火灾车辆定损处理方法

对明显烧损的进行分类登记;对机械件应进行测试、分解检查,特别是转向、制动、传动部分的密封橡胶件;对金属件考虑是否因燃烧退火、变形;对因火灾和水灾导致的保险车辆的损失确定,分解检查的工作量比较大,且检修期长,一般是边检查边定损。最好放在特约修理厂内进行。

(3)第三者责任险的定损

第三者责任包括保险车辆造成的第三者人员伤亡、车辆和其他财产的损失。对于第三者的车辆可以参照前面所述的定损,其他参照相关法律规定进行定损。第三者物产损失包括车辆、第三者车辆所载货物、道路、道路安全设施、房屋建筑、电力和水电设施、道旁树木花卉、道旁农田庄稼等。交通事故造成财产直接损失的,应当恢复原状或折价赔偿。

①对于市政设施的损坏,市政部门对肇事者所索要的损失赔偿往往带有一部分属于处罚性质以及间接损失方面的赔偿。定损要考虑制造成本、安装成本和赔偿标准等。

②对于道路及道路设施的损坏,要综合考虑车辆的载重、道路状况、路政部门的意见、道路维修及设施修复费用标准。

③对房屋建筑物的定损,要考虑建筑材料、人工费用等因素,最好考虑招标形式。

④对车辆倾覆造成的农田的损坏,可参照当地同类产品的亩产量进行测算定损。

⑤对第三者货物的定损一般仅考虑直接损失,不考虑间接损失和处罚性质费用。

5.维修费用的评估

(1)拆装、换件与钣金工时定额

①拆装工时定额

事故车辆在受损后,常常为了修理某一部件,需要把其他部件先行拆除,修理好受损部件后再依次安装。故拆装工时分为显性工时、隐性工时和整车拆装工时。例如,一辆轿车侧面与另一车碰撞后,车门受损,左中门立柱受损,同时引起轿顶局部变形。要修整轿顶就要拆除内顶饰板和立柱内饰板等部分,修理后要按原样装好。往往拆装所需的工时比整形修理所需的还多。

②换件工时定额

在修理事故车辆过程中,已经确定更换零部件的工时称为换件工时。如某轿车前部碰撞,前保险杠及骨架、中网、水箱框架、大灯、转向灯、水箱、冷凝器、翼子板等损坏,更换上述部位所需的工时即换件工时。

③钣金工时定额

钣金工时定额需要考虑的因素包括车型号、车辆购置价、修理部位、钣金面积、拆装换件的工时费、漆料费等,见表3-2。

表 3-2　　　　　　　　　　某车型钣金工时定额

修理部位	车辆购置价(8万元以下/8万~20万元)				
	钣金面积			拆装换件的工时费	漆料费
	小	中	大		
前翼子板	39/65	66/110	99/165	30/50	210/350
车顶	70/125	150/259	255/425	240/400	360/600
后翼子板	60/199	90/150	150/250	300/500	240/400

(2)整形与机修工时定额

①整形工时定额

事故车辆钣金件因碰撞变形,对其整形复位所需的工时称为整形工时。根据钣金件的变形程度可以分为 A、B、C 三类:A 类是局部的、小范围的、不影响整体安装的轻度变形,其钣金修理的工时费用为新件价值的 10%~20%,如轿车的前翼子板;B 类是局部框架的中度变形,需局部拆开整形,其钣金修理的工时费用为新件价值的 20%~35%,如轿车的前门立柱等;C 类是已整体变形,需全部拆开整形,其钣金修理的工时费用为新件价值的 35%~50%,如平头货车的前立柱等。

● **特别提示**

在确定整形工时价格定额时,需要考虑不同的车型和变形程度。车型越大,定额标准越高;变形程度越高,定额标准越高。

②机修工时定额

在事故车辆修理中,对机械部分进行的检查、调整、修理所需的工时称为机修工时。如汽车掉进水里,发动机被水浸泡,对发动机进行解体、清洗、组装、调整的工时。这类机修工时与汽车的总成大修或保养作业接近或相同,可参考汽车修理工时价格定额确定。

(3)电工与其他工时

①电工工时定额

电工工时包括对电器的修理和为配合其他工种作业所进行的灯具拆装、线路更换或仪表台及仪表的拆装、蓄电池补充电解液和充电、仪表传感器的拆装,发电机、发动机的检查、修理等作业所用的工时定额。

现代汽车上电器设备复杂,检查和修理的技术含量越来越高,不能以常规的电气作业简单对待。现有的行业工时标准也在逐步完善中。

②喷烤漆、调试等工时定额

喷烤漆、调试都在行业内有相应的工时价格定额,其中喷烤漆费用＝工时费＋材料费,一般汽修厂安装玻璃、焊修水管、玻璃钢黏结都需找专业工种外协施工。具体要参照对应行业的工时标准。

6. 碰撞损伤的评估

在交通事故中绝大部分都是碰撞事故。要准确地评估一辆事故汽车,还要对其碰损的原因和受损情况做出准确的诊断。要准确地评估出汽车受损的严重程度、范围及受损部件,确定后才可以制定维修工艺,确定维修方案,从而进行工时和材料费等的确定。

(1)车辆碰撞特点

汽车碰撞事故可分为单车事故和多车事故,其中单车事故可细分为翻车事故和与障碍物碰撞事故。前者一般是驶离路面或高速转弯造成的,后者可分为前撞、尾撞和侧撞。按汽车碰撞行为分,汽车碰撞损伤可分为直接损伤和间接损伤。直接损伤是指车辆直接碰撞部位出现的损伤;间接损伤是指二次损伤,损伤离碰撞点有一定距离,是因碰撞力传递而导致的弯曲变形和各种钣金件的扭曲变形等。汽车碰撞损伤可归纳为侧弯、凹陷、折皱或压溃、扭曲。

(2)碰撞形式及原因分析

①追尾事故。当前车采取制动后,等速跟进的后车追尾碰撞。此类原因大多是后车驾驶人思想麻痹、反应迟钝或因后车刹车制动器效果不佳,多数定为后车责任。

②交叉路口相撞事件。在丁字路口或者十字路口容易发生相撞事故。按照相撞车辆运动方向的夹角不同,交叉路口车辆相撞主要有直交相撞、正面斜交相撞、侧面斜交相撞三种情况,后者事故损失程度一般较小。此类情况车辆接触后,还可能从碰撞点移动很大距离。此点对判断碰撞点十分重要。

③弯道上的碰撞事故。车辆高速经过弯道时,驾驶人为了避免车辆制动时的侧滑而翻车,一般不敢使用强烈制动以免车轮抱死,因此弯道事故不像直行路段事故那样能够留下制动拖印。

④超车碰撞事故。在超车过程中易发生与被超车刮、碰以及与对面来车、路边非机动车或行人碰撞的事故。

⑤弯道翻车事故。大部分弯道翻车事故都属于车辆高速通过弯道,未提前减速而导致车辆倾覆。

⑥车辆驶出路面事故。车辆由于驶出路面而造成的坠落、倾覆、碰撞事故应先分析原因。一般驶出路面因如下情况:为躲避行人;躲避迎面而来的车辆;车速较快、制动跑偏;雨

雪道路侧滑、车辆失控。

(3) 碰撞的分类

碰撞中的双方车辆都有一定的速度和惯性,因此在碰撞中会产生很大的碰撞冲击,对双方车辆都会不同程度地造成损坏。碰撞汽车的零配件也相应会有损伤。受撞击的零配件,一般呈弯曲、扭曲变形及断裂损伤形式,且具有明显损伤痕迹。碰撞可以分为一般碰撞、中度碰撞和严重碰撞,见表 3-3。

表 3-3　　　　　　　　　　　　　　碰撞的分类

常见车损	一般碰撞	中度碰撞	严重碰撞
正面碰撞	大/小灯、防雾灯、散热器、发动机盖、百叶窗、水箱、水箱支架、翼子板、翼子板支架、风扇叶、水泵、保险杠、大梁前端	除包括一般碰撞车损外,还有大梁、减振器、前桥、转向节、转向弯臂、转向直臂、转向摇臂、横直拉杆、稳定杆、方向机、前钢板、钢板活动吊耳、钢板销及套、发电机支架、发电机、加机油管、机油滤清器、空压机、气门室盖、化油器、汽油泵、前风挡玻璃、驾驶室变形	除包括中度碰撞车损外,还有气缸体、气缸盖、曲轴、凸轮轴、飞轮壳、飞轮、齿圈、离合器、油底壳、分电器总成、发动机总成、驾驶室严重变形、轿车顶部及底板变形、仪表台总成件、发动机总成件需大修或报废、变速箱、传动轴总成等受碰撞力及振动波影响
追尾碰撞	后尾灯、后左/右翼子板、后保险杠、后备厢围板及盖	除包括一般碰撞车损外,还有大梁、后悬挂装置、后桥总成件、传动轴、后备厢底板、后风挡玻璃	除包括中度碰撞车损外,还有后桥壳变形、轮胎及钢圈、轿车顶部及底板变形、轿车座椅变形移位、变速箱总成件、传动轴总成件及离合器等将受到碰撞力冲击及振动波影响
侧面碰撞	翼子板、翼子板支架、引擎盖、后备厢盖、驾驶室、车门及立柱、车身围板、货箱栏板、油箱及支架、电瓶、倒车镜及支架	除包括一般碰撞车损外,还有大梁、轿车底板、减振器及悬挂装置、轮胎及钢圈、转向装置及后桥总成、前后风挡玻璃	除包括中度碰撞车损外,还有水箱、水箱支架、散热器罩、仪表台总成件、轿车座椅、轿车顶部、轿车整体骨架扭变
车辆倾覆	大小灯、翼子板、倒车镜、车门及车门玻璃、车门饰条、翼子板饰条、油箱、车厢栏板、保险杠、轿车仪表台	除包括一般倾覆车损外,还有大梁、水箱、水箱支架、散热器罩、发动机盖、风扇叶、百叶窗、减振器及悬挂装置、前桥、后桥、转向装置、方向机、发动机、传动轴等;轿车顶部、后备厢盖变形	除包括中度倾覆车损外,驾驶室总成件及轿车壳体可能达到报废程度

二、核　损

核损是指由核损人员对保险事故中涉及的车辆损失和其他财产损失的定损情况进行复核的过程,包括事中核损、事后核损和远程同步核损。核损的目的是提高定损质量,保证定损的准确性、标准性和统一性。如图 3-9 所示为核损工作流程。

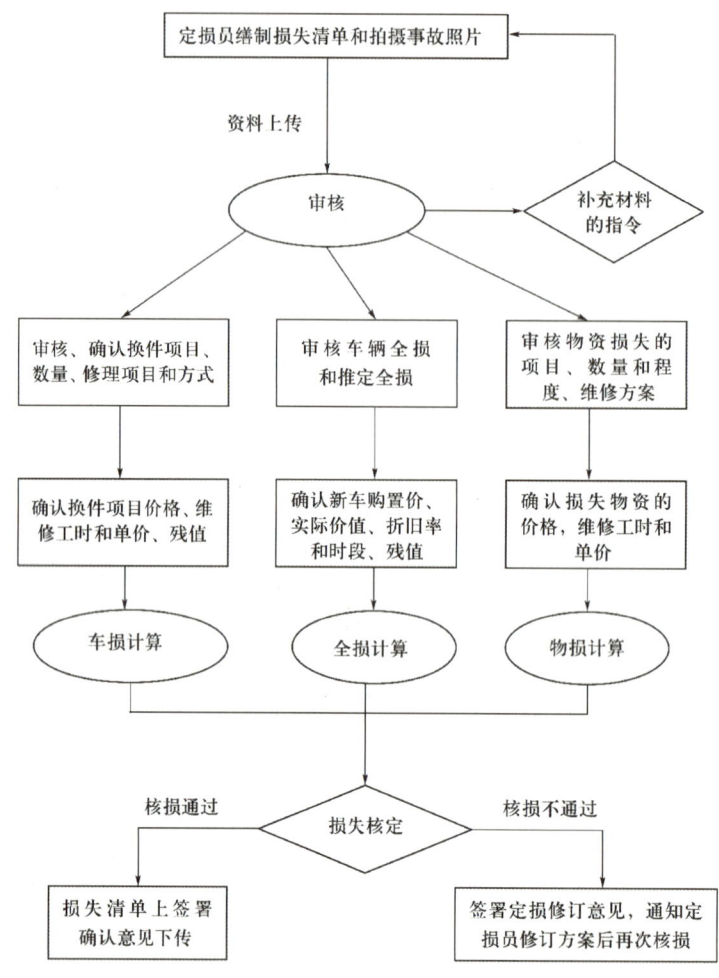

图 3-9 核损工作流程

(一) 核损工作的主要内容

1.车辆损失的复核

(1)定损员上传的初(估)定损清单及事故照片的完整性的复核

如上传资料不能完整反映事故损失的各项内容,或照片不能完整反映事故损失部位和事故全貌,应通知定损员补充相关资料。

(2)换件项目的复核

复核换件项目的重点:

①剔除应予修复的换件项目(修复费用超过更换费用的除外)。

②剔除非本次事故造成的损失项目。

③剔除可更换零部件的总成件。

根据市场零部件的供应状况,对于能更换零配件的,不更换部件;能更换部件的,不更换总成件。

④剔除保险车辆标准配置外新增加设备的换件项目(加保新增设备损失险除外)。
⑤剔除保险免除责任部分的换件项目。
如车胎爆裂引起的保险事故中所爆车胎,发动机进水后导致的发动机损坏,自燃仅造成电器、线路、供油系统的损失等。
⑥剔除超标准用量的油料、辅料、防冻液、冷媒等。
如需更换汽车空调系统部件的,冷媒未漏失,可回收重复使用处理等。

(3) 车辆零配件价格的复核
①车辆零配件价格的复核应根据定损系统价格,参考当地汽配市场价格核定。
②对于保单有特别约定的,按照约定处理。如专修厂价格,国产或进口玻璃价格等。
③残值归被保险人的,对残值作价金额进行复核。

(4) 维修项目和方式的复核
①应严格区分事故损失和非事故损失的界限,剔除非本次事故产生的修理项目。
②应正确掌握维修工艺流程,剔除不必要的维修、拆装项目。

(5) 维修工时和单价的复核
①对照事故照片及修理件的数量、损坏程度,剔除超额工时部分。
②以当地的行业维修工时标准为最高上限,参照出险地当时的工时市场单价,剔除超额单价部分。

2. 车辆全损或推定全损的复核

(1) 全损或推定全损的条件
①事故车辆无法施救。
②事故车辆的施救费用达到或超过保险事故发生时事故车辆的实际价值。
③事故车辆的修理费用达到或超过保险事故发生时事故车辆的实际价值。
④当事故车辆修理费用与施救费用之和,达到或超过保险事故发生时事故车辆的实际价值时,可以与被保险人协商采取推定全损处理。

(2) 全损或推定全损的计算
①被保险人收回残余物资

$$定损金额 = 实际价值 - 残值$$

②保险人收回残余物资

$$定损金额 = 实际价值$$

3. 其他财产损失的复核

其他财产主要包括第三者非车辆财产和承运的货物。
其他财产的核损主要包括损失项目和数量、损失单价、维修方案和造价的核损。可参照《非车险理赔实务指南》的定损规范处理。

4. 医疗跟踪、医疗审核及其他费用审核

(1) 医疗跟踪的主要内容
①了解受害人情况、伤情程度。
②跟踪伤者治疗过程,协调对伤者的抢救和治疗方案。
③告知保险人可承担的医疗费用范围。

④对死亡原因的鉴定和伤残等级的评定进行跟踪和调查。

（2）医疗审核

医疗审核是指保险事故发生后，对受害人的医疗费用，按条款约定进行核审的过程。医疗费用主要包括医药费、诊疗费、住院费、住院伙食补助费、后续治疗费、整容费、必要的营养费等。

（3）其他费用审核

其他费用主要是指死亡伤残费用。包括丧葬费、死亡补偿费、受害人亲属办理交通事故支出的合理交通费、残疾赔偿金、残疾辅助器具费、护理费、交通费、被扶养人生活费、住宿费、误工费、被保险人依照法院判决或者调解承担的精神损害抚慰金等。

（二）核损结果的处理

1. 核准定损

当核损人员核准定损员初（估）定损清单后，签订核准意见并将定损单传至相关定损员。

2. 修订定损

当核损人员修订或改变定损员初（估）定损方案和定损金额之后，将相关要求和修订意见传至相关定损员。

3.5 赔款理算、核赔与结案

> 通过本单元学习，可以完成下列事项：
> 1. 能够完成交强险理算工作；
> 2. 能够完成商业险理算工作；
> 3. 能够协助核赔人完成核赔工作；
> 4. 能够独立完成结案归档工作。

一、赔款理算

在进行赔款理算之前，保险公司相关工作人员要核对有关的索赔单证材料和发生事故的驾驶人的"机动车驾驶证"及保险车辆"机动车行驶证"的原件和复印件，核对无误后留存复印件。在审核索赔单证材料时，对于不符合规定的项目和金额应予以剔除；对于有关的证明和资料不完整的,应及时通知被保险人补充提供有关的证明和资料。

对被保险人提供的各种必要单证审核无误后,理赔人员根据保险条款的规定,迅速审查核定,对车辆损失险、第三者责任险、附加险、施救费用等分别计算赔款金额,并将核定计算结果及时通知被保险人。保险人应在与被保险人达成赔偿协议后10日内支付赔款。

(一) 机动车交通事故责任强制保险的赔款计算

交强险实施后,保险赔偿的原则是由交强险先进行赔付,不足的部分再由商业第三者责任险来补充。组合购买交强险和商业第三者责任险时,保障额度也不是两个险种额度的简单相加。

【例1】 A、B两车发生追尾事故,但未发生人员伤亡,仅发生车辆损失,A车是肇事方负全责,B车为被追尾车无责。两辆车都投保交强险,赔偿时,A车将对B车进行有责赔偿,最高赔2 000元,不足部分由商业第三者责任险补充。B车虽无责,但在交通事故中,两辆车互为第三者,被追尾车也需给A车赔偿,但限额最高100元。

交通事故中若双方都有责任,也先要交强险赔偿。如果A、B两车相撞造成车辆损失,两车都需按责在2 000元限额内赔偿,如A车损失超过2 000元,超出部分需要B车另外支付,也可以由商业第三者责任险来补充。

【例2】 有甲、乙两车,甲车为载货汽车,乙车为小型载客汽车。在道路上发生交通事故,双方负事故的同等责任,致使一名骑自行车的人(丙)受伤,并造成路产管理人(丁)遭受损失。交通事故各参与方的损失分别为:甲车车辆损失3 000元,车上货物损失5 000元;乙车车辆损失1万元,乙车车上人员重伤一名,造成残疾,花费医药费2万元,残疾赔偿金5万元;骑自行车人经抢救无效死亡,医疗费用3万元,路产损失5 000元。甲、乙两车均承保了交强险,财产损失、医疗费用、死亡伤残各赔偿限额分别为2 000元、18 000元、18万元;甲、乙两车都投保了商业机动车保险,甲车投保险别分别为车辆损失险、第三者责任险、车上货物责任险、不计免赔险;乙车投保险别分别为车辆损失险、第三者责任险、车上人员责任险、不计免赔险。

(1) 甲车

①财产损失赔偿金额

受损财产核定金额=乙车辆损失金额+路产损失/2=10 000+5 000/2=12 500(元)>2 000(元)

保险公司给予甲车的财产损失赔偿金额=2 000(元)

其中:乙车辆得到的赔偿=10 000/(10 000+2 500)×2 000=1 600(元)

路产管理人得到的赔偿=2 500/(10 000+2 500)×2 000=400(元)

说明:路产损失属于非机动车的损失,应由交通事故所有机动车参与方共同分摊,所以本案例甲车分摊到2 500元;计算出乙车和路产管理人分别得到的赔偿金额,便于进行后续的商业险理算。(以下计算中相同之处,不再赘述)

②医疗费用赔偿金额

医疗费用核定损失金额=20 000+30 000/2=35 000>18 000(元)

医疗费用赔偿金额=18 000(元)

其中：

乙车人员得到的赔偿＝20 000/(20 000＋15 000)×18 000＝10 285.7(元)

骑自行车人得到的赔偿＝15 000/(20 000＋15 000)×18 000＝7 714.3(元)

(2)乙车

①财产损失赔偿金额

受损财产核定金额＝甲车辆损失金额＋路产损失/2＝3 000＋5 000/2＝5 500(元)＞2 000(元)

保险公司给予甲车的财产损失赔偿金额＝2 000(元)

其中：甲车辆得到的赔偿＝3 000/(3 000＋2 500)×2 000＝1 091.9(元)

路产管理人得到的赔偿＝2 500/(3 000＋2 500)×2 000＝909.1(元)

②医疗费用赔偿金额

医疗费用核定损失金额＝30 000/2＝15 000(元)＜18 000(元)

医疗费用赔偿金额＝15 000(元)

骑自行车人得到的赔偿＝15 000(元)

之后，保险公司再进行商业车险的理算。

(二) 机动车损失保险赔款计算

1.全部损失

赔款＝保险金额－被保险人已从第三方获得的赔偿金额－绝对免赔额

● 特别提示

①"绝对免赔额"是指投保人与保险人在投保车损险时确定的每次事故绝对免赔金额。每次事故车损险及其附加险共扣一次绝对免赔额。

②保险金额按投保时被保险机动车的实际价值确定，以保单载明的保险金额为准。

2.部分损失

被保险机动车发生部分损失，保险人按实际修复费用在保险金额内计算赔偿：

赔款＝实际修复费用－被保险人已从第三方获得的赔偿金额－绝对免赔额

● 特别提示

"实际修复费用"是指保险人与被保险人共同协商确定的修复费用。被保险机动车遭受损失后的残余部分由保险人、被保险人协商处理。如折归被保险人的，车辆部分损失时由双方协商确定其价值并从实际修复费用中扣除，车辆全损时则从保险金额中扣除(下同)。

3.施救费

施救的财产中，含有本保险合同之外的财产，应按本保险合同保险财产的实际价值占总施救财产的实际价值比例分摊施救费用。

● **特别说明**

施救费用在被保险机动车损失赔偿金额以外另行计算,不超过保险金额的数额。"施救费用"为保险人与被保险人共同协商确定的合理施救费用金额。施救的财产中,如含有保险合同未保险的财产,应按保险合同保险财产的实际价值占总施救财产的实际价值比例分摊施救费用。

被保险机动车发生本保险事故,导致全部损失,或一次赔款金额与免赔金额之和(不含施救费)达到保险金额,保险人按本保险合同约定支付赔款后,本保险责任终止,保险人不退还机动车损失保险及其附加险的保险费。

● **特别提示**

"被保险人已从第三方获得的赔偿金额"是指被保险人从所有三者以及三者保险公司已经获得的赔偿金额,车损与施救费分开计算。

4.代位求偿方式下车损险赔付及应追偿赔款计算

车损险被保险人向承保公司申请代位求偿索赔方式时,承保公司应先在车损险及附加险项下按代位求偿索赔方式计算出总赔款金额并支付给被保险人,再向各责任对方分摊应追偿金额;责任对方投保了交强险、商业第三者责任险时,代位公司先向责任对方的保险公司进行追偿(行业间代位追偿),不足部分再向责任对方进行追偿。

(1)车损险承保公司代位赔付后,按以下方式计算和分摊应向责任对方追偿的代位赔款金额:

应追偿代位赔款金额=代位求偿方式下车损险及附加不计免赔率险总赔款金额-按常规索赔方式车损险及附加不计免赔率险应赔付金额

应追偿代位赔款金额向各责任对方计算分摊追偿金额时,应遵循以下原则:一是先交强、后商业;二是交强险赔款计算按行业交强险理赔实务规程执行,按照有责、无责分项限额计算;三是超出交强险部分,按各责任对方的事故责任比例,分别计算向各责任对方的追偿金额。

①代位方首先向责任对方的交强险承保公司进行追偿。应向某一责任对方交强险追偿金额=按照行业交强险理赔实务计算出的该责任对方交强险应承担本车损失的赔偿金额。

②超出交强险财产分项限额部分的,责任对方投保商业第三者责任险的,代位方向责任对方的商业第三者责任险承保公司进行追偿。

代位方应追偿代位赔款金额减去应向各责任对方交强险追偿金额后,按各责任对方的事故责任比例,分别计算向各责任对方的追偿金额。

③如果在责任对方的保险责任范围内追偿后,不足以偿付代位方应追偿金额,代位方可继续向责任对方追偿。

(2)车损险被保险人从代位保险公司得到赔款后,就未取得赔偿的部分可以继续向责任对方进行索赔。

5.有关车损险理赔方面的特别规定

(1)发生保险事故后,保险人依据保险合同约定在保险责任范围内承担赔偿责任。赔偿方式由保险人与被保险人协商确定。因保险事故损坏的被保险机动车,修理前被保险人应当会同保险人检验,协商确定维修机构、修理项目、方式和费用。无法协商确定的,双方委托共同认可的有资质的第三方进行评估。

(2)被保险机动车遭受损失后的残余部分由保险人、被保险人协商处理。如折归被保险人的,由双方协商确定其价值并在赔款中扣除。

(3)因第三方对被保险机动车的损害而造成保险事故,被保险人向第三方索赔的,保险人应积极协助;被保险人也可以直接向本保险人索赔,保险人在保险金额内先行赔付被保险人,并在赔偿金额内代位行使被保险人对第三方请求赔偿的权利。被保险人已经从第三方取得损害赔偿的,保险人进行赔偿时,相应扣减被保险人从第三方已取得的赔偿金额。

● **特别提示**

保险人未赔偿之前,被保险人放弃对第三方请求赔偿的权利的,保险人不承担赔偿责任。

被保险人故意或者因重大过失致使保险人不能行使代位请求赔偿的权利的,保险人可以扣减或者要求返还相应的赔款。

(4)保险人向被保险人先行赔付的,保险人向第三方行使代位请求赔偿的权利时,被保险人应当向保险人提供必要的文件和所知道的有关情况。

(三) 机动车商业第三者责任险赔款计算

1.赔款计算公式

(1)当(依合同约定核定的第三者损失金额－机动车交通事故责任强制保险的分项赔偿限额)×事故责任比例等于或高于每次事故责任限额时:

$$赔款＝每次事故责任限额$$

(2)当(依合同约定核定的第三者损失金额－机动车交通事故责任强制保险的分项赔偿限额)×事故责任比例低于每次事故责任限额时:

$$赔款＝(依合同约定核定的第三者损失金额－机动车交通事故责任强制保险的分项赔偿限额)×事故责任比例$$

● **特别说明**

保险人按照《道路交通事故受伤人员临床诊疗指南》和国家基本医疗保险的同类医疗费用标准核定医疗费用的赔偿金额。

未经保险人书面同意,被保险人自行承诺或支付的赔偿金额,保险人有权重新核定。不属于保险人赔偿范围或超出保险人应赔偿金额的,保险人不承担赔偿责任。

2.主挂车赔款计算

(1)主车和挂车连接使用时视为一体,发生保险事故时,由主车保险人和挂车保险人按照保单上载明的机动车第三者责任险责任限额的比例,在各自的责任限额内承担赔偿责任。

主车应承担的赔款＝总赔款×[主车责任限额÷(主车责任限额＋挂车责任限额)]

挂车应承担的赔款＝总赔款×[挂车责任限额÷(主车责任限额＋挂车责任限额)]

挂车未投保商业险的,不参与分摊在商业三者险项下应承担的赔偿金额。

(2)挂车未与主车连接时发生保险事故,在挂车的责任限额内承担赔偿责任。

> **特别提示**
>
> ①"机动车交通事故责任强制保险的分项赔偿限额"分为:死亡伤残赔偿限额、医疗费用赔偿限额、财产损失赔偿限额以及被保险人在道路交通事故中无责任的赔偿限额。其中无责任的赔偿限额分为无责任死亡伤残赔偿限额、无责任医疗费用赔偿限额以及无责任财产损失赔偿限额。
>
> ②被保险机动车未投保机动车交通事故责任强制保险或机动车交通事故责任强制保险合同已经失效的,视同其投保了机动车交通事故责任强制保险进行计算。
>
> ③保险期间,被保险人或其允许的驾驶人在使用被保险机动车过程中,造成被保险人或驾驶人的家庭成员(配偶、子女、父母)人身伤亡的,属于第三者责任险的赔偿责任,但家庭成员为本车上人员的除外。

3.有关机动车第三者责任险理赔方面的特别规定

(1)保险人对被保险人或其允许的驾驶人给第三者造成的损害,可以直接向该第三者赔偿。

被保险人或其允许的驾驶人给第三者造成损害,对第三者应负的赔偿责任确定的,根据被保险人的请求,保险人应当直接向该第三者赔偿。被保险人怠于请求的,第三者就其应获赔偿部分直接向保险人请求赔偿的,保险人可以直接向该第三者赔偿。

> **特别提示**
>
> 被保险人或其允许的驾驶人给第三者造成损害,未向该第三者赔偿的,保险人不得向被保险人赔偿。

(2)发生保险事故后,保险人依据本条款约定在保险责任范围内承担赔偿责任。赔偿方式由保险人与被保险人协商确定。

(3)因保险事故损坏的第三者财产,修理前被保险人应当会同保险人检验,协商确定维修机构、修理项目、方式和费用。无法协商确定的,双方委托共同认可的有资质的第三方进行评估。

(四) 机动车车上人员责任保险赔款计算

1. 赔款计算公式

(1) 对每座的受害人,当(依合同约定核定的每座车上人员人身伤亡损失金额－应由机动车交通事故责任强制保险赔偿的金额)×事故责任比例高于或等于每次事故每座责任限额时:

$$赔款 = 每次事故每座责任限额$$

(2) 对每座的受害人,当(依合同约定核定的每座车上人员人身伤亡损失金额－应由机动车交通事故责任强制保险赔偿的金额)×事故责任比例低于每次事故每座责任限额时:

$$赔款 = (依合同约定核定的每座车上人员人身伤亡损失金额 - 应由机动车交通事故责任强制保险赔偿的金额) \times 事故责任比例$$

2. 有关机动车车上人员责任保险理赔方面的特别规定

(1) 保险人按照《道路交通事故受伤人员临床诊疗指南》和国家基本医疗保险的同类医疗费用标准核定医疗费用的赔偿金额。

(2) 未经保险人书面同意,被保险人自行承诺或支付的赔偿金额,保险人有权重新核定。不属于保险人赔偿范围或超出保险人应赔偿金额的,保险人不承担赔偿责任。

(五) 附加险计算

1. 附加绝对免赔率特约条款

被保险机动车发生主险约定的保险事故,保险人按照主险的约定计算赔款后,扣减本特约条款约定的免赔。即

$$主险实际赔款 = 按主险约定计算的赔款 \times (1 - 绝对免赔率)$$

2. 附加车轮单独损失险

有关赔偿处理的规定:

(1) 发生保险事故后,保险人依据本条款约定在保险责任范围内承担赔偿责任。赔偿方式由保险人与被保险人协商确定;

(2) 赔款＝实际修复费用－被保险人已从第三方获得的赔偿金额;

(3) 在保险期间,累计赔款金额达到保险金额,本附加险保险责任终止。

3. 附加新增加设备损失险

发生保险事故后,保险人依据本条款约定在保险责任范围内承担赔偿责任。赔偿方式由保险人与被保险人协商确定。

$$赔款 = 实际修复费用 - 被保险人已从第三方获得的赔偿金额$$

4. 附加车身划痕损失险

发生保险事故后,保险人依据本条款约定在保险责任范围内承担赔偿责任,赔偿方式由

保险人与被保险人协商确定。

$$赔款＝实际修复费用－被保险人已从第三方获得的赔偿金额$$

● 特别提示

在保险期间,累计赔款金额达到保险金额,本附加险保险责任终止。

5.附加修理期间费用补偿险

$$赔偿金额＝补偿天数×日补偿金额$$

全车损失,按保单载明的保险金额计算赔偿;部分损失,在保险金额内按约定的日补偿金额乘以从送修之日起至修复之日止的实际天数计算赔偿,实际天数超过双方约定修理天数的,以双方约定的修理天数为准。

● 特别提示

保险期间,累计赔款金额达到保单载明的保险金额,本附加险保险责任终止。

6.附加发动机进水损坏除外特约条款

在赔偿时,严格按照保险条款规定执行,保险期间投保了本附加险的被保险机动车在使用过程中,因发动机进水后导致的发动机的直接损毁,保险人不负责赔偿。

7.附加车上货物责任险

(1)被保险人索赔时,应提供运单、起运地货物价格证明等相关单据。保险人在责任限额内按起运地价格计算赔偿;

(2)发生保险事故后,保险人依据本条款约定在保险责任范围内承担赔偿责任,赔偿方式由保险人与被保险人协商确定。

8.附加精神损害抚慰金责任险

本附加险赔偿金额依据生效法律文书或当事人达成且经保险人认可的赔付协议,在保单所载明的赔偿限额内计算赔偿。

9.附加法定节假日限额翻倍险

保险期间,被保险人或其允许的驾驶人在法定节假日期间使用被保险机动车发生机动车第三者责任险范围内的事故,并经公安部门或保险人查勘确认的,被保险机动车第三者责任险所适用的责任限额在保单载明的基础上增加一倍。

10.附加医保外医疗费用责任险

被保险人索赔时,应提供由具备医疗机构执业许可的医院或药品经营许可的药店出具的、足以证明各项费用赔偿金额的相关单据。保险人根据被保险人实际承担的责任,在保单载明的责任限额内计算赔偿。

11.附加机动车增值服务特约条款

本特约条款包括道路救援服务特约条款、车辆安全检测特约条款、代为驾驶服务特约条款、代为送检服务特约条款共四个独立的特约条款。发生保险责任范围内事故,保险人依照保险合同的约定,按照承保特约条款分别提供增值服务。

(1)道路救援服务特约条款

保险期间,保险人提供2次免费服务,超出2次的,由投保人和保险人在签订保险合同时协商确定,分为5次、10次、15次、20次四档。

(2)车辆安全检测特约条款

保险期间,本特约条款的检测项目及服务次数上限由投保人和保险人在签订保险合同时协商确定。

(3)代为驾驶服务特约条款

保险期间,本特约条款的服务次数上限由投保人和保险人在签订保险合同时协商确定。

(4)代为送检服务特约条款

保险期间,按照《中华人民共和国道路交通安全法实施条例》,被保险机动车需由机动车安全技术检验机构实施安全技术检验时,根据被保险人请求,由保险人或其受托人代替车辆所有人进行车辆送检。

综合计算案例

(一方无责、一方全责):A车在甲保险公司投保了机动车辆损失险、交强险、50万第三者责任险;B车在乙保险公司投保了机动车辆损失险、交强险、100万第三者责任险。双方发生互碰交通事故,A车全责,B车无责;A车损失4 000元,B车损失10 000元,事故中无人伤,无其他财产损失。

情形一:经A、B车协商,B车按常规索赔方式(非代位求偿方式)进行车损险索赔,A车向甲保险公司申请将B车损失赔款直接赔付B车。

1.甲保险公司赔付计算

在交强险项下赔付A车损失金额=无责代付100元;在车损险项下赔付A车损失金额=(4 000−100)=3 900(元);

在交强险项下赔付B车损失金额=2 000(元);

在商业三者险项下赔付B车损失金额=(10 000−2 000)=8 000(元)。

甲保险公司共赔付A车100+3 900=4 000元,赔付B车2 000+8 000=10 000(元)。

2.乙保险公司赔付计算

乙保险公司无须赔付。

3.A车可以得到的赔偿

A车共获得甲保险公司赔款=4 000(元)。

4.B车可以得到的赔偿

B车共获得甲保险公司赔款=2 000+8 000=10 000(元)。

情形二:B车向乙保险公司申请车损险代位求偿。

1.乙保险公司赔付计算

(1)在车损险项下赔付B车损失金额=10 000(元),赔付后向全责方的保险公司甲保险公司追偿。

(2)向甲保险公司追偿,其中在甲保险公司交强险项下追偿金额=2 000(元),在甲保险公司商业险项下追偿金额=10 000−2 000=8 000(元)。

2.甲保险公司赔付计算
(1)赔付A车
在交强险项下赔付A车损失金额＝无责代付100(元)
在车损险项下赔付A车损失金额＝(4 000－100)＝3 900(元)。
甲保险公司赔付A车＝100＋3 900＝4 000(元)。
(2)赔付B车
在交强险项下赔付金额＝2 000(元)
在商业三者险项下赔付金额＝(10 000－2 000)＝8 000(元)。
由于B车已经向乙保险公司申请了车损险代位求偿,应赔付B车的赔款赔付给乙保险公司。甲保险公司赔付乙保险公司＝2 000＋8 000＝10 000(元)。
(3)甲保险公司共计赔款14 000元,其中赔付A车4 000元,赔付乙保险公司10 000元。
3.A车可以得到的赔偿
A车共获得甲保险公司赔款4 000元。
4.B车可以得到的赔偿
B车共获得乙保险公司赔款10 000元。

情形三：A车已支付B车7 000元,B车向乙保险公司申请车损险代位求偿。
1.乙保险公司赔付计算
(1)在车损险项下赔付B车损失金额＝实际修复费用－被保险人已从第三方获得的车损赔偿金额＝10 000－7 000＝3 000(元)。赔付后向全责方的保险公司甲保险公司追偿。
(2)向甲保险公司交强险追偿金额＝2 000(元),超出交强险部分,乙保险公司向甲保险公司商业险追偿＝3 000－2 000＝1 000(元)。
2.甲保险公司赔付计算
(1)赔付A车
在交强险项下赔付A车损失金额＝无责代付100(元)。
在车损险项下赔付A车损失金额＝(4 000－100)＝3 900(元)。
甲保险公司赔付A车＝100＋3 900＝4 000(元)。
(2)赔付B车
按照常规索赔方式(第一种情形),甲保险公司应赔付B车赔款10 000元(交强险项下2 000元,商业三者险项下8 000元),因为B车已经向乙保险公司申请车损险代位求偿,且分别从A车和甲保险公司获得7 000元和3 000元赔款,所以甲保险公司直接向乙保险公司和A车进行赔付。
赔付乙保险公司金额＝3 000(元)(交强险项下2 000元,商业三者险项下1 000元)。
赔付A车金额＝7 000(元)。
3.A车可以得到的赔偿
A车从甲保险公司车损险得到赔款3 900元。
A车赔付B车的7 000元,从甲保险公司商业三者险及其附加不计赔率险得到赔偿。
A车从甲保险公司共取得赔款3 900＋7 000＝10 900(元)。
4.B车可以得到的赔偿
B车从A车取得赔款7 000元后,通过代位求偿从乙保险公司取得赔款3 000元。

● 特别提示

汽车保险理算人员完成理算工作后需填写赔款计算书,赔款计算书是指保险标的出险后,保险公司根据保户的索赔要求,按保险合同的约定条款,对保险标的损失核实后,决定给予经济补偿,同时计算出保险公司该负责的赔款金额。计算赔款金额的文书称赔款计算书,是保险行业的一种专业文书。现在保险公司的赔款计算书通常是电子的,有一些保险公司的赔款计算书是系统生成的,然后打印出来,但是作为理算工作人员一定要会填写相关内容。

● 特别说明

此题没有考虑代位追偿情况,假定两车所在保险公司都正常按照规定承担了赔款责任。

二、核赔

(一) 核赔工作的流程

在经过赔款理算之后,要根据有关单证缮制赔款计算书。首先由相关工作人员制作"机动车辆保险赔款计算书"和"机动车辆保险结案报告书"。"机动车辆保险赔款计算书"各栏要详细录入,项目要齐全,数字要正确,损失计算要分险种、分项目计算并列明计算公式,应注意免赔率要分险种计算。"机动车辆保险赔款计算书"一式两份,经办人员要盖章、注明缮制日期。业务负责人审核无误后,在"机动车辆保险赔款计算书"上签注意见和日期,送交核赔人。

核赔是在授权范围内独立负责理赔质量的人员,按照保险条款及保险公司内部有关规章制度对赔案进行审核工作。

核赔的主要工作内容包括审核单证、核定保险责任、审核赔款计算、核定车辆损失及赔款、核定人员伤亡及赔款、核定其他财产损失及赔偿、核定施救费用等。核赔是对整个赔案处理过程进行控制。核赔对理赔质量的控制体现在:一是及时了解保险标的出险原因、损失情况,对重大案件,应参与现场查勘;二是审核、确定保险责任;三是核定损失;四是审核赔款计算。如图 3-10 所示为核赔操作流程。

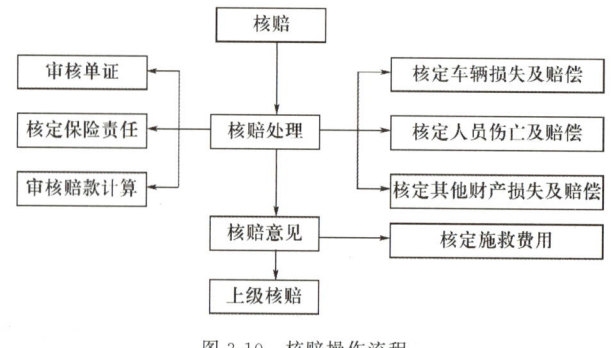

图 3-10 核赔操作流程

（二）核赔的主要内容

（1）审核单证

审核被保险人按规定提供的单证、经办人员填写赔案的有关单证是否齐全、准确、规范和全面。

（2）核定保险责任

包括被保险人与索赔人是否相符；驾驶人是否为保险合同约定的驾驶人；出险车辆的厂牌型号、牌照号码、发动机号、车架号与保单证是否相符；出险原因是否属保险责任；出险时间是否在保险期限内；事故责任划分是否准确、合理；赔偿责任是否与承保险别相符等。

（3）核定车辆损失及赔款

包括车辆定损项目、损失程度是否准确、合理；更换零部件是否按规定进行了询报价，定损项目与报价项目是否一致；换件部分拟赔款金额是否与报价金额相符；残值确定是否合理等。

（4）核定人员伤亡及赔款

根据查勘记录、调查证明和被保险人提供的"事故责任认定书"、"事故调解书"和伤残证明，依照国家有关道路交通事故处理的法律、法规和其他有关规定进行审核；核定伤亡人员数、伤残程度是否与调查情况和证明相符；核定人员伤亡费用是否合理；被抚养人口、年龄是否真实，生活费计算是否合理、准确等。

（5）核定其他财产损失赔款

根据照片和被保险人提供的有关货物、财产的原始发票等有关单证，核定财产损失、损余物资处理等有关项目和赔款。

（6）核定施救费用

根据案情和施救费用的有关规定，核定施救费用有效单证和金额。

（7）审核赔付计算

审核残值是否扣除；免赔率使用是否正确；赔款计算是否准确等。

如果上级公司对下一级进行核赔，应侧重审核以下内容：普通赔案的责任认定和赔款计算的准确性；有争议赔案的旁证材料是否齐全有效；诉讼赔案的证明材料是否有效；保险公司的理由是否成立、充分；拒赔案件是否有充分证据和理由等。

结案时"机动车辆保险赔款计算书"上赔款的金额必须是最终审批金额。在完成各种核赔和审批手续后，方可签发"机动车辆保险领取赔款通知书"通知被保险人。

三、结案

（一）结案

在赔案经过分级审批通过之后，业务人员应制作"机动车辆保险领取赔款通知书"，并通知被保险人，同时通知会计部门支付赔款。保户领取赔款后，业务人员按赔案编号输入

"机动车辆保险已决赔案登记簿",同时在"机动车辆保险报案、立案登记簿"备注栏中注明赔案编号、赔案日期,作为续保时是否给付无赔款优待的依据。

未决赔案是指截止到规定的统计时间,已经完成估损、立案,仍未结案的赔款案件,或被保险人尚未领取赔款的案件。处理原则:定期进行案件跟踪,对可以结案的案件,需要督促被保险人尽快收集索赔材料,赔偿结案;对尚不能结案的案件,应认真核对、调整估损金额;对超过时限,被保险人不提供手续或找不到被保险人的未决赔案,按照"注销案件"处理。

(二) 理赔案卷管理

(1)理赔案卷需要一案一卷整理、装订、登记、保管。赔款案卷要做到单证齐全、编排有序、目录清楚、装订整齐,照片及原始单据一律粘贴整齐并附说明。

(2)理赔案卷按分级审批、分级留存并按档案管理规定进行保管的原则。

①车险业务档案卷内的排列顺序:承保单证应按承保工作顺序依次排列,理赔案卷应按理赔卷皮内目录内容进行排列。

②承保单证、赔案案卷的装订方法

a.承保单证、赔付案件中均采用"三孔一线"的装订方法,孔间距为 6.5 cm,承保单证一律在卷上侧统一装订,赔付卷一律在卷左侧统一装订,对于承保和理赔中需要附贴的单证,如保费收据、赔案收据和各种医疗费收据、修理费发票等一律粘贴在"机动车辆保险(单证)粘贴表"上,粘贴整齐、美观、方便使用。

b.对于承保单证一律按编号排序整齐,每 50 份装订为一卷,赔付卷要填写卷内目录和备考线,装订完毕打印自然流水号,以防卷内形式不一的单证、照片等重要原始材料遗失,对于卷内不规格的形式不一的单证(如照片、锯齿发票等)除一律粘贴在统一规格的粘贴表上之外,还应加盖清晰的骑缝章,并在粘贴表的"并张单证"中注明粘贴张数。

③卷内承保、理赔卷的外形尺寸。卷内承保、理赔卷的外形尺寸分别以承保副本和机动车辆保险(单证)粘贴表的大小为标准,卷皮可使用统一的"车险业务档案卷皮"加封,并装盒保存(注每盒承保 50 份,理赔 10 份)。

④承保单证及赔付案卷卷皮上应列明内容。承保的卷皮上应列明的内容为:机构名称、险种、年度、保单起止号、保管期限;赔案卷皮应注明的内容为:机构名称、险种、赔案年度、赔案起止号、保管期限。

⑤档案管理要求。业务原始材料应由具体经办人提供,按顺序排列整齐,然后交档案管理人员,档案管理人员按上述要求统一建档,保管案卷人员应以保证卷内各种文件、单证的系统性、完整性和真实性为原则,当年结案的案卷归入所属业务年度,跨年度的赔案归入当年的理赔案卷。

⑥业务档案的利用工作。业务档案的利用工作既要积极主动,又必须坚持严格的查阅制度。查阅时要填具调阅登记簿,由档案管理人员亲自调档案并协助查阅人查阅。

⑦承保及理赔档案的销毁和注销。根据各个公司的规定,对于车险业务一般保管期限为三年,对于超过保存期限的经内勤人员和外勤人员共同确定确实失去保存价值的,要填具业务档案销毁登记清单,上报部门经理方可销毁。

3.6 车险理赔特殊案件的处理

> 通过本单元学习,可以完成下列事项:
> 1.能够独立完成商业车险的特殊案件理赔工作;
> 2.能够协助相关人员完成交强险抢救费用理赔案件工作。

一、简易案件

在实际工作中很多案件案情简单,出险原因清楚,保险责任明确,事故损失金额低,可在现场确定损失。为简化手续,方便客户,加快理赔速度,根据实际情况可对这些案件实行简易处理,称为简易赔案。

实行简易赔案处理的理赔案件必须同时具备以下条件:

(1)车辆损失险列明:自然灾害和被保险人或允许的合格驾驶人或约定的驾驶人,单方肇事导致的车损险案件。

(2)出险原因清楚,保险责任明确,损失容易确定。

(3)车损部分损失可以一次核定,已损失容易确定。

(4)车辆部分损失可以一次核定,已损失金额在5 000元以内。

(5)受损零部件可以准确容易地确定金额。

简易赔案处理的程序:接受报案→现场查勘、施救,确定保险责任和初步损失→查勘定损人员定损→填写"简易赔案协议书"→报相关处理中心→办理赔款手续→支付赔款。

二、救助案件

救助案件是指对投保机动车辆保险附加救助特约责任范围内的出险车辆,实施救助理赔的案件。救助案件处理过程:接受报案并抄单→通知救助协作单位→救助单位实行救助并反馈→被保险人予以确认→立案→核对并缮制赔案→支付赔款→救助协作单位→财务中心支付预付款。

三、疑难案件

疑难案件分争议案件和疑点案件两种情况。

争议案件是指保险人和被保险人对条款理解有异议或责任认定有争议的案件。在实际操作中应采用集体讨论研究、聘请专家论证和向上级公司请示等方式解决,保证案件圆满处理。

疑点案件是指赔案要素不完全、定损过程中存在疑点或与客户协商不能达成一致的赔案。

疑难案件调查采取的形式:

(1)在查勘定损过程中发现的有疑点的案件应由查勘定损人员进行调查。

(2)在赔案制作和审批过程中发现有疑点的案件应由各保险公司的专门机构负责进行调查。

(3)骗赔、错赔案件调查应由各保险公司的专门机构完成。

四、注销案件

注销案件是指保险车辆发生保险责任范围内的事故,被保险人报案后未行使保险金请求权致使案件失效注销的案件。它分为超出索赔时效注销和主动声明放弃索赔权利注销两种情况。

对超出索赔时效注销的案件,即自被保险人知道保险事故发生之日起两年内未提出索赔申请的案件,由业务处理中心在两年期满前10天发出"机动车辆保险结案催告、注销通知书"。被保险人仍未索赔的,案件报业务管理处(科)后予以注销处理。

对主动声明放弃索赔权利注销的案件,在业务处理中心发出"机动车辆保险结案催告、注销通知书"后,由被保险人在回执栏签订放弃索赔权利声明。案件报业务管理处(科)后予以注销处理。对涉及第三者损害赔偿的案件,被保险人主动声明放弃索赔权利的,要慎重处理。

五、拒赔案件

拒赔案件的拒赔原则:

(1)拒赔案件要严格按照《中华人民共和国保险法》和相应的机动车辆保险条款和有关规定处理。拒赔要有确凿的证据和充分的理由,慎重决定。

(2)拒赔前应向被保险人明确说明原因,认真听取意见并向被保险人做好解释工作。

六、代位追偿案件

代位追偿必须是发生在保险责任范围内的事故。代位追偿是《中华人民共和国保险法》和《机动车辆保险条款》规定的保险人的权利,根据权利和义务对等的原则,代位追偿的金额应在保险金额范围内根据实际情况接受全部或部分权益转让。代位追偿工作必须注意诉讼时效。

代位追偿案件的工作程序：被保险人向第三者提出书面索赔申请→被保险人向保险人提出书面索赔申请→签订"权益转让书"→业务处理中心将赔案资料转业务管理部门→业务管理部门组织进行代位求偿→业务处理中心整理赔案→归档→财务中心登记、入账。

七、损余物资处理

损余物资处理是指对车损换件、全损残值和盗抢追回车辆等的处理。处理盗抢追回车辆的流程如图 3-9 所示。

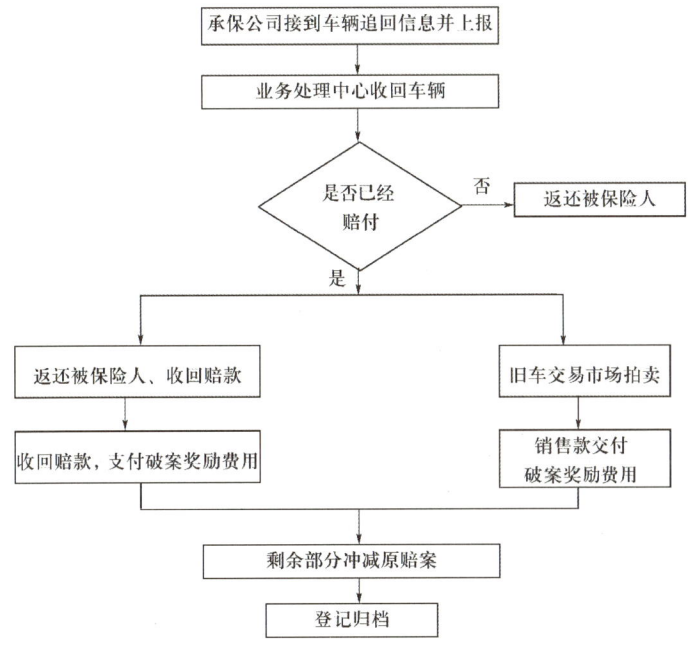

图 3-9　处理盗抢追回车辆的流程

八、交强险抢救费用通赔案件

交强险抢救费用通赔是指投保交强险的被保险机动车辆在承保地以外出险后，由出险地公司代承保公司接受支付/垫付通知，审核、计算抢救费用支付/垫付金额；而由承保公司直接向救治医院支付/垫付抢救费用的制度。

如图 3-10 所示为交强险抢救费用通赔流程。

1. 总体要求

(1) 交强险抢救费用通赔仅限于人保财险分支机构内的机动车交通事故责任强制保险。

(2) 出险地公司和承保公司必须严格按实务中规定的标准和时限进行处理。出险地公司必须及时进行事故调查和费用审核，出具"承诺支付/垫付抢救费用担保函"；承保公司必

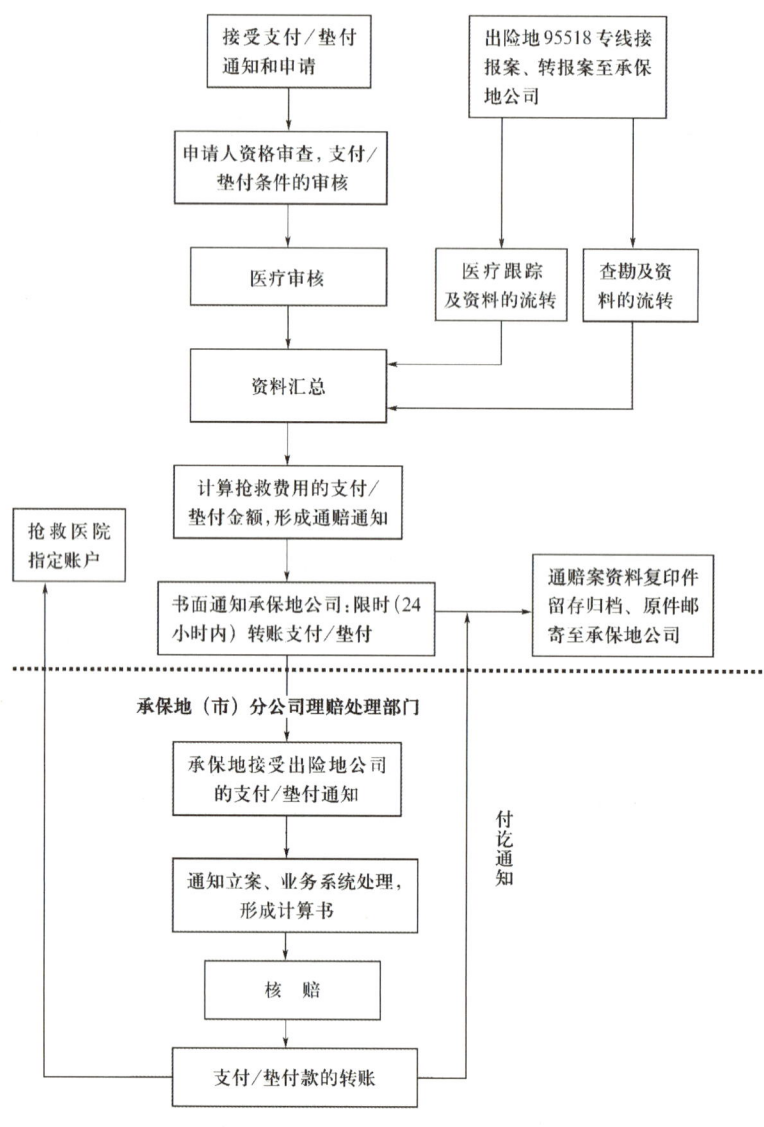

图 3-10　交强险抢救费用通赔流程

须无条件接受出险地公司的审核意见,及时付款。双方必须各负其责、通力合作,不得互相推诿。

(3)交强险抢救费用通赔案件材料一律由地市级分公司理赔中心"双代"岗负责收集传递。

(4)交强险抢救费用通赔服务不收取代查勘费。

2.交强险抢救费用通赔流程

(1)出险地公司接到当地交警支付/垫付通知后,及时向医院出具"承诺支付/垫付抢救费用担保函"。

(2)出险地公司进行事故调查、医疗审核,计算抢救费用的支付/垫付金额。

（3）抢救过程结束或抢救费用总额达到交强险医疗费用赔偿限额后1个工作日内，出险地公司向承保公司发出"交强险抢救费用通赔通知书"和相关单证传真/扫描件。

（4）承保公司接到"交强险抢救费用通赔通知书"后24小时内，根据通知书内容进行理算、核赔处理，并将款项转入救治医院账户。

（5）承保公司财务部门向出险地公司发出书面付讫通知。

（6）出险地公司接到承保公司付讫通知后，将通赔单证资料原件邮寄承保公司，复印件留存备查。

3.交强险抢救费用通赔实务要点

（1）出险地公司的通赔实务

①接受支付/垫付通知。出险地公司必须无条件接受交警的支付/垫付通知书。

②审核申请人资格及支付/垫付条件。通过联系承保公司，进行查勘或医疗跟踪，确认符合支付/垫付条件，确认支付或垫付性质。

③出具"承诺支付/垫付抢救费用担保函"。接到"抢救费用支付/垫付通知书"后一个工作日内，向救治医院出具"承诺支付/垫付抢救费用担保函"，核实并确认医院户名、账号。

④医疗审核。根据诊断证明和医疗费用清单进行医疗审核。

⑤计算支付/垫付金额。根据医疗审核的结果计算保险人应支付/垫付的金额。

⑥书面通知承保地公司。抢救过程结束或抢救费用总额达到交强险医疗费用赔偿限额后一个工作日内，出险地公司向承保地公司发出通赔通知书和相关单证复印件/扫描件。

多于两位受害人的需备注说明的事项可使用附页。

⑦邮寄原始单据。出险地公司在接到承保地公司通赔付讫通知后，将有关通赔单据资料原件邮寄至承保地公司，留存资料复印件。

通赔单据资料包括交警"抢救费用支付/垫付通知书""交强险抢救费用支付/垫付清单""交强险抢救费用通赔通知书"、医疗费用发票等。

（2）承保地公司的通赔实务

①接受通赔通知。承保地公司必须无条件接受出险地公司的通赔通知，核对通赔通知内容和承保情况。

对于通赔通知准确性有误的，应及时告知出险地公司相关联系人。对于脱保、假保单等其他复杂情况，应及时与出险地公司联系、沟通，由出险地公司后续处理。必要时应出具书面通知和相关证明材料。

②进行支付/垫付理算、核赔。接到通赔通知后，必须在24小时内完成抢救费用的理算、核赔操作，并通知财务部门付款。

③付讫通知。承保地公司付讫支付/垫付的抢救费用之后，应及时通知出险地公司，并将划款凭证传至出险地公司。

拓展实训

专项训练

要求学生模拟汽车保险理赔业务。

实务操作

一、汽车保险理赔方案的制订

1. 接受报案

（1）内勤接到报案后，要求客户按出险情况，立即填写业务出险登记表。

（2）内勤根据客户提供的保险凭证或保单号立即查阅保单副本并抄单以及复印保单、保单副本和附表。

（3）确认保险标的在保险有效期内或出险前特约交费，要求客户填写出险立案查询表。予以立案，并按报案顺序编写立案号。

（4）发放索赔单证。

（5）通知检验人员，报告损失情况及出险地点。

2. 汽车保险现场查勘

（1）查明出险时间。

（2）查明出事地点。

（3）查明出险车辆的情况。

（4）查实车辆的使用性质。

（5）查清驾驶人姓名、驾驶证号码及准驾车型，验证驾驶证是否有效，是否是保险人及其所允许的驾驶人。

（6）查明出险原因。

（7）施救、清理受损财产。

（8）确定损失情况。

（9）弄明责任划分情况。

（10）重大赔案应绘制事故现场草图。

（11）询问记录。

（12）拍照存查。

3. 确定保险责任

调查是否在保险责任范围，是否向第三者追偿，是否是被保险人自己的责任。

4. 核赔内容及步骤

核赔的内容及要点：审核单证、核定保险责任、核定保险财产损失及赔款、核定人员伤亡及赔款、核定其他财产损失赔款、核定施救费用、审核赔付计算。

各险种核赔权限和上级公司制定的理赔规章。

（1）审核单证

①审核确认被保险人按规定提供的单证、证明及材料是否齐全有效，有无涂改、伪造。

②审核经办人员是否规范填写赔案有关单证并签字，必备单证是否齐全。

审核索赔单证："机动车辆保险索赔申请书""事故责任认定书""事故调解书""道路交通事故快速处理决定书""判决书或出险证明文件""有关原始费用单据""机动车行驶证复印件""机动车驾驶证复印件"等。

③签章是否齐全。
④审核所有索赔单证是否严格按照单证填写规范认真、准确、全面地填写。
(2)核定保险责任
①被保险人与索赔人是否相符。驾驶人是否为保险合同约定的驾驶人。
②出险车辆的厂牌型号、牌照号码、发动机号、车架号与保单证是否相符。
③出险原因是否属保险责任。
④出险时间是否在保险期限内。
⑤事故责任划分是否准确、合理。
⑥赔偿责任是否与承保险别相符。
(3)核定保险财产损失及赔款
①车辆定损项目、损失程度是否准确、合理。
②更换零部件是否按规定进行了询报价,定损项目与报价项目是否一致。
③换件部分拟赔款金额是否与报价金额相符。
④残值确定是否合理。
(4)核定人员伤亡及赔款
①根据查勘记录、调查证明和被保险人提供的"事故责任认定书""事故调解书"和伤残证明,依照国家有关道路交通事故处理的法律、法规规定和其他有关规定进行审核。
②核定伤亡人员数、伤残程度是否与调查情况和证明相符。
③核定人员伤亡费用是否合理。
④被抚养人口、年龄是否真实,生活费计算是否合理、准确。
(5)核定其他财产损失赔款
根据照片和被保险人提供的有关货物、财产的原始发票等有关单证,核定财产损失、损余物资处理等有关项目和赔款。
(6)核定施救费用
根据案情和施救费用的有关规定,核定施救费用有效单证和金额。
(7)审核赔付计算
①残值是否扣除。
②免赔率使用是否正确。
③赔款计算是否准确。

5.结案、材料归档

(1)汽车保险理赔的案卷制作和管理
①理赔的案卷制作。
②编制损失计算书。
③在编制时应注意的问题:
a.有关单据和证明要齐全。
b."汽车损失计算书"是支付赔款的正式凭证,各栏要根据保单、查勘理赔工作报告填写。
(2)赔案综合报告书
赔案综合报告书包括的要素:
①保险标的的承保情况。

②事故情况。
③保险责任确定的情况。
④损失费用核定情况。
⑤赔款分项计算情况及总赔款数。
(3)赔案材料的整理与装订
一般顺序：
①赔案审批单。
②赔案综合报告书及赔款计算。
③出险通知书。
④汽车保单抄件。
⑤保险车辆出险查勘记录。
⑥事故责任认定书、事故调解书或判决书及其他出险证明。
⑦保险车辆损失估价单。
⑧第三者责任损失估价单。
⑨损失技术鉴定书或伤残鉴定书、事故照片。
⑩有关原始单据、赔款收据、权益转让书。
(4)理赔案卷的管理
登记的主要内容有：归档日期、案卷编号、被保险人的姓名等。登记簿要指定内勤人员专职管理，便于查找调阅案卷。

二、汽车保险理赔业务流程模拟

1.模拟目标

通过模拟训练，掌握汽车保险理赔的流程以及各流程的注意事项。

2.模拟演练步骤

①将班级学生分为两大组，每组推选几名学生情景模拟，其他学生作为观察员。
②进行模拟前，要求每组成员认真阅读并理解方案，掌握汽车保险理赔方面的知识。
③观察员要指出情景模拟不正确的地方。

3.情景模拟的结果

要求学生每人写出一份汽车保险理赔报告书。

实务操作考核

汽车保险理赔项目实务操作考核

标注：本实务操作项目每一个工作流程都很重要，考核的知识和技能点要细，所以本项目在考核的时候采取的是按步骤进行，每一项一考核，所有考核项目的分值总和是100分。

1.汽车保险理赔项目实务操作考核——接报案调度

接报案调度岗位的工作项目考核
姓名：　　　　　　学号：　　　　　　班级：　　　　　　组别：
成绩：　　　　　　　　　　　　　　　　　　　　年　　月　　日

序号	考核项目	考核要点和标准	考核方式	分数
1	受理报案	是否咨询了以下信息： 1.联系人姓名及电话； 2.签单公司； 3.报案类型； 4.大致估损金额； 5.行驶区域； 6.厂牌车型及其他车辆情况； 7.报案人及被保险人姓名； 8.被保险人联系电话； 9.出险区域； 10.出险具体地点； 11.出险经过； 12.出险原因； 13.损失情况； 14.事故处理部门； 15.事故责任及事故原因	1.以学生情景模拟的形式进行考核； 2.让学习者填写机动车辆保险报案记录单	5分
2	查勘调度	1.是否对于属于保险责任的案卷进行调度派工并记录； 2.是否对于不属于保险责任的案件，编制撤销案件审批书及撤销案件通知书，上报审核立案人； 3.是否与撤销案件的被保险人沟通交接初始案件		5分
		总分合计		10分

2.汽车保险理赔项目实务操作考核——现场查勘

现场查勘岗位的工作项目考核
姓名：　　　　　　学号：　　　　　　班级：　　　　　　组别：
成绩：　　　　　　　　　　　　　　　　　　　　年　　月　　日

序号	考核项目	考核要点和标准	考核方式	分数
1	查勘前的准备	1.是否准备必要的工具设备； 2.是否与报案人联系； 3.是否查验相关信息； 4.是否及时赶赴现场	1.以学生情景模拟的形式进行考核； 2.让学习者自己填写查勘记录单及附表、绘制现场草图；协助投保人填写"机动车辆保险索赔申请书"	5分
2	现场取证	1.是否询问事故发生经过及原因； 2.现场照片是否清晰，能否反映出整个事故现场； 3.判定保险责任是否正确		5分

(续表)

序号	考核项目	考核要点和标准	考核方式	分数
3	现场查勘报告填写，反馈查勘信息	1.是否绘制现场草图； 2.是否由当事人填写事故经过及原因并签字； 3.是否填写标的车信息； 4.是否填写查勘结论并签字； 5.特殊情况是否及时反馈	1.以学生情景模拟的形式进行考核； 2.让学习者自己填写查勘记录单及附表，绘制现场草图；协助投保人填写机动车辆保险索赔申请书	5分
4	案件资料上传	是否按照时效上传资料，资料是否齐全（上传资料包含查勘过程中的照片、单证、报告等）		5分
总分合计				20分

3.汽车保险理赔项目实务操作考核——定损、核损

定损、核损岗位的工作项目考核

姓名：　　　　　　学号：　　　　　　班级：　　　　　　组别：
成绩：　　　　　　　　　　　　　　　　年　　月　　日

序号	考核项目	考核要点和标准	考核方式	分数
1	定损前的准备	1.是否了解现场情况； 2.是否联系被保险人和第三者，确定好定损地点及时间； 3.能否做好工具准备工作	1.以学生情景模拟的形式进行考核； 2.让学习者填写相关的单证	5分
2	确定损失项目和程度	1.能否正确确定损失项目，确定更换项目与维修项目及拆装项目； 2.是否进行更换项目询价； 3.是否确定损失金额		5分
3	编制定损单	1.能否正确填写定损车辆更换项目及金额； 2.能否正确填写维修项目及金额； 3.能否正确填写拆装项目及金额； 4.能否正确填写喷漆项目、辅料及金额		5分
4	确定损失金额，资料上传	是否按照时效上传资料，资料是否完整、正确		2分
5	单证审核	1.是否对有效证件进行审核； 2.是否对现场照片及定损照片进行审核； 3.是否对现场询问记录及现场查勘报告进行审核		5分

（续表）

序号	考核项目	考核要点和标准	考核方式	分数
6	定责审核	1.是否对保险利益进行审核； 2.是否对出险车辆进行审核； 3.是否对驾驶人进行审核； 4.是否对案发时间进行审核； 5.是否对车险原因进行审核； 6.是否对事故责任划分进行审核； 7.是否对上传资料与查勘信息对应性进行审核		5分
7	定损审核	1.是否对损失项目及程度进行审核； 2.是否对损失费用进行审核		3分
		总分合计		30分

4.汽车保险理赔项目实务操作考核——理算

理算岗位的工作项目考核

姓名：　　　　　　学号：　　　　　　班级：　　　　　　组别：
成绩：　　　　　　　　　　　　　　　　年　　月　　日

序号	考核项目	考核要点和标准	考核方式	分数
1	交强险赔款理算	1.是否确定受害人损失； 2.是否核定分项损失承担金额； 3.是否按分摊结果赔付	1.对学习者计算赔款的结果进行考核； 2.对学习者为客户进行赔款计算讲解的形式进行考核	3分
2	车辆损失险赔款理算	1.车辆损失赔款计算过程和结果； 2.施救费用赔款计算		2分
3	第三者责任险赔款理算	1.基本赔款计算； 2.涉及挂车的赔款计算		2分
4	车上人员责任险赔款理算	1.是否确定投保的座位； 2.是否确定每座的赔偿限额		2分
5	盗抢险赔款理算	赔款计算是否正确,是否按照车辆的实际价值进行计算赔款		2分
6	附加险赔款理算	1.玻璃单独破碎险； 2.自燃损失险； 3.车身划痕损失险等		2分
7	编制赔款计算书	赔款计算书编制是否正确		2分
		总分合计		15分

5.汽车保险理赔项目实务操作考核——核赔

核赔岗位的工作项目考核

姓名：　　　　　　　学号：　　　　　　班级：　　　　　　组别：

成绩：　　　　　　　　　　　　　　　　　年　　月　　日

序号	考核项目	考核要点和标准	考核方式	分数
1	商业险本车核赔	考核要点： 1.审核单证； 2.核定保险责任； 3.核定车辆损失及赔款； 4.核定人员伤亡及赔款； 5.核定施救费用； 6.赔款计算审核； 7.核赔意见。 考核标准： 是否按照要求进行审核，审核意见是否清晰	以小组的形式来模拟核赔过程，并要求学生代表对核赔过程进行讲解	5分
2	商业险第三者车核赔	考核要点： 1.审核单证； 2.核定保险责任； 3.核定车辆损失及赔款； 4.核定人员伤亡及赔款； 5.核定施救费用； 6.赔款计算审核； 7.核赔意见。 考核标准： 是否按照要求进行审核，审核意见是否清晰		5分
3	交强险核赔	考核要点： 1.审核单证； 2.核定保险责任； 3.核定车辆损失及赔款； 4.核定人员伤亡及赔款； 5.核定施救费用； 6.赔款计算审核； 7.核赔意见。 考核标准： 是否按照要求进行审核，审核意见是否清晰		5分
总分合计				15分

6.汽车保险理赔项目实务操作考核——结案

结案岗位的工作项目考核

姓名： 学号： 班级： 组别：
成绩： 年 月 日

序号	考核项目	考核要点和标准	考核方式	分数
1	支付客户赔款	1.是否通知被保险人领取赔款； 2.能否正确支付赔款	以小组的形式来模拟核赔过程，并要求学生代表对结案要求进行讲解	5分
2	理赔案卷管理	1.是否清分单证； 2.是否对案卷进行整理和装订； 3.是否对案卷进行登记和保管		5分
		总分合计		10分

汽车保险理赔小百科

一、收费停车场中丢车、剐蹭不赔

按照保险公司的规定，凡是车辆在收费停车场或营业性修理厂中被盗，保险公司一概不负责赔偿。因为上述场所对车辆有保管的责任，在保管期间，因保管人保管不善造成车辆损毁、丢失的，保管人应承担责任。因此，无论是车丢了，还是被刮了，保险公司一概不管。正确的方式是找停车场去索赔。因此，驾驶人一定要注意每次停车时收好停车费收据。虽然很多收费停车场的相关规定中写着"丢失不管"，但根据《中华人民共和国民法典》第三编"合同"中关于格式合同的规定，这属于单方面推卸自己应负的责任，如无法协商解决，只好诉诸法律，目前已经有人打赢了这样的官司。

二、饮酒驾车商业车险不赔

《机动车辆商业保险示范条款》（2020版）第二十二条规定："驾驶人饮酒、吸食或注射毒品、服用国家管制的精神药品或者麻醉药品造成的人身伤亡、财产损失和费用，保险人均不负责赔偿。"所以，驾驶人饮酒驾车发生事故造成损失，商业汽车保险不承担赔偿。

三、自车撞了被保险人不赔

商业第三者责任险中的第三者通俗地讲，第三者就是排除保险人和被保险人。在保险合同中，保险人是第一方，也叫第一者；被保险人或致害人是第二方，也叫第二者；除保险人与被保险人之外的，因保险车辆的意外事故而遭受人身伤害或财产损失的受害人是第三方，也叫第三者。

四、被保险机动车号牌被注销不赔

车辆在出险时，除合同另有约定外，保险车辆必须具备两个条件：一是保险车辆须有公安交通管理部门核发的行驶证或号牌；二是在规定期间内经公安交通管理部门检验合格。所以，被保险机动车号牌被注销后千万不要上路，以免带来不必要的损失。

五、报案不及时造成不必要的损失

《机动车辆商业保险示范条款》(2020版)第四十条规定"发生保险事故时,被保险人或驾驶人应当及时采取合理的、必要的施救和保护措施,防止或者减少损失,并在保险事故发生后48小时内通知保险人。被保险机动车全车被盗抢的,被保险人知道保险事故发生后,应在24小时内向出险当地公安刑侦部门报案,并通知保险人。"如果车主不及时报案会影响双方对损失金额的确定,由此可能会给双方带来不必要的麻烦,也可能会给车主带来损失。

六、撞人后精神损失费保险公司不赔

保险公司不是无条件地完全承担"被保险人依法应当支付的赔偿金额",而是依照《道路交通事故处理办法》及保险合同的规定给予赔偿。商业第三者责任险的保险条款明确规定,因保险事故引起的任何有关精神损害赔偿为免除责任。

七、撞车后一定要先向第三者索赔同时向保险公司报案

在出险后,被保险人必须先向第三者索赔,才有可能获得保险公司的赔偿。如果被保险人放弃了向第三者索赔的权利,而直接向保险公司索赔,保险公司将拒绝赔偿。因为一旦放弃了向第三者追偿的权利,也就放弃了向保险公司要求赔偿的权利。

一旦出险且责任在对方,一定要先找对方索赔,如未果(最好是有法庭的强制执行未果的证明),才可以理直气壮地找保险公司赔偿。

八、多保并不能多赔

给二手车投保,车主如果选择按新车购置价确定保险金额,一旦发生车全损,只能得到出险时二手车实际价值的赔偿。超额投保并不能得到超额的赔偿,不足额投保也一样,不要贪图一时便宜而少投保,否则,一旦出险便追悔莫及了。保险金额应按投保时保险车辆的新车购置价确定,确保出险时能得到合理的赔偿。

九、其他情况

1. 车撞墙、掉沟的情况

车辆发生撞墙、水泥柱、树等不涉及向他人赔偿的事故时,可直接向保险公司报案征求保险公司意见,出具相关证明或在事故现场等候保险公司来人查勘。

2. 车自燃

如果车内起火了,应立即停车、灭火、向交警、消防队报警,同时通知保险公司。注意向处理事故的交警、消防部门索取责任认定书或火灾证明。

3. 车在外地出事

假如车辆在外地出事,向所投保的保险公司报案,也可以向当地的保险公司报案,当地的保险公司会派专业人员协助处理事故、核定事故损失。

十、车主理赔技巧

1. 发生事故后第一时间报案,明确索赔需要提供的单证

当前各保险公司车险条款都有规定,当发生保险事故后,被保险人需要在保险事故发生后及时通知保险公司。否则对于扩大的损失,车主在索赔过程中会遇到麻烦,所以车主报案一定要及时。在报案时应与保险公司确定并记好索赔应提供的证明或者单证。

2. 先走定损程序,再去修车

车辆碰撞后,车主一定要记住,在保险公司确认车辆受损情况之前,不能不通知保险公司而自行进行修复。一般情况下,保险合同有约定:"因保险事故损坏的被保险机动车,应当尽量修复。修理前被保险人应当会同保险人检验,协商确定修理项目、方式以及费用,否则保险人有权重新核定;无法重新核定的,保险人有权利拒绝赔偿。"所以车主一定要经得保险人同意后再去维修。

3. 学会自己现场拍照

当前有好多保险公司都开发了网上投保和理赔业务的 App,便于车主自行投保和索赔,在某些特殊情况下保险公司为提高理赔工作效率或方便客户,会用车主自己提供的事故材料。车主在征得保险公司同意后,自行拍摄现场照片和录像,然后提供全面的材料,这将更及时地得到保险赔款。

参 考 文 献

[1] 曾鑫,李建明.汽车保险与理赔(第3版).北京:人民邮电出版社,2021年11月.
[2] 智恒阳,赵艳玲.汽车保险法律法规.西安:西安电子科技大学出版社,2019年5月.
[3] 韩风.机动车辆保险与理赔.北京:人民交通出版社,2019年9月.